詳解全訳 論語と算盤

渋沢栄一
［訳・注解］守屋淳

SHIBUSAWA EIICHI
RONGO TO SOROBAN

筑摩書房

まえがき　歴史的な実績に裏打ちされた言葉の重み

守屋　淳

口だけではなく、何かをきちんと実践して、しかも結果を出した人間の言葉は、何よりも重い。そして信用できる。

渋沢栄一は、その典型のような人物だが、出した結果が巨大すぎて、われわれの想像が追いつかなくなってしまう面がある。

たとえば、みなさんの目の前に、

「私は五十の大企業に関わり、その中の数社は自分で立ち上げ、さらに数社はCEOを務め、しかも六十の社会事業にも関わった」

という人物が現れたとしよう。京セラ、KDDI、JALで総責任者を務めた稲盛和夫氏を、さらに何倍にもスケールアップさせた感じだ。とてつもなく凄いのはわかるが、ちょっと経歴を盛っているのではないかと疑いたくなってしまう話ではないだろうか。

ところが渋沢栄一の場合、すべてがこの十倍のスケールなのだ。

もちろん盛ってなどいない。朝起きて読むのが日経新聞、会社の行き帰りに乗るのがJRと東京メトロ、銀行口座はみずほ、りそな、それに七十七銀行、オフィスビルの施工は清水建設、自動車保険は東京海上日動、飲み屋でとりあえずはビール大手三社の新作、飲み過ぎて手にとるのが第一三共の胃腸薬、寝る前にNHKを見て、ベッドで読むのが東洋経済のオンライン記事……こうした日常何気なく出てくる固有名詞、すべて彼の関わった会社や組織であり、出した結果の巨大さを物語っている。

日本史上、いやおそらく世界史上、ビジネスや社会事業の現場で、これだけの成果を上げた人物はいないだろう。

そんな実績に裏打ちされた渋沢栄一の言葉が凝縮されているのが本書なのだ。

筆者は二〇一〇年に、この『論語と算盤』の現代語の抄訳を出版した。その頃はまだ渋沢栄一の知名度は非常に低く、講演や研修で彼の名前を出しても、埼玉県(栄一の故郷)出身者以外からは、「誰ですか、それ」という反応しかほとんど返ってこなかった。

理由は単純で、学校でほとんど教えてこなかったからだ。日本の公教育は——今は若干改善してきたが——おカネに絡むコトや人について教えることを嫌う。歴史の授業でも、民間の実業や社会事業に携わった人はほとんど出てこない。実業や経営、社会事業も歴史の重要な側面だと思うのだが、そういった観点は残念ながらない。埼玉のみ、学校で郷土の偉人として教えているからこその知名度の高さだ。

このため二〇一〇年の段階では、無名だった渋沢栄一の魅力をまず知ってもらうために「読みにくい」「つまらない」といって読者が投げ出さない内容を目指した。読者の興味を引きにくい部分はカットし、わかりにくい部分には言葉をそれなりに補った。

ところがその後、渋沢栄一が二〇二一年の大河ドラマ「青天を衝け」の主人公に採用されたり、また、二〇二四年発行の新一万円札の肖像として選ばれたりしたことで、知名度が大きく向上した。WBCの優勝監督である栗山英樹氏が、日本ハムの監督時代、選手たちに拙訳の『現代語訳 論語と算盤』（ちくま新書）を配り、大リーグで二度のMVPに輝いた大谷翔平選手が愛読書にしていることをご存じの方も多いだろう。

こうした流れを踏まえ、本書はより深く渋沢栄一の思想や言葉が学べることを目指して全訳とし、詳細な注と時代背景などの解説を付した。

通訳やエッセイスト、小説家としても活躍した米原万里さんの著書に『不実な美女か貞淑な醜女か』（新潮文庫）という、翻訳の機微を絶妙にえぐったタイトルがある。このタイトルを借りるなら、ちくま新書版は「不実な美女」、本書は「貞淑な醜女」に寄った翻訳となっている。

また、栄一の思想や言葉を、その生きた時代背景とともに学ぶことには、筆者は大きな意味があると考えている。

なぜなら、彼の活躍した明治から昭和の初期は、現代とまさしく似た問題を抱えていた。

急速なグローバル化が進み、その中でいかに日本の会社は成果をあげ、生き残っていくべきなのか。競争や争いが絶えない状況をどう読み解くのか。二極化が進む中でわれわれはどうそれに対処すべきなのか。人は逆境の中でどう生きていくべきなのか――。

本書には、渋沢栄一の出した答えがある。驚くべきことに、その多くは今も通用するものばかりだ。そして、さらに重要なのは、その答えを出すに至った思考の道筋だ。それは答えのない時代に答えを出さなければならないわれわれに、大きなヒントを与えてくれる。

最後に、本書の成り立ちについて触れておきたい。渋沢栄一は、特に六十代以降、一般向けにさまざまな講演を精力的に行った。そうした講演の記録等を編集者の梶山彬が切り貼りし、編集したのが『論語と算盤』に他ならない。

また、この翻訳は大正五（一九一六）年に出された東亜堂書房版を底本としている。最初に刊行されたこの版は、実は現存しているものが非常に少なく、幻の本だった。現在『論語と算盤』の原文は、国書刊行会や角川文庫から出版され、また国立国会図書館デジタルコレクションでも読めるが、それらはすべて十一年後の昭和二（一九二七）年に忠誠堂から出し直された版を底本としている。

出版社が変わっているのは、東亜堂が大正十一（一九二二）年に、業績不振のために解散したからだ。『論語と算盤』の紙型《しけい》（紙製の鋳型）は忠誠堂に譲渡されたが、関東大震災でおそらく焼失したため、忠誠堂はもう一度すべて文字起こしして、原版を作り直している。

しかし、早稲田大学の図書館に東亜堂書房版本（二刷）が所蔵されており、それを東京商工会議所が、渋沢栄一記念財団の協力を得て復刻、限定千部ではあるが、関係者の間で読むことができるようになった。また二〇二四年三月からは、渋沢栄一記念財団の「論語と算盤オンライン」において、無料で東亜堂書房版の全文も閲覧可能となった（https://eiichi.shibusawa.or.jp/features/rongotosoroban/）。このサイトでは、それぞれの話の出典となった雑誌記事名も明記されていて、原典を当たれば梶山彬がどう改変し、切り貼りしたのかをある程度つかむことができる。

こうした地道な掘り起こしの努力の結果、実はいま一般に流布している忠誠堂の再版本には、文字起こしをやり直したさいの写し間違いがそれなりに含まれていることがわかった。本書では、翻訳内容に関わる点のみ、注でその違いについて言及している。また、中国古典からの引用部分に関しては、注に出典を記し、よく知られた名言には注に書き下し文を付している。

本書の完成にあたっては、渋沢栄一記念財団の井上潤理事、同財団の前研究主幹であり関西大学客員教授の木村昌人氏に、全面的な指導を仰いでいる。新書版からの担当である筑摩書房の増田健史氏、および支え続けてくれた家族を含め、記して感謝としたい。

詳解全訳

論語と算盤

目次

五つの格言

・言行は、君子にとって最も重要な要素であり、これによって栄誉を得るか恥辱をこうむるかが決まってくる。（言行は君子の枢機《すうき》なり。枢機の発するや、栄辱の主たり）『易経』

・（統治者の）いったん口にしたことが、いたるところで噂されている。その責めを受けるのは一体誰なのか。（言を発して庭《てい》に盈《み》つ。誰か敢《あえ》てその咎《とが》を執らん）『詩経』

・言葉で、多くのことを言わない。しかし、言ったことは徹底的に努力すべきだ。（言は多きに務めず。その謂《い》う所を審《つまびら》かにするを務む）『大載《だたい》礼記《らいき》』

・声は、どんなに小さくても聞こえてしまうもの。行いは、隠していてもやがて明らかになってしまうもの。（声は細にしても聞こえざるなし。行いは隠しても明らかならざるなし）『説苑《ぜいえん》』

・志や意志がかたければ、相手が富貴でも屈することはない。道義心に重ければ、相手が王公でも動ずることはない。（志意脩《おさ》まれば、則《すなわ》ち富貴を驕り、道義重ければ、則ち王公を軽しとす）『荀子』

第一章　処世と信条

『論語』とソロバンは、とても遠くて、とても近いもの

われわれが道徳の手本とすべき最も重要な教えが載っているのが、弟子たちが孔子(1)のことについて書いた『論語』(2)という書物だ。これはたいていの人は読んだことがあるだろう。

わたしはこの『論語』に、ソロバンというとても不釣り合いで、かけ離れたものをかけ合わせて、いつもこう説いている。

「ソロバンは、『論語』がないと、成り立たない。『論語』に象徴される道徳もまた、ソロ

(1)　前五五二〜前四七九　本名は孔丘《こうきゅう》、子《し》は先生という意味。中国の春秋時代末期に思想家・政治家・教育者として活躍した。

(2)　孔子とその弟子たちの言行を孫弟子や曾孫弟子がまとめたといわれる。孔子自身が書き残したわけではない。

バンに象徴されるビジネスや経済の働きによって、現実の活動と結びついてくる。だからこそ『論語』とソロバンは、とてもかけ離れているように見えて、実はとても近いものでもある」

わたしが七十になったときに、友人が一冊の画集を造ってくれた。その画集の中に『論語』の本とソロバン、一方にはシルクハットと大小の朱色に塗った刀のサヤが描いてある絵があった。ある日、学者の三島毅《みしまき》先生(3)が、わたしの自宅にいらっしゃって、その絵をご覧になって、こう言われた。

「とても興味深い。わたしは『論語』を研究する学者で、おまえはソロバンを使って経済活動している方だ。そのソロバンを使っている人が『論語』のような本を立派に語る以上は、自分もまた『論語』だけで済ませず、ソロバンを使う経済活動の方も大いにきわめなければならない。だから、おまえとともに『論語』とソロバンをなるべくくっつけるように努めよう」

そのうえ、『論語』とソロバンについて、道理と事実と利益とは必ず一致するものであることを、さまざまな例証をそえて本格的な文章に書いてくださった。

わたしは常々、モノの豊かさとは、大きな欲望を抱いて経済活動を行ってやろうというくらいの気概がなければ、進展していかないものだと考えている。空虚な理論に走ったり、中身のない繁栄をよしとするような国民では、本当の成長とは無関係に終わってしまうのだ。

だからこそ、政界や軍部が大きな顔をしないで、実業界がなるべく力を持つようにしたいとわれわれは希望している。実業とは、多くの人に、モノが行きわたるようにするなりわいなのだ。これが完全でないと国の富は形にならない。国の富をなす根源は何かといえば、社会の基本的な道徳を基盤とし、正しい方法で手に入れた富なのだ。そうでなければ、その富は完全に永続することができない。

ここにおいて『論語』とソロバンというかけ離れたものを一致させることが、今日の急務だと自分は考えているのである。

解説

渋沢栄一のモットーの由来

渋沢栄一のモットーとして有名なのが、本書のタイトルともなった「論語と算盤」であり、他にも「道徳経済合一説」「義利合一」といった言葉があります。

いずれも意味はほとんど同じで、社会や個人の健全な発展のためには「道徳と経済」や「公益と私益」といった対極的要素の両立が必要であると唱えています。ただし、こ

(3)　一八三一～一九一九　号は中洲《ちゅうしゅう》。現在の二松学舎《にしょうがくしゃ》大学の創立者。新治《にいはり》裁判所長や大審院《だいしんいん》判事、東京帝国大学教授、東宮御用掛《とうぐうごようがかり》などを歴任した。

れらのモットー自体はもともと、漢学者である三島中洲（本文では三島毅ですが、ここでは一般的な三島中洲という呼び名を使います）が発案したもので、栄一のオリジナルではありませんでした。

三島中洲は、東京帝国大学教授や東宮の侍講（皇太子の教育係）をつとめ、今の二松学舎大学を作った人物。そんな彼は、江戸時代の末期に、師匠であった陽明学者・山田方《やまだほう》谷《こく》（一八〇五〜一八七七。名は球）とともに備中《びっちゅう》松山藩（今の岡山県高梁《たかはし》市あたり）の藩政改革に関わったことがあります。

本書の中で栄一は、儒教のなかでも大きな影響力を持った朱子学を「口で道徳を説いたうえに、自分自身でも社会正義のために現場で苦労しようとはしなかったのだ」（380頁）と、しばしば批判しています。一方、山田方谷や三島中洲が影響を受けたのは、理論よりも実践を重視する陽明学の教えでした。

実際に二人は、藩政改革の実践によって、借金に苦しむ藩の財政を立て直し、藩や領民を豊かにしていったのです。中洲はこの意味で、素晴らしい政治には、健全な経済活動が必要不可欠であることを実体験していた人物でした。

三島中洲は明治十（一八七七）年、第八十六国立銀行（今の中国銀行）の設立準備に携っていたのですが、このとき相談をもちかけた一人が渋沢栄一であり、二人が知り合うきっかけとなったようです。

ただし、二人の関係が本格的に深まったのは、渋沢栄一が六十九歳で実業界を引退してから。栄一は晩年に『論語講義』という本を残していますが、栄一の論語解釈には、中洲の影響が非常に色濃く出ています。

さて、そんな三島中洲は、明治十九（一八八六）年に、東京で「義利合一」と題した講演を、さらに、明治四十一（一九〇八）年には、「道徳経済合一説」と題する講演を行っています。後者の講演のさいに中洲は、栄一に「道徳経済合一説」という小冊子も作って、送りました。

一方で、栄一の方も――中洲のようなわかりやすいキャッチフレーズは作らずとも――まったく同じ考え方を心中抱いていました。ある講演のなかで、こんなことを述べています。

「三島先生が、『道徳経済合一説』という文章を書かれた原因は、明治三十九年の孔子祭典会での私の演説なのです。わたしはそこで、『実業界より見た孔夫子《こうふうし》（孔子の別の呼び方）』という一説を述べました。それを三島先生が丁寧に聴かれて、『あなたは実業家であのように言われたが、学者側でも、またこう考えているのだ』といって、この小冊子を下さったのです。私が前に申し述べたのは、実業家側から仁義道徳を論じたものですが、三島先生は、道徳経済の根原について論じられたのです。

（中略）

私が平素、実業側から唱えていた『道徳経済合一説』が、まるでこちらから先方に出向いていったら、先方からも迎えに来てくれて、途中でお互いに会ったような感じがして、ますますこうした考え方の信用を世間で増していくように思われて、自分もとても愉快に感じました[4]」

お互いジャンルは違えども、同じことを考えていて、しかもお互いの交流の中から、モットー自体が生まれてきた面もあるのだ、というのです。こうした経緯を踏まえて、渋沢栄一は、「論語と算盤」「道徳経済合一説」「義利合一」といったモットーを――発案は三島中洲であったとしても――わが物として使っていたようです。

士魂商才

昔、菅原道真《すがわらのみちざね》[5]は「和魂漢才《わこんかんさい》（日本独自の精神と中国の学問をあわせ持つ）」ということを言った。これはおもしろいことだと思う。

これに対してわたしは、常に「士魂商才《しこんしょうさい》（武士の精神と、商人の才覚とをあわせ持つ）」ということを提唱している。

まず「和魂漢才」とは、次のような意味になる。日本人たるもの、何より日本に特有のヤマト魂というものを基盤としなければならない。しかし中国は国も古いし、文化も早くに開けて孔子や孟子[6]のような聖人・賢者を出しているため、政治方面、文学方面ほかにおいて日本より一日《いちじつ》の長がある。

それゆえ、中国の文化遺産や学問もあわせて修得して、才能を養わなければならない。中国の文化遺産や学問のなかには、書物も沢山あるけれども、孔子の言行を記した『論語』がその中心になっている。『書経《しょきょう》』『詩経《しきょう》』『周礼《しゅらい》』『儀礼《ぎらい》』[7]などの、禹《う》[8]王や湯《とう》[9]王、文王や武王、周公[10]のことを書いた書物もあるが、それらも孔子が編纂したと伝えられている。このため、中国の伝統的な学問といえば孔子の学問を意味し、孔子が中心となっている。そんな孔子の言葉と行動が書いてあるのが『論語』であるので、菅原道真公もこれをたい

(4)『渋沢栄一伝記資料』第四二巻「竜門雑誌」第三四〇号「竜門社春季総集会に於て」引用者訳。

(5) 八四五〜九〇三　平安時代の政治家、学者。濡れ衣をきせられ大宰府に左遷、そこで没したことから、後世その祟りを恐れて「天神様」として祀られるようになる。

(6) 前三七二?〜前二八九　本名は孟軻《もうか》。中国の戦国時代に活躍した思想家。人間の本性は善であるという「性善説」を唱えたことで有名。

(7)『書経』『詩経』『周礼』『儀礼』は、いずれも中国の貴族や為政者が基礎教養とした書物。孔子が編纂にかかわったか否かは現代では諸説ある。

(8) 夏王朝（前二十一世紀頃〜前十六世紀頃）の創始者。

(9) 殷王朝（前十六世紀頃〜前一〇五〇頃）の創始者。

(10) 周王朝（前一〇五〇頃〜前二五六）の礎を築いたのが父の文王で、実際に殷王朝を倒して創始したのが武王。弟の周公は周公旦ともいい、周王朝の文化制度を作ったといわれ、孔子が最も尊敬していた人物。

へん好んで口ずさんだ。応神天皇《おうじん》のとき、百済《くだら》（四世紀から七世紀に朝鮮半島にあった国）から来た王仁《わに》という学者が『論語』『千字文《せんじもん》』(11)を献上したが、このうち朝廷に伝えられた『論語』を筆写して伊勢神宮《いせじんぐう》の大廟《たいびょう》に献じたものが、「菅本論語《かんぽん》」と世に言われるもので、現存しているのである。(12)

「士魂商才」というのも同じような意味で、人の世の中で自立していくためには武士のような精神が必要であることは言うまでもない。しかし武士のような精神ばかりに偏って「商才」がなければ、経済の上からも自滅を招くようになる。だから「士魂」とともに「商才」がなければならない。

その「士魂」を、書物を使って養うという場合いろいろな本があるが、やはり『論語』が最も「士魂」養成の根底になるものだと思う。では「商才」の方はどうかというと、こちらも『論語』で充分養えるのだ。

道徳を扱った書物と「商才」とは何の関係もないようであるけれども、「商才」というものも、もともと道徳を根底としている。不道徳やうそ、外面ばかりで中身のない「商才」など、決して本当の「商才」ではない。そんなのはせいぜい、つまらない才能や、頭がちょっと回る程度でしかないのだ。このように「商才」と道徳とが離れられないものだとすれば、道徳の書である『論語』によって「商才」も養えるわけである。

また世の中を渡っていくのは、とても難しいことではあるけれども、『論語』をよく読んで味わうようにすれば、大きなヒントも得られるものである。だからわたしは、普段から孔子の教えを尊敬し、信ずると同時に、『論語』を社会で生きていくための絶対の教えとして、常に自分の傍から離したことはない。

わが国でも賢人や豪傑はたくさんいる。そのなかでも最も戦争が上手であり、世間とつきあっていく道に秀でていたのが徳川家康公である。世間とのつきあい方がうまかったからこそ、多くの英雄や豪傑がひれ伏し、十五代続く徳川幕府を開くことができた。だから二百年余りの間、人々が枕を高くして寝ることができた。これは素晴らしい偉業である。

そんな世間とのつきあい方のうまい家康公であるから、いろいろな教訓を遺している。徳川家康の遺言として有名な『神君遺訓《しんくんいくん》』[13]なども、われわれが参考とすべき世間とのつきあい方が、実によく説かれている。そして、そんな『神君遺訓』を私が『論語』と照らし合わせて見ると、とてもよく符合しているのだ。やはり大部分は『論語』から出たものだ

(11)『千字文』は、初心者の漢字学習用のテキスト。

(12)王仁という人物が日本に『論語』をもたらしたという伝承は『古事記』にあるが、史実と合わない部分もあり、王仁の実在やその伝承の真贋については諸説ある。また、そのもたらした『論語』を菅原道真が筆写したという「菅本論語」も現存していない。

(13)『東照公遺訓《とうしょうこういくん》』ともいう。現代では偽作とする見方が有力で、徳川光圀《みつくに》作という説もある。儒教が江戸幕府に定着し始めたのも、実際には五代将軍綱吉の頃からと言われている。

ということがわかった。

たとえば、

「人の一生は重荷を背負って、遠い道のりを行くようなもの」

とあるのは、『論語』の、

「指導的立場にある人物は、広い視野と強い意志力を持たなければならない。なぜなら、責任が重く、道も遠いからである。なにしろ、仁の実現をわが仕事とするのだ。重い責任と言わざるを得ないではないか。さらに、そういう責任を背負って死ぬまで歩き続けるのだ。遠い道と言わざるを得ないではないか(14)」

という曾子《そうし》(15)の言葉と重なり合ってくる。また遺訓にある、

「自分を責めて人を責めるな」

というのは『論語』の、

「自分が立とうと思ったら、まず人を立たせてやる。自分が手に入れたいと思ったら、まず人に得させてやる(16)」

という句の意味からとったものだ。さらに、

「足りないことは、多すぎることより優れている」

というのも、

「行きすぎも不足も似たようなものだ(17)」

という孔子の教えと一致している。家康が、

「我慢することは無事に長く平穏でいるもと。怒りは敵と思え」

と述べた部分も『論語』にある、

「自分に打ち克って、礼に従う(18)」

という意味からとったものだ。

「人はひたすら身のほどを知るべきだ。草の葉にある露も、重いと落ちてしまう」

とは、自分の社会的役割を自覚し、果たせということであり、また、

「不自由が当たり前だと思えば不満はなくなる。心に欲望が起こったら困窮していた時のことを思い出すべきだ」

「勝つことばかりを知って、負けることを知らないと、危害を身に受けることになる」

というのと同じ意味の言葉は、『論語』の各章で何度も繰り返し説かれている。

(14)『論語』泰伯編7　士は以《もっ》て弘毅《こうき》ならざるべからず。任重くして道遠し。仁以て己《おのれ》が任となす。また重からずや。死して後已《や》む。また遠からずや。
(15)前五〇五～前四三六　名は参《しん》。孔子の死後、魯の国における孔子学派を引き継いだ。
(16)『論語』雍也篇30　己《おの》れ立たんと欲して人を立て、己れ達せんと欲して人を達す。
(17)『論語』先進篇16　過ぎたるは、なお及ばざるがごとし。
(18)『論語』顔淵篇1　克己《こっき》復礼《ふくれい》。

家康公が世間とのつきあい方に秀でていたことと、二百年余りの徳川幕府を開かれたことは、そのほとんどが『論語』の教えから来ているのである。

世の中の人は、

「中国の伝統的な学問は、禅譲放伐《ぜんじょうほうばつ》（王の位をすぐれた家臣に譲ることを理想としたり、愚かな王はうち滅ぼしてよいとする考え方）を認めているから、わが日本の天皇制には合致しない」

と言うが、それは一を知って二を知らない説なのだ。このことは孔子の、

「孔子が韶《しょう》という楽曲について語った。『美を完備しているし、善も完備している』。武《ぶ》という楽曲についても語った。『美は完備しているが、善については十分ではない』[19]」

という言葉を見ても明らかだ。まず韶というのは、古代の聖天子であった堯《ぎょう》と舜《しゅん》（ともに中国古代の伝説的な聖王）のことを謡《うた》った楽曲だ。堯は、舜の徳の高さに満足して喜び、舜に天子の位を譲ったのだ。武力によらず、徳によって地位を継承したがゆえに、そのことを歌った音楽は、善と美を尽くしている。

一方、武という音楽は、周王朝をひらいた武王のことを謡っている。たとえ武王に徳があったとしても、兵力を使って革命を起こし、天子の位に上ったので、そのことを謡った音楽は、善については十分ではないというのだ。孔子の意図として、革命というのは望ましいものではない、ということが十分に見て取れる。

歴史上の人物を論じるためには、その時代というものを考えなければならない。孔子は

周王朝の時代の人だから、周王朝の悪い面を、はっきりと論じ切ることができなかった。だから、「美は完備しているが、善については十分ではない」というように、婉曲《えんきょく》に語っているのだ。

不幸にして孔子は、日本のような万世一系の天皇制を見たこともなければ、知ることもなかった。もし日本に生まれるか、ないしは日本に来て万世一系のわが天皇制を見聞したならば、どれほど褒め称えただろうか。韶を聞いて「美を完備しているし、善も完備している」と褒めたどころではなく、それ以上の賞賛と尊敬の気持ちを表したに違いない。一般の人が孔子の学問を論ずるためには、孔子の基本的な理念をきちんと探究して、文章の裏の裏までくみ取るような読み方をしていかないと、表面的になってしまう怖れがある。

だからわたしは、

「社会で生き抜いていこうとするならば、まず『論語』を熟読しなさい」

というのだ。最近では、世の中の進歩に従って欧米各国から新しい学説が入ってくる。しかしその新しさは、われわれから見ればやはり古いものだ。すでに東洋で数千年前に言われていることと同一のものを、ただ言葉の言い回しを上手に変えているに過ぎないと思われるものも多い。

（19）『論語』八佾篇25。

欧米諸国の、日々進歩する新しいものを研究することも必要であるが、東洋古来の古いもののなかにも、捨てがたいものがあることを忘れてはならない。

解説

武士道とは

この節で「士魂」、つまり武士的精神の重要性を渋沢栄一は説いています。武士的精神とは「武士道」とも言い換えられますが、その内実は時代によって大きく変化しています。

まず平安、鎌倉、室町、安土桃山と続く時代は、ご存じのように、苛烈な戦乱がたびたび続きました。そんな中では親子、兄弟など身内同士のだまし討ちなども当たり前。もちろん身内に対する忠誠や慈愛を強調する教えもありましたが、武士の道とは、「どんなズルいことをしてでも勝って、名誉や利益を手にする戦闘者の振る舞い方」という側面を濃厚に持っていました。そうでないと、現実的に生き残れなかったのです。

ところが江戸時代になり、平和な時代が続くようになります。

それは言葉を換えれば、武士のような戦闘者がまったく不要な時代。逆に、人殺しの武器を持って町を闊歩《かっぽ》する武士は、かえって平和をかき乱す存在にもなりかねません。実際、失業浪人たちの不平を背景に企てられた由井正雪の乱（一六五一）は、武士が平和な世の中を乱しかねない存在であることを示した象徴的事件でした。

では、不要になった戦闘者としての武士をどうするのか。そこで元禄時代に登場したのが「儒教的士道論」でした。

討ち入りで有名な赤穂浪士たちの師として知られる山鹿素行《やまがそこう》や、(20)同じ時代に活躍した荻生徂徠《おぎゅうそらい》(21)などの儒者たちが、こんなことを唱え始めます。

「武士はもともと戦闘者であるので、戦闘者をやめる必要はないが、それにプラスして『論語』に書いてある徳などを身につけ、良き為政者としての面を強く持つようにすべきだ」

この時代、将軍であった徳川綱吉は、この流れに呼応して『論語』や儒教の教えを重視した施策を打っていきました。

さらに、十八世紀末からは「学問吟味」「素読吟味」といった漢学をもとにした昇進試験が武士に対して実施されるようになります。こうなると現金なもので、儒学、特に試験のテキストとなった朱子学の知識は武士の間で出世のために必須になっていきます。

(20)　一六二二〜一六八五　江戸時代前期の儒学者、兵学者。
(21)　一六六六〜一七二八　江戸時代前期から中期にかけての儒学者。独自の経典解釈によって、後世に大きな影響を与えた。五代将軍綱吉の側近だった柳沢吉保にも仕えた。

まさしく栄一のいう『『論語』が最も『士魂』養成の根底」になっていったのです。

ところが、そんな徳川の世の中がひっくり返って明治になると、四民平等となり、武士という特権階級自体が廃止されます。しかし、自分で稼げない武士をいきなり社会に放りだすわけにもいかず、かといって金食い虫（当時の政府予算の三割以上が、人口の五％しかいない武士への秩禄《ちつろく》の支払い）を、いつまでも国として飼ってもおけず、という難問に明治政府は直面しました。40頁に井上馨《かおる》がほとんど喧嘩腰で大蔵省を退職した話が出てきますが、武士の処遇に関する意見対立が大きな原因の一つでした。当時、武士はその存在自体がお荷物化していたのです。

しかし、そんな武士の理想化された精神が大きくクローズアップされる社会的な転機が訪れます。

日本は近代的憲法（一八八九）や議会（一八九〇）を備え、またある程度の工業化もなし遂げ、日清戦争（一八九四〜一八九五）にも勝利しました。これらにより、欧米以外で初めて自力で近代化に成功したと国際的にも認められていったのです。

ただし、それまで欧米では、

「欧米が近代化に成功したのは、キリスト教的な倫理観が浸透していたからだ」

と考えられていました。つまり近代化は西欧文明圏でしかできないと思われていたのです。では、なぜキリスト教圏ではない日本が、例外的に近代化に成功できたのか——。

ドイツに留学していた新渡戸稲造《にとべいなぞう》は、ベルギー人のド・ラヴレー教授から、これとまさしく同じ意味で、

「宗教教育がないのに、どうして道徳教育ができるのか」

という質問を受けます。彼はそこで頭をひねり、日本にはキリスト教はなかったが、代わりに武士道があったからだと考えます。そして、その内容を『Bushido, the Soul of Japan』という本にまとめたのです。

これは明治三十二（一八九九）年にアメリカで刊行され、欧米で日本近代化の理由を描いた本として大ベストセラーとなりました。翌年には日本語に訳され、逆輸入されます。内容は「儒教的士道論」を、ある意味で盛りに盛ったものでした。

この『武士道』刊行から六年後、当時欧米最強の陸軍国と考えられていたロシアに日本は勝利、その理由の一つは「武士道」的な精神にあった、という論調が日本でも盛り上がります。

渋沢栄一は、若い頃から漢学を学び、しかも自分が武士階級出身ではなかったため、「儒教的士道論」に則ったような、理想的な武士像に対して、若い頃から強い憧れを持

(22)　一八六二〜一九三三　明治から昭和前期の教育家・思想家。東京女子大学学長や国際連盟事務次長などを歴任した。

っていました。実際本書のなかでも、

「わたしは十七歳のとき、武士になりたいという志を立てた（略）その目的は、武士になってみたいという単純なものではなかった。武士になると同時に、当時の政治体制をどうにか動かすことはできないだろうか――今日の言葉をかりて言えば、政治家として国政に参加してみたいという大望を抱いたのであった」（113頁）

と述べています。そして、新渡戸版「武士道」の、日本での盛り上がりを受ける形で、武士道的な精神の復権を、実業界において語っている面があるのです。

天は人を罰しない

孔子が、

「天（中国における最高神。ただし一神教のように人に対して直接何かを語ることはない）に対して罪を犯してしまえば、祈るところなどない[23]」

と言われた言葉の中にある、「天」とは何のことだろう。わたしは「天」とは「天命（天から人が与えられた使命）」の意味で、孔子もまたこの意味で「天」という言葉を用いられたと信じるのである。

人間が、世の中で活動して働いているのは、天命である。草木には草木の天命があり、鳥獣には鳥獣の天命がある。この天命が、天の配剤として世に顕れて、同じ人間の中でも、酒を売る者がいたり、餅を売ったりする者がいたりするのである。

天命には、どんな聖人や賢者でも服従を余儀なくされる。古代の聖天子である堯といえども、わが子の丹朱《たんしゅ》に帝位を継がせることができなかった。やはり古代の聖天子である舜も、太子であった息子の商均《しょうきん》に位を継がせることができなかった。これらは皆、天命がそうさせるのであって、人の力ではどうしようもないことなのだ。草木はどうしても草木で終わらなければならず、鳥獣になろうとしても、なれるものではない。また鳥獣とて、いかになろうとしたところで、草木にはなれない。つまるところ、みな天命なのだ。これによって考えてみても、人間は天命に従って行動しなければならないことが、はっきり明らかになる。

そうであれば、孔子が言われた「天に対して罪を犯す」とは、無理な振る舞いをして、不自然な行動をしてしまう意味であろうかと思う。無理な振る舞いや不自然な行動をすれば、必ず悪い結果を自分の身に引き受けなければならなくなる。その時になって、どこかに苦情や訴えを持っていこうとしても、もともとが無理や不自然なことをして自ら招いた報いであるから、見つかるはずがない。これがつまり「祈るところなどない」の意味だ。

（23）『論語』八佾篇13　罪を天に獲《う》れば祈る所なし。

孔子は、『論語』陽貨《ようか》篇において、

「天は何も語らないではないか。それでも四季はめぐり、万物は生長している。天は何も語らないよ(24)」

とおっしゃられ、また孟子も彼の著書『孟子』の万章章句上《ばんしょうしょうくじょう》篇で、

「天は何も語らない。ただある人の行いと、そこから生じた出来事によって、その意志を示すだけだ(25)」

と言われている。その通りで、人間が無理な振る舞いをしたり、不自然な行動をしたりなどして、天に対して罪を犯したからといって、天が何かを言ってその人に罰を加えるわけでも何でもない。周囲の事情によって、その人が苦痛を感じるようになるだけである。これがつまり天罰というものである。

人間がいかにこの天罰から逃れようとしても、決して免れることなどできない。自然に四つの季節がめぐり、天地の万物が生育していくように、天命は人の身の上に行われていくものなのだ。だから孔子も『中庸《ちゆうよう》』の冒頭で、

「天が命じて人に与えたもの、これを性（その人の本質や特徴、らしさ）という(26)」

と言っているのだ。どんなに人が神に祈ったり、仏にお願いしたとしても、無理な振る舞いをしたり不自然な行動をすれば、必ず因果応報はその人の身の上にめぐってくるもので、到底これを逃れるわけにはいかなくなる。

このようなわけで、道理にかなった正しい道を歩んで、少しも無理な振る舞いをせず、心に省みて疚《やま》しくない者であればこそ、

「（政敵の桓魋《かんたい》に、孔子が襲撃されたときの言葉）天は、徳を私に授けられた。桓魋ごとき、私をどうにもできないよ(27)」

との自信を生み、ここに本当の安心立命《あんしんりつめい》（天命を知って心安らかになる境地）を手に入れることができるのである。

人物の鑑定法

佐藤一斎《いっさい》先生(28)は、人と初めて会ったときに得た第一印象によって、「その人がどうなのか」を判断するのが、最も間違いのない正確な人物鑑定法だとされた。先生の書かれた『言志録《げんしろく》』の中には、

(24)『論語』陽貨篇19　天何をか言うや。四時《しじ》行われ、百物生ず。天何をか言うや。
(25)『孟子』万章章句上篇127　天言わず。行いと事とを以て、これを示すのみ。
(26)『中庸』第一章　天の命、これを性と謂《い》う。
(27)『論語』述而篇22　天、徳を予《よ》に生ぜり。桓魋それ予を如何せん。
(28)一七七二～一八五九　江戸後期の儒者林家《はやしけ》の塾頭や昌平黌《しょうへいこう》教授を務めた。

「第一印象で判断すれば、それほど間違いはない」

という文章さえある。初めて会った時に、よくその人を観察すれば、一斎先生の言葉のように、多くは間違えないもので、たびたび会うようになってからする観察は、考え過ぎてしまって、かえって間違いやすいものである。

初めて会ったその時に「この人はだいたいこんな人だな」と思った感じ方には、いろいろな理屈や、個人的な利害・感情が混ざらない。だから、とても純粋な面がある。その人が、もし偽ったり飾ったりしていれば、その偽ったり飾ったりしている部分が、最初会ったときなら、ちゃんとこちらの胸の鏡に映って、ありありと見えてくる。

しかし、たびたび会うようになると、「ああでない」「こうであろう」などと、他人の噂を聞いたり、理屈をつけたり、事情にとらわれたりして考えすぎることになる。だから、かえって人物の観察を誤ってしまうものなのだ。

また孟子は、

「人を見分けるのに、瞳ほど正直なものはない。瞳は、心の悪をおおい隠せない。心が正しければ、瞳もはっきり輝いている。心が正しくなければ、瞳も曇っている(29)」

と、孟子一門の人物鑑定法を説かれている。つまり孟子の人物鑑定法は、人の眼によって、その人がどうなのかを鑑定するものだ。心の中の思いや感情が正しくないと、何となく眼に曇りがあるが、心の中の思いや感情が正しければ、眼もはっきりとして淀みがない。

だから、これによってその人がどんな人格であるかを判断せよというのだ。

この人物鑑定法もなかなか的確な方法で、人の眼をよく観察しておきさえすれば、その人の善悪や正邪もたいてい知ることができる。

さらに『論語』には、

「孔子が言った。『人を見るのに、現在の行動を視るばかりでなく、その動機は何かを観、またどんな目的を達すれば満足するのかまで察するようにする。そうすれば、どんな相手でも本性を隠しきれなくなる[30]』」

という一節がある。第一印象で人を判断する佐藤一斎先生の観察法や、人の瞳を見てその人を知る孟子の観察法は、ともにとても簡易で手っ取り早い方法であり、これによってたいていは大きな間違いなく、正しく人物を識別することができる。

しかし、人を真に知ろうとするには、このような観察法だけでは不十分なところがあるから、ここに挙げた『論語』為政篇の章句のように、「視《し》」「観《かん》」「察《さつ》」の三つを使って、人を識別しなければならないというのが、孔子の遺訓である。

(29)『孟子』離婁章句上篇《りろうしょうくじょう》　人に存する者は眸子《ぼうし》より良きはなし。眸子はその悪を掩うことあたわず。胸中正しければ、則ち眸子瞭《あきら》かなり。胸中正しからざれば、則ち眸子眊《くら》し。

(30)『論語』為政篇10　子《し》曰《いわ》く、その以てする所を視、その由る所を観、その安んずる所を察すれば、人焉んぞ廋《かく》さんや。

「視」も「観」もともに「ミル」と読むが、「視」は単に外形を、肉眼で見るだけのことだ。「観」は外形から立ち入って、さらにその奥に進み、肉眼のみならず、心の眼を開いて見ることである。

つまり孔子が『論語』で説かれた人物鑑定法は、こうだ。

まず第一にその人の外部にあらわれた行為の善悪や正邪を見きわめる。

次に、それによってその人の行為は何を動機にしているかをよく観察する。

さらに一歩進めて、その人は何に心を落ち着かせるのか、何に満足して暮らしているのかなどを知るようにする。そうすれば、必ずその人の真の人物像が明らかになり、いかにその人が本心を隠そうとしても、隠しきれなくなるというのだ。

いかに外部にあらわれた行為が正しく見えても、その行為の動機となる心のあり方が正しくなければ、その人は決して正しい人であるとは言えない。ときには、あえて悪に手を染めてしまう可能性も否定できない。また、外部にあらわれた行為も正しいし、その動機となる「心のあり方」も正しいとしても、もしその心の落ち着かせどころが、贅沢したり怠けることにあるようでは、時として誘惑に負けて、思ってもみない悪に手を染めるようになる。

このため、行為と動機、満足する点の三拍子がそろって正しくなければ、その人は最初から最後まで、永遠に正しい人であるとは言えないのである。

『論語』はすべての人に共通する実用的な教訓

明治六（一八七三）年に官僚を辞めて、もともと希望していた実業界に入ることになってから、『論語』に対して特別の関係ができた。初めて商売人になるという時、ふと心に感じたのが、

「これからは、いよいよわずかな利益をあげながら、社会で生きていかなければならない。そこでは志をいかに持つべきなのだろう」

ということだった。そのとき、前に習ったことのある『論語』を思い出したのである。『論語』には、おのれを修めて、人と交わるための日常の教えが説いてある。『論語』は最も欠点の少ない教訓であるが、この『論語』で商売はできないか、と考えた。そしてわたしは、『論語』の教訓に従って商売し、経済活動をしていくことができると思い至ったのである。

そこへちょうど玉乃《たまの》世履《せいり》(31)という人が来た。彼は、岩国（今の山口県岩国市）出身の人で、

(31)　一八二五〜一八八六　初代大審院長（現代の最高裁判所長官）として、司法権独立のために活躍する。名は「よふみ」と読む説もある。

後に大審院長《だいしんいんちょう》（今の最高裁判事）になり、書道も達者、文も上手、いたってまじめな人で、「役人のなかでは玉乃とわたしがまともな役人だ」と言われていた。二人は役所のなかで非常に仲良くし、出世ぶりも同じで、勅任官《ちょくにんかん》（天皇から直接任官される役職）にもなった。二人は「共に将来は国務大臣になろう」という希望を抱いて進んでいた。だから、わたしが突然官僚を辞めて商人になるというのを聞くと、いたく惜しみ、「ぜひに」といって引き止めてくれた。

わたしはそのとき、井上馨《かおる》(32)さんの次官をしていた。井上さんは官僚の制度について、時の内閣と意見を異にし、ほとんど喧嘩腰で退職した。そしてわたしも井上さんと一緒に辞めた形になったので、わたしも内閣と喧嘩をして辞めたように見えたようだ。もちろんわたしも井上さんと同じく、内閣と意見は違っていたけれども、わたしの辞職した理由は喧嘩ではない。主旨が違う。

わたしの辞職の原因はこうだ。当時のわが国は政治でも教育でも、着々と改善していくべき必要があった。しかしなかでもわが日本は、商売が最も振るわなかった。これを振興していかないと、日本は豊かになっていくことができない。これは何としても、他の方面と同時に商売を進行させなければならない、と考えたのだ。

そのときまでは、商売に学問は不要である、学問を覚えればかえって害がある、「『貸家《かしや》札《ふだ》』唐様《からよう》で書く三代目(33)」といってヘンに学問を身につけた三代目は危険である、という時代であった。そこで、学問によって経済活動を行わなければならないという決心で、不肖ながらわたしは商売人になったのである。

しかしそこまでは、いくら友人でもわからなかった。だから、わたしの辞職を喧嘩腰だと思い込み、わたしがひどい過ちを犯していると責めたのだ。

「君も遠からず長官になれる、大臣になれる、お互い官職にあって国家のために尽くす身だ。それなのに、賤しむべき金銭に目がくらんで、官職を去って商人になるとは実に呆れる。今まで君をそういう人間だとは思わなかった」

と言って忠告してくれた。

そのときわたしは、大いに玉乃に反論し、説得したのだが、引き合いに出したのが『論語』だった。宋王朝(34)の名臣・趙普《ちょうふ》(35)が、

「『論語』の教えの半分を使って自分が仕えている皇帝を助け、のこり半分を使って自分

(32)　一八三六～一九一五　新政府において大蔵大輔《おおくらたいふ》や外務大臣、商務大臣などを歴任した。

(33)　三代目になると、学問や芸事ばかりに身を入れて肝心の家業を傾け、代々からの家も貸す羽目になり、しかしその看板が、身につけた美しい飾り文字で書かれている、と皮肉った言葉。

(34)　九六〇～一二七九　趙匡胤《ちょうきょういん》によって建てられた王朝。一一二七年に中国北部を金に占領されるまでを北宋、以後を南宋と便宜上呼び分けている。

(35)　九二二～九九二　趙匡胤に仕えた名臣。

の身を修める」

と言ったことなどを引用しながら、

「わたしは『論語』で一生を貫いてみせる。金銭を取り扱うことが、なぜ賤しいのだ。君のように金銭を賤しんでいては、国家は立ち行かない。民間より官の方が貴いとか、爵位が高いといったことは、実はそんなに尊いことではない。人間が務めるべき尊い仕事は至るところにある。官だけが尊いわけではない」

と『論語』などを引用しながら、いろいろと反論や説明に努めたのである。そしてわたしは、『論語』を最もキズがないものだと思ったから、『論語』の教訓を目安として、一生商売をやってみようと決心した。それは明治六（一八七三）年の五月のことであった。

それからというもの、必然的に『論語』を読まなければならなくなり、中村敬宇《けいう》(36)先生や信夫《しのぶ》恕軒《じょけん》(37)先生に講義を聴いた。みな多忙だったため、最後まで続けることができなかったが、最近では宇野哲人《てつと》(38)先生にお願いをして、また勉強を始めている。主に自分の子供たちのためにやっているが、わたしも必ず出席して聴き、そしていろいろと質問したりしている。解釈について意見が出たりして、なかなか面白く有益である。一章一章講義し、皆で考えて本当にわかった後に進むのだからなかなか進まないが、その代わり意味はよくわかって、子供などもたいへんに面白がっている。

わたしは今までに五人の先生の手を借りて『論語』を解き明かそうとしてきたが、学問

的に『論語』を学んできたわけでないから、ときには深い意味を知らないでいたりした。たとえば、『論語』泰伯篇の、

「道義の守られている時代に、低い地位にとどまって貧しい生活に甘んじているのは、恥としなければならない。逆に、道義の見失われている時代に、高い地位について豊かな生活を楽しんでいるのは、これまた恥としなければならない(39)」

という言葉なども、今となって深い意味を含んでいることを知った。今回は『論語』を学問的にくわしく探究しているので、いろいろな点に気がついて悟るところが多い。

しかし『論語』は決して難しい学問上の理論ではないし、難しいものを読む学者でなければわからない、というものでもない。『論語』の教えは広く世間に効き目があり、もともとわかりやすいものなのだ。それなのに学者が難しくしてしまい、農民や職人、商人などが関わるべきではないし、商人や農民は『論語』を手にすべきではない、というようにしてしまった。これは大いなる間違いである。

(36) 一八三二〜一八九一　本名は正直《まさなお》、号が敬宇。啓蒙思想家で明治時代に教育に貢献のあった六大教育家の一人。スマイルズの『西国立志編（自助論）』の翻訳を出版して、百万部以上を売り上げてもいる。
(37) 一八三五〜一九一〇　漢学者、東京師範学校や東京帝国大学の講師などをつとめる。
(38) 一八七五〜一九七四　東京帝国大学教授、徳仁天皇の「浩宮《ひろのみや》」の名付け親でもある。
(39) 『論語』泰伯篇13　邦に道あり、貧且つ賤は、恥なり。邦に道なく、富且つ貴きは、恥なり。

このような学者は、たとえてみると、口やかましい玄関番のようなもので、孔子には邪魔者なのだ。こんな玄関番を頼りにしてみても、孔子に面会することはできない。孔子は決して難し屋ではなく、案外さばけていて、商人でも農民にでも誰にでも会って教えてくれるような方なのだ。孔子の教えは、実用的で卑近《ひきん》な教えなのだ。

時期を待つ必要がある

いやしくも人として生まれながら、特に青年時代において絶対に争いを避けようとするような卑屈の根性しかないのでは、到底進歩したり成長したりする見込みはない。また社会を進歩させていくためにも、争いが必要なことは言うまでもないだろう。しかし、あえて争いを避けないのと同時に、チャンスが来るのを気長に待つということも、世の中を渡っていく上では必要不可欠なことだ。

わたしは今日《こんにち》でももちろん、争うべきところは争いもするが、人生の半分以上にわたる長い経験によって、少しばかり悟ったところがある。なので、若い時のように、争い事をあまり多くは起こさないようになったと自分でも思う。

というのは、世の中のことは「こうすれば必ずこうなるものだ」という原因と結果の関係があることを、悟ったからなのだ。それを無視して、すでにある事情が原因となってある結果を生じてしまっているのに、突然横からあらわれて形勢を変えようとし、いかに争ってみたところで、因果関係はすぐに断ち切ることができない。ある一定の時期に達するまでは、成り行きを変えることなど人の力ではとてもできない、と思い至ったのだ。

人が世のなかを渡っていくためには、成り行きを広く眺めつつ、気長にチャンスが来るのを待つということも、決して忘れてはならない心がけである。正しいことをねじ曲げようとする者、信じることを踏みつけにしようとする者とは、何があってもこれと争わなければならない。このことを若いみなさんに勧める一方で、わたしはまた気長にチャンスが来るのを待つ忍耐もなければならないことを、ぜひ若いみなさんには考えてもらいたいのである。

わたしは、日本の現状に対しても、極力争ってみたいと思うことがないでもない。いや、いくらもある。特に日本の現状でわたしが最も残念に思うのは、官尊民卑の悪弊(40)がまだ続いていることである。官僚なら、いかに問題を起こしても、たいていは見過ごされてしまう。たまたま世間で物議をかもす元を作って、裁判沙汰となったり、あるいは引退を強いられるようなハメになる場合もないことはない。しかし、官職にあって問題を起こしているすべての者に比べれば、本当に取るに足らず、大海の一滴にも当たらない。官職にある

(40)　東亜堂版「弊《へい》」、忠誠堂版「辨《へい》（弁）」。おそらく漢字の「弊」を似た漢字の「辨」と誤ったもの。

者の問題ある行動は、ある程度までは黙認されてしまうといっても、言い過ぎではないほどである。

これとは反対に、民間にある者は、少しでも問題行動があれば、ただちに摘発されて、たちまち逮捕という憂き目に遭わなければならなくなる。問題ある行動をする者はすべて罰しなければならないというなら、官職にある者と在野にある者との間に差別を設け、一方は寛大に、一方は冷酷に扱うようなことがあってはならない。もし大目に見過ごすべきものならば、民間にある人々に対しても、官職にある人々に対するのと同様に、これを見過ごしてしかるべきだ。ところが日本の現状は、今もって官と民とを区別することによって、一方は寛大さ、一方は冷酷さという違った手心を加えている。

また民間にある者が、いかに国家の進歩に貢献するような功績をあげても、その功績は簡単には朝廷には認められないのに対し、官職にある者は、わずかな功績があっただけでも、すぐにそれが認められて恩賞に与《あずか》るようになる。

これらの点は、わたしが今日において極力争ってみたいと思うところだ。しかし、たとえわたしが争ったからといって、ある時期が到来するまでは、とうてい全体の状況を一変するというわけにはいかない、と考えているので、目下のところわたしは、折に触れて不平をもらすぐらいにとどめ、あえて争わず、時期を待っているのである。

人は平等であるべきだ

才能の向き不向きを見抜いて、適材を適所に配置するということは、多少なりとも人を使う立場の人間が常に口にすることだ。そして同時に、常に心のなかで難しさを感じている事柄でもある。

さらにもう一つ思うのは、人を適材適所につけていくことの背後には、たくらみが潜んでいる場合があるということだ。自分の権力や勢力を拡大しようとするなら、こんな手がよく使われる。つまり、自分の子分のなかからよい人材を適所に送り込んで、一歩一歩、一段一段、じわじわと自分の勢力をうえつけ、少しずつ自分の権力の基盤を踏み固めていくのだ。

このような工夫をする者は、ついに自分の派閥の権勢を手にして、政治や実業の世界、ないしは社会の至るところで、揺るぎない覇者としての威勢を振るうことができるのである。しかし、このような行き方は、まったくわたしの学ぶところではない。

わが国の古今を通じて、徳川家康という人ほど、うまく適材を適所に配置して自分の権勢を上手に広げた、はかりごとの達人を他に知らない。その様子をちょっと紹介してみよう。

まず、将軍の住む江戸の警備役として、代々徳川家に仕えて忠義心の厚い家臣たちで関東のほとんどを固めた。

さらに関所のある箱根《はこね》に面しては、大久保忠隣《ただちか》(41)を相模守《さがみのかみ》(今の神奈川県あたりの地域の責任者)にすえ小田原に配置した。いわゆる御三家《ごさんけ》(42)は、水戸家によって東国の入り口を抑え、尾張《おわり》家によって東西をつなぐ東海地方を掌握させ、紀州《きしゅう》家によって経済の中心であった大坂圏に背後から睨《にら》みをきかせた。さらに井伊直政《なおまさ》(43)を彦根《ひこね》に置いて、皇室のある京都圏の守りとするなど、その人物配置は精妙を極めたのである。

その他、越後《えちご》の榊原、会津《あいづ》の保科《ほしな》、出羽《でわ》の酒井、伊賀《いが》の藤堂(44)にしても、かつ中国地方や九州地方はもちろん、日本国中くまなく、要所には必ず代々忠義の厚い家臣を置いて、将来脅威になる可能性のある外様大名《とざまだいみょう》(徳川に臣従するのが最も遅かった諸侯たちのこと)が、手も足も出ないように手を打った。こうして徳川三百年の国家体制を築き上げたのである。

この結果手にした家康の覇権が、わが国の伝統的な体制と合っていたか否かは、わたしがあらためて批評するまでもない。それはおいても、適材を適所に置くという手腕においては、古今で家康にかなうもの、わが国の歴史のなかには見出しがたいのである。

わたしは、この適材を適所に置くための工夫において、家康の知恵にあやかろうと絶えず苦心している。ただし、その目的に関しては、まったく家康に見習うところがない。わたし渋沢は、渋沢の心をもって、自分と一緒にやっていく人物に相対するのである。その人を道具にして自家の勢力を築こうとか、どうだとかという私心は毛頭持ち合わせていない。ただ、わたしの素直な気持ちとして、適材を適所に得たいと考えているのである。

適材が適所で働き、その結果として、なんらかの成績をあげることは、その人が国家社会に貢献する本当の道である。それは、わたし渋沢が国家社会に貢献する道ともなるのである。

わたしはこの信念のもとに、人物を待っている。謀略に巻きこんでその人に汚点をつけたり、秘蔵子《ひぞっこ》として自分の手元から出さないような罪な行いは、決してしない。その人が活動する天地は、自由なものでなければならない。渋沢の下にいては舞台が狭いというのなら、すぐにでも渋沢と袂《たもと》を分かち、自由自在に海原のような大舞台に乗り出して、思うさまやれるだけの働きぶりを見せてくれることを、わたしは心より願っている。

わたしに一日の長があるために、腰を低くしてわたしと働いてくれる人もいるかもしれないが、少々経験が足りないくらいで、威張るようなことはしたくない。人は平等でなければならない。しかもその平等は、ケジメや礼儀、譲り合いがなければならない。

(41)　一五五三〜一六二八　徳川家に仕え、数々の戦いで武功をあげている。「天下の御意見番」として時代劇などに出てくる大久保彦左衛門の甥。
(42)　将軍位の継承権を持つ尾張家と紀伊家、水戸家のこと。
(43)　一五六一〜一六〇二　井伊の赤備えとして知られる精鋭部隊を率い、徳川四天王として活躍。
(44)　榊原家、保科家、酒井家、藤堂家はいずれも徳川家の有力家臣。

わたしを、徳のある人と思ってくれる人もいるかもしれないが、わたしも人のことを徳があると思っている。結局、世の中は持ちつ持たれつなもの。自分も驕らないようにし、相手も侮らず、お互いに信頼し合って隙間風の吹かないようにとわたしは努めている。

争いは良いのか、悪いのか

世間には、争いを絶対になくし、いかなる場合においても争いをするということはよろしくないとし、

「人から右の頬を打たれたなら、左の頬を差し出せ」

などと説く者もある。

では、他人と争いをするということは、人が生きていくなかで果たして利益になるものだろうか、逆に不利益を与えるものだろうか。実際問題となると、これはずいぶん人によって意見が異なることだろうと思う。「争いは断じてなくすべきでない」と言う者があるかと思えば、また「絶対になくすべきだ」と考えている人もいる。

わたし自身の意見としては、争いは何があってもなくすべきものではなく、世の中を渡っていく上でも、はなはだ必要のものであると信ずるのである。わたしに対しては、世間では「あまりに円満すぎる」などと非難もあるらしいと聞き及んでいる。しかし、わたし

は理由もなく争うようなことはしないが、世間の人たちが考えているような、争いを絶対に避けるのを、世を渡る唯一の方針としているように円満な人間でもない。

孟子は、その著書『孟子』の告子《こくし》章句下篇《しょうくげ》において、

「敵国や外患がないと、国は必ず滅んでしまう(45)」

と述べている。いかにもその通りで、国家が健全な発達をとげていくためには、商工業においても、学術や芸術、工芸においても、また外交においても、常に外国と争って必ずこれに勝ってみせるという意気込みがなければならない。国家ばかりではない、一個人においても、常に周囲に敵があってこれに苦しめられ、その敵と争って必ず勝ってみせる気概がなくては、決して成長も進歩もない。

後輩の指導にあたる先輩にも、広く全体を見渡してみると、二種類の人物があるように思われる。

その一は、何事も後輩に対して優しく親切に接する人だ。決して後輩を責めたり、いじめたりせず、手厚い親切で後輩を引き立てて、後輩の敵となるようなことは絶対にしない。また、後輩にいかなる欠点やミスがあっても、必ず味方にまわってくれ、どこまでも後輩を守ってゆくことを信条にしていく。こういうタイプの先輩は、後輩より厚い信頼を受け、

(45)『孟子』の告子章句下篇　敵国外患なき者は、国恒《つね》に亡ぶ。

やさしい母親のように懐かれ、慕われるものであるが、このような先輩が果たして後輩のために真の利益になるかどうかは、いささか疑問である。

もう一方のタイプはちょうどこれと反対で、いつでも後輩に対して敵国のような態度をとる。後輩の揚げ足を取ることばかりをわざとして喜び、何か少しの欠点が後輩にあれば、すぐガミガミと怒鳴りつけ、これを叱り飛ばして、完膚なきまでにののしり責める。ミスでもすると、もうまったく取り成しようがないほど、つらく後輩にあたる人である。

このように一見残酷な態度に出る先輩は、往々にして後輩の恨みを買うもので、後輩たちの人望はきわめて乏しいものである。しかしこのような先輩は、本当に後輩の利益にならないのだろうか。この点は、若いみなさんでとくと熟考してしかるべきものだろうと思う。

どんなに欠点があっても、またミスを犯しても、あくまで守ってくれる先輩の厚い親切心は、本当にありがたいものであるに違いない。しかし、このような先輩しかいないとなれば、後輩の奮発心をひどく失わせるものである。

「たとえミスしても先輩が許してくれる」

とか、極端な例でいえば、

「どんなミスをしても、したらしたで先輩が助けてくれる。だから、あらかじめ心配する必要はない」

などと至極のん気に構えて、事業に取り組むにも綿密な注意を欠いたり、軽々しいことをしたりするような後輩を作ってしまう結果となり、どうしても後輩の奮発心を鈍らすことになるのである。

これに反し、後輩をガミガミと責めて、常に後輩の揚げ足を取ってやろう、やろうという気持ちの先輩が上にあれば、その下にある後輩は、一瞬も油断できず、一挙一動にもスキを作らないようにと心がけるようになる。

「あの人に揚げ足を取られるようなことがあってはならないから」

と、振る舞いにも自然に注意するようになり、はめを外したり、怠けるようなことを慎み、おしなべて後輩たちの身が引き締まるようになるものである。

特に後輩の揚げ足を取ることが得意な先輩は、後輩の欠点や失敗を厳しく責め、ののしり嘲《あざけ》るだけでは満足せず、その親の名前まで引き合いに出して、これを悪いものと決めつけてこき下ろし、

「だいたい、あなたの親からしてよくない」

といった言葉をよく口にしたがるものだ。したがって、このような先輩の下にいる後輩は、もし一度でも失敗があれば、単に社会的に立ち直れなくなるばかりか、親の名まで辱め、一家の恥になると思うから、どうしても気力を奮い起こすようになるものである。

やさしい先輩、厳しい先輩

ここに出てくる「やさしい先輩」「厳しい先輩」には、モデルとなった親戚がいます。渋沢栄一の四男である秀雄が、栄一のこんな言葉を記しています。

「尾高淳忠は、漢学では十分に権威となれる人で、同時に立派な人徳者であった。そして、私が子供のときから本当の弟のように、たえず教え導いてくれた。

一方で、従兄に宗助という人がいた。俗にいう、私が『小面憎かった（顔を見るだけでも憎たらしい）』のだろう。何かというと、アラを探しては、あれこれ咎め立てをしたり、人前でも私のことを罵ったりした。だから、私も忌々しくてならない。何か辛いことや、面倒なことが起こるたびに、『また、あいつに後ろ指をさされて、そうなるものか』と自分を励まして、たいていのことは我慢していた。

後になって考えてみると、終始かわらず好意を寄せてくれた淳忠よりも、常に意地悪く仕掛けてくる宗助のほうが、より多く私を切磋琢磨してくれたことになった。言わば、私は意地と負けん気から、知らず識らずの間に自分を錬磨するよう余儀なくされたようなわけで、今日となっては、どちらに感謝するのが本当なのか、疑わしいくらいだよ」(46)

栄一が七歳のときから漢学を教えてくれた尾高淳忠は、明るく優しい人柄の持ち主でした。晩年に栄一が、

「いまだかつて彼に叱られたことがない。そして、懇切丁寧に教え導いてくれる。私は

その点について、今も彼の情愛を深く感じている」[47]と述懐するような兄貴分であり、師でした。

一方の宗助は、栄一を目の敵にしていた従兄でした。彼が幕臣としてフランスに行ったさいなどは、「幕府を倒すと息まいていた栄一が、一つ橋の家来になったと思うと、今度はノメノメと幕府の家来になってしまった」「攘夷をとなえた男が夷狄の国へ渡り、その国ぶりを有りがたがっている。どこまでシャアシャアとした男だろう」[48]と悪口を村で言いふらされたりもしました。

普通、いじわるな親戚というのは、子供心に好きになれないものだと思うのですが、そんな親戚を「自分の成長に役立った」と後からでも評価できるのが、栄一らしいところなのでしょう。

また、この「やさしい先輩」「厳しい先輩」の比較に関しては、渋沢栄一が「パワハラ気味の指導を勧めている」と読み取られてしまう場合がありますが、本来の趣旨はやや異なります。淳忠と宗助とのエピソードからもわかるように、

(46)『攘夷論者の渡欧』渋沢秀雄、双雅房、引用者訳。
(47)『渋沢栄一伝記資料』別巻第五「雨夜譚会談話筆記」引用者訳。
(48)『渋沢栄一』渋沢秀雄、渋沢青淵記念財団竜門社。

「家族や親戚にも、また社会に出ても、いじわるで揚げ足をとってくる人は、どうしても一定数いるよね。そういう人を、当然みなさんは嫌いだと思うかもしれないが、自分を磨くという観点では、そういうタイプにも意味があるのではないか。少なくとも、自分はそうだった」

と下から目線で述べているわけです。自分の成長を主軸に据えれば、世界の見え方が変わってくるという話なのです。

立派な人間が、真価を試される機会

真の逆境とはどのような場合を言うのか、実例をあげて一通りの説明を試みたいと思う。およそ世の中は、順調なまま平穏無事にゆくはずの事柄でも、水に波が立ったり、空中に風が起こるような変化に見舞われることがある。同じように、平静な国家社会ですらも、時としては革命や変乱とかいうことが起こらないとも言いきれない。

これは、平穏無事な時期と比べるなら、明らかに正反対の状況だ。このような変乱の時代に生まれ合わせ、心ならずもその渦中に巻き込まれるのが不幸な者であり、真の逆境に立つというのではあるまいか。

そうだとすれば、わたしもまた逆境のなかで生きてきた一人である。

わたしは明治維新の前後、世の中が最も騒々しかった時代に生まれ合わせ、さまざまな変化に遭遇して今日に及んだ。振りかえってみると、明治維新のときのような世の中の変化にさいしては、どんなに知恵や能力がある者でも、また努力家であっても、思ってもみない逆境に立たされたり、あるいは順境から逃げられてしまう、ということが起こってくる。

現にわたしは、最初は尊王討幕《そんのうとうばく》（天皇を奉じて徳川幕府を討つ）や攘夷鎖港《じょういさこう》（外国を打ち払い鎖国する）を論じて、東西を走り回っていた。しかし、後には一橋家の家来となって幕府の臣下に加わり、その後に民部公子《みんぶこうし》・徳川昭武《とくがわあきたけ》(49)に随行してフランスに渡航したのである。ところが日本に帰ってみれば幕府はすでに亡びて、世は王政に変わっていた。

この間の変化にさいして、もしかしたら自分には知恵や能力の足りないこともあったかもしれない。しかし努力の点については、自己の力一杯にやったつもりで不足はなかったと思う。それなのに、社会の移り変わりや政治体制の刷新に直面すると、これをどうすることもできず、わたしは何とも逆境の人となってしまったのである。

その頃、逆境にいてひどく困難な思いをしたことは、今でもなお記憶している。当時、

(49)　一八五三〜一九一〇　徳川慶喜の弟。渡仏のときは十三歳だった。民部大輔《みんぶのたいふ》という役職にあったので民部公子と呼ばれた。

困難な思いをした者はわたし一人ではなく、かなりの人材の中にも、わたしと同じ境遇を味わった者はたくさんいたに違いない。大きな変化にさいして、これは最終的に免れがたい結果であろう。

こんな大きな波瀾は少ないとしても、時代の推移につれて、常に人生には小波瀾のあることはやむを得ない。だから、その渦中に投じられて、逆境に立たされる人も常にいるのであろうから、「世の中に逆境は絶対にない」と言い切ることはできないのである。ただ、人が順境と逆境について考える場合は、ぜひともその生じる原因を探り、それが「人の作った逆境」であるのか、それとも「人にはどうしようもない逆境」であるのかを区別すべきである。その後、どう対処するのかの策を立てなければならない。

このうち「人にはどうしようもない逆境」とは、立派な人間が、真価を試される機会に他ならない。では、「人にはどうしようもない逆境」に立たされた場合、その境遇にどう対処すべきなのかというと、わたしは神様ではないので、それに対する特別の秘訣を持っているわけではない。またおそらく社会にも、そういう秘訣を知った人はいないだろうと思う。

しかし、わたし自身が逆境に立たされたとき、自分でいろいろと試し、また何が正しい道筋なのかという観点から考えてみたことがある。その内容をここで明かしてしまうと、それは逆境に立たされた場合、どんな人でもまず、

「自己の本分（自分に与えられた社会のなかでの役割分担）」だと覚悟を決めるのが唯一の策ではないか。現状に満足することを知って、自分の守備範囲を守り、

「どんなに頭を悩ませても結局、天命（天の神から与えられた使命）であるから仕方がない」とあきらめがつくならば、どんなに対処しがたい逆境にいても、心は平静さを保つことができるに違いない。

ところがもし、「このような状況はすべて人の作り上げたものだ」と解釈し、人間の力でどうにかなるものであると考えるならば、無駄に苦労の種を増やすばかりでなく、いくら苦労しても何も達成できない結果となる。最後には逆境のなかで疲れ切って、明日をどうするかさえ考えられなくなってしまうだろう。だからこそ、「人にはどうしようもない逆境」に対処する場合には、天命に身をゆだね、腰をすえて来るべき運命を待ちながら、コツコツと挫けず努力するのがよいのだ。

これとは逆に、「人の作った逆境」に陥ったらどうすればよいのだろう。これはほとんど自分がやったことの結果なので、とにかく自分を反省して悪い点を改めるしかない。世のなかのことは、自分次第な面も多く、自分から「こうしたい、ああしたい」と本気で頑張れば、だいたいはその思いの通りになるものである。

ところが多くの人は、自分で幸福な運命を招こうとはしないで、かえって最初から自分

でねじけた人となってしまい、逆境を招くようなことをしてしまう。それでは順境に立ちたい、幸福な生涯を送りたいと思っても、それを手に入れられるはずがないではないか。

解説

人の本分とは

この節で渋沢栄一は、逆境を「人の作った逆境」と「人にはどうしようもない逆境」の二つに分けています。

このうち「人の作った逆境」の方は、自分の手で変えられるので、自分で変えていくよう努力するしかないわけです。逆に「人にはどうしようもない逆境」の方は、天から与えられたものなので、「自己の本分」だと覚悟を決めなさい、と述べています。

では栄一の言う「自己の本分」とは、一体何を意味するのでしょうか。

まず「分」という言葉を考えてみましょう。

「分を知れ」とか「平社員の分際で」といった言い方に端的なように、実はこの言葉、現代ではあまりよい意味では使われません。

しかし、大本の意味にさかのぼるなら、単なる「役割分担」のことなのです。会社でたとえれば、社長には社長の「分」が、平社員には平社員の「分」が——つまり任された役割分担があるわけです。社会にしろ、組織にしろ、われわれは何らかかこうした役割を担って生きているのが普通の姿でしょう。

ただしこの「分」、本人からしてみれば嬉しいと思うような「分」もあれば、勘弁してほしいとしか言いようがない「分」もあります。そして、ときには意に沿わない「分」に落とし込まれ、その中で苦しまざるを得なくなったりします。

たとえば、同期は出世して本社の課長になったのに、自分は支社で平社員のままだ、とか、企業のコンペの結果、ライバルが勝ち、自分は敗者になってしまったなどなど――。

俯瞰《ふかん》した立場から言うならば、社会にしろ組織にしろ、パイが同じ中で誰かが順境なら、その分だけ他の人が逆境に立たされ、辛い役割も担わなければならなくなります。

特にそれが「人にはどうしようもない逆境」であるならば、人はそんな逆境から逃れることができません。いい例が、大災害やパンデミック、飢饉や世界的な不況でしょう。そうした中では、辛い思いをする人もいれば、たとえば復興需要などで大きなお金を手にする人も出ます。個人の手では避けようもない運命の中で、それは決まっていくわけです。

そうであるならば、逆境を天から与えられた社会的な役割だと考えて、自らその責任を引き受ける覚悟を持て、もうそれ以外やりようがないのだから、というのが栄一のいう「自己の本分」の意味なのです。

ただし、そこで腐らず、自分の与えられた役割の中で努力をしていくなら、次の機会が来たときに、自分が恵まれた側の役割を与えられるようになる、と栄一は考えました。確かに役割自体は、決して固定されているわけではありません。言葉を換えれば、「人にはどうしようもない逆境」に陥ったら、「今、ここ」に焦点を置かずに、未来に焦点を定めろということなのです。

文中でも言及されていますが、栄一は若いときには尊王攘夷の志士の一人でしたが、事情があって幕臣となり、そのまま明治を迎え「逆賊」「負け組」となった人でした。かなりネジれた逆境に押し込められてしまった中で、それでも腐らず努力し続けることで、近代を代表する偉人にまでなった——この一文には、そんな彼の経験が反映されているのです。

蟹穴主義が肝要

わたしは社会に生きていく方針として、今日まで「忠恕《ちゅうじょ》(50)（良心的で思いやりある姿勢）」を一貫するという考え方で、通してきた。

昔から、宗教家や道徳家といった人々のなかには、立派な学者がたくさん生まれて、道を教えたり、法を立ててきた。しかし結局それは「修身《しゅうしん》（自分を磨く）」ということに尽きているのだろうと思う。その自分を磨くということも、まわりくどく言えば難しくなるが、わかりやすく言ってしまえば、箸の上げ下ろしの間の心がけにも十分その意義が含まれているだろうと思われる。わたしはその意味において、家族に対しても、客に対しても、その他手紙など何かを見るのにも、誠意を尽くしている。

孔子はこの意味を、次の一節のなかにあますことなく説いている。

「孔子が宮城《きゅうじょう》の門に入るときは、身をかがめてつつしんだ。まるで体が門に受け入れてもらえないかのような格好だった。門の真ん中には立たず、通るときに敷居を踏まなかった。君主の座る席を通り過ぎるときは、本人がいなくても緊張した顔つきで、足取りも慎重だった。言葉づかいも、舌足らずの人のようだった。

着物のすそを持ち上げて、堂にのぼっていくのだが、そのときもつつしんだ様子だった。呼吸をとめて、息をしていないかのように見えた。堂から退出して、階段を一段降りられると、顔がゆるんでやわらいだ。階段を降りきって、小走りに進むときはきれいに着物のすそが左右に揺れた。自分の席にもどると、またうやうやしい態度となった(51)」

(50)「忠恕」にはいろいろな解釈がある。「忠」と「恕」にわけ、「忠」は真心や良心的、心に偽りのないこと（孔子の用法には、上への忠義という意味はない）、「恕」は思いやりで、合わせて良心的で思いやりがあることという解釈がある。また「忠恕」とまとまりで考えて、「まごころ」を表す熟語ととる解釈もある。ここでは二文字に分けた解釈をしている。

(51)『論語』郷党篇4。

さらに、礼祭のときや、お客様のもてなし、衣服、日々の生活についても順に述べられ、食物に関してもこう言われている。

「飯はできるだけ精白したもの、膾《なます》はなるべく細かく刻んだものを食べた。飯がすえて味が変わっていたり、魚や肉がいたんでいたり腐っていたりしていると、口にしなかった。色の変わったもの、悪臭を放つものも食べなかった。また、生煮えのもの、季節はずれのもの、切り方のまずいもの、ソースが料理に合っていないものも、口にしなかった(52)」

これらはごく身近な例だが、道徳や倫理はこれら身近なものなかにあるのだろうと思う。

こうして箸の上げ下ろしの間の心がけができれば、次に心がけるべきは、

「己を知る」

ということになる。

世間には、ずいぶんと自分の力を過信して、身の丈をこえた望みを持つ人もいる。しかし進むことばかり知って、身の丈を守ることを知らないと、とんだ間違えを引き起こすことがある。わたしは、

「蟹は、甲羅に似せて穴を掘る」

という主義で、「渋沢の身の丈」を守るということを心がけている。わたしのようなものでも、今から十年ばかり前に「ぜひ大蔵大臣になってくれ」だの「日本銀行の総裁になってくれ」だのという交渉を受けたことがあった。しかし、

「自分は、明治六年に感ずることがあって、実業界に穴を掘って入ったのであるから、今さらその穴を這い出すこともできない」

と思い固辞した。孔子は、

「進むべきときは進むが、止まった方がいいときは止まり、退いた方がいいときは退く[53]」

といった意味のことも言っておられるが、確かに人は、その出処進退《しゅつしょしんたい》――仕えるときと辞めるときの決断が大切なのだ。そうはいっても、身の丈に満足するからといって、意欲的に新しいことをする気持ちを忘れては何もできない。だからこそ、

「なすべきことを完成させない限り、死んでも故郷に帰らない」

「大きな仕事を成し遂げるためには、細事にこだわるべきではない」

「男子たるもの、一度決意したなら、ぜひとも伸《の》るか反《そ》るかの快挙を試みるべきだ」

といった格言を旨とするのが大切なのだが、同時に、自分の身の丈を忘れないようにしなければならない。孔子は、

「欲望のままに振る舞っても、ハメを外さない[54]」

---

(52)『論語』郷党篇8。

(53) 本書の原文「以て進むべくんば進み、以て止まるべくんば止まり、以て退くべくんば退く」とまったく同じ言葉は『論語』にないが、述而篇10に似た意味内容で「これを用うれば則ち行い、これを舎《す》つれば則ち蔵《かく》る」という言葉がある。

と言われたが、この言葉の通りに、身の丈に満足しながら進むのがよいのである。

次に、若い人が最も注意すべきことに、喜怒哀楽がある。いや、若い人だけではない。およそ人間が世間とのつきあい方を誤るのは、だいたいにおいて人の持つ、この感情(55)が暴発してしまうからだ。孔子も、

「関雎《かんしょ》という昔の楽曲は、楽しさの表現に走り過ぎず、哀しさの表現に溺れ過ぎなかった(56)」

と述べている。つまり、喜怒哀楽はバランスをとる必要があるというのだ。わたしも仲間たちと酒は飲んだし、遊びもしたが、常に「走り過ぎず、溺れ過ぎず」を限度と心得ていた。これを一言でいえば、わたしの信条は、

「何事も誠実さを基準とする」

ということに他ならない。

得意なときと、失意のとき

だいたいにおいて人のわざわいの多くは、得意なときに萌《きざ》してくる。得意なときは誰しも調子に乗ってしまう傾向があるから、わざわいはこの欠陥に喰い入ってくるのである。ならば世の中で生きていくには、この点に注意し、得意なときだからといって気持ちを

緩めず、失意のときだからといって落胆せず、いつも同じ心構えで、道理を守り続けるように心がけていくことが大切である。

それとともに、「重大なこと」と「些細なこと」についても考えなければならない。失意のときであれば「些細なこと」にも気を配ったりするものだが、得意なときになると、多くの人の思慮はまったく逆に、「なんだこれくらいのこと」といった具合に、「些細なこと」に対してとくに軽蔑的な態度をとりがちになる。しかし、得意なとき、失意のときにかかわらず、いつも「重大なこと」と「些細なこと」への緻密な心がけを持たないと、思ってもみない失敗に見舞われやすいことを忘れてはならない。

誰でも目の前に「重大なこと」を控えた場合には、「これにどう対処しようか」と気持ちを集中して、緻密に考えをめぐらすけれども、「些細なこと」に対すると、これとは逆に、頭から馬鹿にして、きちんと注意しないままやり過ごしてしまうのが、世間の当たり前の姿だ。

ただし箸の上げ下ろしにも神経を使うような「些細なこと」へのこだわりは、限りある

---

(54)『論語』為政篇4　心の欲する所に従って矩《のり》を踰《こ》えず。

(55)原文「七情」。細かく言えば喜・怒・哀・懼《かい》・愛・悪・欲の七つの感情のこと（『礼記』）。ただ、感情全般を表現するのに「七情」と使うこともあり、ここでは「感情」と訳している。

(56)『論語』八佾篇20　関雎は楽しんで淫せず、哀しみて傷《やぶ》らず。

精神をムダに疲れさせるだけで、何もそんなに心を使う必要のないこともある。また「重大なこと」だからといって、そんなに心配しなくても済まされることもある。だから、事の大小といったところで、表面から観察してすぐに決めてしまうわけにはいかない。また、「些細なこと」がかえって「重大なこと」となり、「重大なこと」が予想に反して「些細なこと」になる場合もあるから、大小にかかわらず、その性質をよく考慮して、その後でふさわしい取扱いをするよう心がけるのがよいのである。

では、「重大なこと」に対処するには、どうしたらよいのだろう。まず取り組むにあたって、きちんとこれを処理することができるかを、考えてみなければならない。

ただし考えてみるといっても、ある人は自分の損得を二番目において、ひたすらその事について最善の方法を考えたりする。またある人は、自分の利益になるか否かを真っ先に考えたりする。あるいは、すべてを犠牲にしてその事の成就だけを思う者もあれば、これとは反対に、自分自身を中心において、社会のことなど考えに入れずに値踏みする者もいる。そもそも人はそれぞれ顔つきが異なっているように、心も異なっているのだから、一概に言うわけにはいかないのだ。

わたしはどう考えるのかと、もし聞かれたなら、次のように答える。

まず、その事柄に対して、どうすれば道理にかなうかを考える。そして、その道理にかなったやり方をすれば国家や社会の利益になるかを考える。さらに、そうすることで自分のためにもなるかを考える。そう考えてみたとき、もしそれが自分のためにはならないが、道理にもかなない、国家や社会の利益にもなるということなら、わたしはきっぱり自分を捨て、道理のあるところに従うつもりである。

このように、正しいか正しくないか、何が利益で何が損失か、道理に合っているか合っていないかを、よくよく調べて考え、その後で手を下すのが、「重大なこと」を処理するさいに、適切な方法であろうと思う。しかし、考えるという点から見れば、どの局面においても精細に思案を重ねなければならない。

一見して「これは道理にかなうから、従った方がいい」とか「これは公益にもとるから、棄てた方がいい」というような早飲み込みはいけない。道理に合いそうに見えることでも、道理にかなっていない点はないかと、右からも左からも考えるのがよい。また、公益に反するように見えても、後々には、やはり世のためになるものではないかと、深掘りして考えなくてはならない。一言だけで、間違っているのか否か、道理にかなっているか否かを速断しても、その判断が適切でなければ、せっかくの苦心も何にもならない結果となる。

「些細なこと」の方になると、悪くするとよくよく考えずに決定してしまうことがある。それはとてもよくない。「些細なこと」というくらいであるから、目の前にあらわれた部分だけでは、とても小さなことに見えるので、誰もがこれを馬鹿にして、念を入れることを忘れてしまう。しかし、この馬鹿にして取り組んでしまう「些細なこと」も、積み重なると「重大なこと」になることを忘れてはならない。

　また「些細なこと」の中には、その場限りで済むものもあるが、時として「些細なこと」が「重大なこと」のきっかけとなり、「ほんの些細なこと」と思ったことが、後日、大問題をまき起こしてしまうこともある。あるいは「些細なこと」から次第に悪事に進んで、ついには悪人になるようなこともある。これとは反対に、「些細なこと」から進んでいって次第に善の方向に行くこともある。はじめは些細な事業と思ったことが、一歩一歩進んでいくうちに大きな弊害を生んでしまうこともあれば、そのおかげで自分や一族が幸福になることもある。これらはすべて小さいものが積み重なって大きいものとなるのである。

　人の不親切とか、わがままなども、小さいものが積み重なって次第に大きなものになるもので、積もり積もれば政治家は政治の世界に悪影響を及ぼし、実業家はビジネスで成果があげられなくなり、教育者はその教え子を誤って導くようになる。そうであるなら「些細なこと」は必ずしも些細ではない。世の中でいう「重大なこと」「些細なこと」という括《くく》りは存在しない道理となる。「重大なこと」「些細なこと」を区別して、とやかく言うのは、つまり「立派な人間の踏むべき道（君子の道）」ではないとわたしは判断するのである。

　何か事にあたっては同一の態度、同一の思慮をもって、これを処理するようにしたいものである。

これに加えて一言いっておきたいことは、人が調子に乗るのはよくないということである。

「名声とは、常に困難でいきづまった日々の苦闘のなかから生まれてくる。失敗とは、得意になっている時期にその原因が生まれる(57)」

と昔の人も言っているが、この言葉は真理である。困難に対処するときはちょうど「重大なこと」に直面したのと同じ覚悟をもってこれに臨むから、名声を勝ち取る場合が多くなる。世の中で成功者と呼ばれる人々は、必ず、

「あの困難をよくやり遂げた」

「あの苦痛をよくやり抜いた」

というような経験がある。これがつまり、心を引き締めて取り組んだという証拠である。逆に失敗は、その多くが得意の日に兆しをあらわす。人は得意になっているとき、「些細なこと」の前に臨んだときのように、

「天下に、わたしのできないことなどあろうか」

という気概で、どんなことも頭から呑んでかかるので、目算《もくさん》が外れがちになり、とんでもない失敗に陥ってしまう。それは「些細なこと」から「重大なこと」が生まれるのと同

(57)『酔古堂剣掃《すいこどうけんそう》』陸紹珩《りくしょうこう》編。

じ意味合いなのだ。

だから人は、得意なときにも調子に乗ることなく、「重大なこと」「些細なこと」に対して同じ考えや判断をもってこれに臨むのがよい。江戸城に張り出された水戸藩の藩主・水戸光圀《みつくに》（黄門）(58)公の訓戒のなかに、

「些細なことは分別せよ。重大なことには驚くな」

とあるのは、まことに知恵ある者の言葉である。

・才能はおのおの役割が異なっているから有用であり、使うべき場所がある。重要なのは時宜にかなっていることだ。（材、分有りて用、当る有り。貴ぶ所は善く時に因るのみ）『亢倉子《こうそうし》』

・衆知を集めれば、天の動きさえ予測することができる。だから広く人々の意見に耳を傾け、そのうえで決断は自分一人でするのだ。（衆人の智、以て天を測るべし。兼聴独断、惟れ一人に在るのみ）『説苑』

（58）　一六二八〜一七〇一　徳川光圀。水戸藩第二代藩主。権中納言《ごんのちゅうなごん》という役職の中国名をとって「黄門」とも呼ばれた。

第二章　立志と学問

精神が老いていくことへの予防法

かつて交換教授としてアメリカから来日されたメービー博士[1]が、任期満了で帰国されるさい、真心からわたしに語られた種々のお話の中に、次のような批評があった。メービー博士が言うには、

「わたしは初めてあなたの国に来たのであるから、すべてのものを珍しく感じた。いかにも新興国だと見受けられるのは、上流の人も下層の人もすべて、勉強していることが非常に目につくことだ。怠けている者が、はなはだ少ない。

しかもその勉強が、希望を持って愉快に勉強しているように見受けられる。希望を持つとは、つまり『敢為《かんい》（物事をどこまでもやり通してやるという気性）』を、みな備えていることを意味する。ほとんどすべての人が、喜んでより高い境地に進もうという気持ちを持つよ

う見受けられるのは、さらに進歩できる資質を持った国民だと申し上げてよいと思う。

ここまでは良い面を賞賛したけれども、ただ良い面のみを申して、悪い面を批評しないと、ただのへつらいのようになってしまう懸念がある。だから腹をわって無遠慮に申し上げたいのだが——わたしが接したのが、政府や官庁方面とか、会社とか、または学校などであったから、余計にそういうことが目についたのかもしれないが——ややもすれば形式を重視するという悪弊があって、事実よりも形式の方に重点を置くということが強く見られる。

アメリカは最も形式を気にしない流儀の国だから、その観点から、とくに際だってそう見えるのかもしれない。しかし、少々形式にこだわり過ぎる悪弊が強くなっていないだろうか。一般の国民性がそうであるとすれば、これはよほど注意しなければならないことだと思う。

また、どこの国でも、同じ考えが一様に伝わるというわけにはいかない。一人が右と言えば、一人は左と言う。進歩党があれば保守党がある。政党内でも、ときとしてお互い反目する者が出たりするが、ヨーロッパやアメリカの対立であれば、まださっぱりしていて

（1）　ハミルトン・ライト・メービー Hamilton Wright Mabie（一八四六〜一九一六）　アメリカの編集者、評論家、エッセイスト。「クリスチャン・ユニオン」の副編集長を務めた。

上品だ。ところが日本の場合、さっぱりしていないし上品でもない。悪く言えば、とても下品で、しかも執拗《しつよう》である。何でもない事柄までもごく口汚く言い募《つの》るように見える。これは自分の見た時期が悪かったために、政界で、特にこういう現象が見えたのだろう」

そして彼はこれを解釈して、

「日本は封建制度が長く継続して、小さい藩までお互いに反目して、右が強くなれば左から打ち倒そうとする。左が盛んになれば右が攻撃する。これが最後には習い性になったのだろう」

と述べた。彼はそこまで細かく説明はしなかったが、補うとこんな意味だろう。

「元亀天正《げんきてんしょう》（戦国時代末期）以来の情勢が、最終的には三百の諸侯を生んだのだから、お互いに勝ろうとしたり、お互い憎んだりする弊害が残り続けた。日本人に温和な気性が乏しいわけではないが、この弊害が段々激しくなっていくと、当然のように党派の軋轢《あつれき》が激しくなってしまわないだろうか」

わたしも、この封建制度から派生した弊害というのは、あるいはそうかもしれないと思う。近い例がすでにあるからだ。水戸藩は大人物の出た藩でありながら、かえってそのために軋轢を生んでしまい、衰退してしまった。もし藤田東湖《とうこ》(2)、戸田銀次郎(3)のような、あるいは会沢恒蔵《つねぞう》(4)のような、またその藩主に烈公《れっこう》（徳川斉昭《なりあき》）(5)のような偉人がいなければ、あのような争いもなく、衰退もしなかったろう。そう論じざるを得ないので、私はメービー氏の考えに熱心に耳を傾けたのである。

それからまた、わが国民性の感情の激しさということについても、あまり褒めるようなことを言わなかった。日本人は細かいことにもすぐにいきり立つ。そしてまた、すぐに忘れる。つまりカッとなりやすく、反対にまた健忘症《けんぼうしょう》である。これは「一等国だ」「大国だ」と自慢なさる人柄としては、とても不適当である。もう少し堪える心を持つように修養しなければいけないでしょう、という意味であった。

さらに畏れ多いことであるけれども、天皇制論にまで立ち入って、彼はその忠告を進めて、

「日本人が、聞きしにまさるほど忠君の心が深いことは、アメリカ人などにはとても夢想できない。とても羨ましいことだと敬服する。このような国は決して他に見ることはできないだろう。かねてからそう思っていたが、実地で目撃して、本当に心から感じ入った。

（2）一八〇六〜一八五五　名は彪《たけき》。東湖は号。江戸時代末期の水戸藩士。側用人《そばようにん》などを歴任。

（3）一八〇四〜一八五五　名は忠敞《ただあきら》。銀次郎は通称。江戸時代末期の水戸藩士。執政《しっせい》などを歴任。藤田東湖とともに「水戸の両田《りょうでん》（水戸藩において、姓に田の字を含む優れた二人の意味）」と称された。彼の長男で、やはり執政をつとめた戸田孝甫《こうほ》（一八二九〜一八六五）の通称も同じ銀次郎。

（4）一七八二〜一八六三　名は安《やすし》。号が正志《せいし》斎《さい》。恒蔵は通称。弘道館《こうどうかん》教授頭取などを歴任。

（5）一八〇〇〜一八六〇　第九代水戸藩主。

しかしながら、わたし個人として無遠慮に言ってしまうと、この状況を永久に続けていくためには、将来、君主の権力をなるべく国政に接触させないようにするのが肝要なのではあるまいか」

と言われた。これらは、われわれがその当否を言うべきことではない。しかし、この抽象的な批評の言葉は、一概に斥《しりぞ》けるべきではないだろうと思うので、

「わかりました、親切なそのお言葉は、確かにわたしが責任を持って承りました」

と答えておいた。この他にもまださまざまな談話があったが、最後に、滞在中の厚遇に対してメービー氏は感謝して、

「半年の間、自分の思うことを率直に述べてきて、しかも各学校で学生、もしくはその他の人々に親切にして頂いたことが、とても嬉しかった」

と言っておられた。

アメリカの学者の一人が、日本をこのように観察したからといって、それが大いにわが国に役立つものでもないだろう。しかし前に述べたように、公平な外国人の批評に鑑みて、それにきちんと注意を向け、いわゆる「大国の民としての度量」を広げていかなければならない。そういう批評に対して順を追って反省することで、最終的には本物の「大国の民」となる。

それとは反対に、「困った国民だ」「こんな不都合がある」という評価が積み重なってし

まうと、「他人が交際したいとは思わない相手」になってしまうかもしれない。そうであるなら、「一人の主張などどうでもいい」とは言っていられない。たとえるなら、「立派な人間（君子）の進むべき道とは、ウソをつかないことから始まる」と司馬温公《しばおんこう》(6)が戒められたように、ちょっとでも無意識にウソを言うようになったなら、「あの人は君子だ」として人から尊敬されなくなるのと同じことだ。してみると、一回の行為が一生の評価につながるのと同じように、一人の感想が一国の名声に関わると私は考える。メービー氏がそのように感じて帰国したということは、些細なことであるけれども、やはりどうでもいいことと見ない方がよいと思うのである。

こうしたことについて考えてみても、お互いに日頃から徹底的に務め励んで、ここまで進んできた日本の歩みを、ぜひともこれ以上に拡張させたいと思う。しかし、それについて一つ言いたいことは、近頃は「青年」「青年」といって、「青年論」がとても多い。「青年が大事だ」「青年に気を配らなければならない」というのは、私も同意するが、私は自分の立ち位置からすると、青年も大事であるけれども、老人もまた大切であると思う。「青年」とばかり言って、老人はどうでもよいというのは、考え違いではないか。

かつて他の会合のときにも言ったが、自分は「文明の老人」であることを希望する。は

(6) 一〇一九〜一〇八六　本名は司馬光《こう》。北宋の政治家。

たして自分が「文明の老人」か「野蛮の老人」か、世間の評判はどうであるかは知らないが、自分では「文明の老人」のつもりだ。しかし、諸君が見たらあるいは「野蛮の老人」かもしれない。

ただし、よくよく考察すると、わたしが青年だった時と比較してみると、青年が仕事につく年齢がとても遅くなっていると思う。たとえるなら、朝に日の出る時間がとても遅くなっているようなものだ。そのまま早く老衰して引き込んでしまうと、活動時間がとても少なくなってしまう。

実際に、一人の学生が三十歳まで学問のために時間を費やすならば、少なくとも七十歳くらいまで働かなくてはならない。もし五十や五十五で老け込んでしまえば、わずかに二十年か二十五年しか働く期間がない。ただし非凡な人であれば、百年の仕事を十年の間にやってしまうかもしれない。しかし、多くの人に対して望むことに対して、そういう例外を当てはめるわけにはいかない。社会の事象がますます複雑になってくる場合には、なおさらのことだ。

ただし、いろいろな学問や技術が少しずつ進歩してくるから、幸運にも博士たちの新しい発見や発明で、「年をとってもまったく衰弱しない」とか、あるいは「若い間に十分な知恵を持つ」といったようになるかもしれない。たとえるなら馬車よりも自動車、自動車よりも飛行機が世界を狭くするかのように、人間の活動を今日よりもさらに強化して、生まれた子供がすぐに役に立つ人になるかもしれない。そして死ぬまで活動できる良い方法が見つかれば、これは何よりである。ぜひ今この場に同席なさっている科学者の田中舘《たなかだて》先生[7]などにその発明をお願いしたいものである。

しかしそれまでの間は、やはり年寄りができるだけ働くことを心がけるほかないと思うのである。それに加えて、「文明の老人」であるためには、身体はたとえ弱っていくとしても、精神は弱らないようにしたい。精神を弱らせないためには、学問によるほかはない。常に学問を続けて時代に遅れぬ人であったならば、わたしはいつまでも精神が弱るということはないだろうと思う。このために、単に肉のかたまりのような存在であることを、わたしは人としてとても我慢できないので、この身体が世にある限りは、ぜひとも精神をも存在させたいと思うのである。

今の時代にふさわしく働け（現在に働け）

徳川時代が末期になっても、古くからのしきたりによって、一般の商工業者に対する教育と、武士教育とは完全に区別されていた。さらに武士はみな、修身斉家《しゅうしんせいか》（自分を磨き、そ

（7）田中舘愛橘《たなかだてあいきつ》（一八五六〜一九五二）。地球物理学者、東京帝国大学教授。

の後に家族や国、天下を、リーダーとして治めていく）という考えを本にしているので、自分自身だけを磨くのではなく、他人をも治めるという考え方だった。それらはすべて経世済民《けいせいさいみん》（世の中を治めて人々を救う）という考え方を主眼としている。

農民や職人に対する教育は、他人を治めて国家をどうするか、という考えを持たせる教育ではなく、とても身近でわかりやすいものだった。当時の人は、武士のような教育を受ける人はとても少なかった。教育はほとんど寺子屋《てらこや》方式（生活に必要な読み書き算盤だけを学ぶ）で、お寺の和尚《おしょう》さんとか、金持ちの老人などが教育してくれた。農民や職人、商人は国内相手の仕事をしていたので、海外などとはまったく関係がなかった。だから、そうした人々には、レベルの低い教育で足りたのである。しかも主な商品は、幕府および藩が運送や販売活動を握っていたので、それらの人々が社会の中で関わる部分は相当に狭いものだった。

当時のいわゆる平民は、一種の道具であった。極端な例でいえば、武士は無礼打《ぶれいうち》、切り捨て御免《ごめん》（ともに、農民や町人、職人が武士に無礼なことをしたら、切り捨てても処罰されないこと）という残酷で野蛮極まる行為を平気でやっていたものである。

こうした状況が進むにつれて、江戸時代末期の嘉永《かえい》、安政《あんせい》（一八四八〜一八六〇）の頃には、自然に社会的な風潮に変化がおこり、経世済民の教育を受けた武士が、尊王攘夷《そんのうじょうい》（天皇を尊び、夷狄を打ち払う）を唱えて、ついには維新の大改革を成しとげたのである。

わたしは明治維新後、間もなく大蔵省の役人となったが、この当時は、日本には物質的、科学的な教育がほとんどないといってよいくらいであった。

それまでの武士への教育には、高尚な内容がさまざま用意されていたが、一方で農工商に携わる人には、ほとんど学問がなかった。平均すれば教育レベルは低く、多くは政治教育という感じだった。海外との交易が開けても、それに対する知識はなかったのである。どうにかして国を富まそうと思っても、それに対する知識など、なおさらなかった。

一ツ橋の高等商業学校（現在の一橋大学）は明治七（一八七四）年にできたものであるが、何回も廃校させられそうになった。これは、当時の人が商人に高い知識などいらないと思っていたためである。私などは海外と交易していくためには、どうしても科学的知識が必要であるということを、声を嗄《か》らして叫んできた。幸いにも少しずつその機運が起こり、明治十七、八（一八八四〜八五）年には盛り上がりを見せて、間もなく才能と学問ともに備わった人が輩出されるようになった。

それ以後、今日までわずか三、四十年という短い年月に、日本も外国には劣らないくらい物質文明が進歩した。しかしその間にまた、大きな弊害も生じたのである。徳川三百年の間を太平ならしめた武力による政治も、弊害を他に及ぼしたことは明らかであるが、この時代に教育された武士の中には、レベルが高く視野の広い気質や行いの持ち主もまた少なくなかった。ところが今日の人にはそれがない。富は積み重なっても、哀しいかな武士道とか、あるいは社会の基本的な道徳というものが、なくなっているといってもよいと思う。つまり、精神教育がまったく衰えていると思うのである。

われわれも明治六（一八七三）年ごろから、物質文明の進歩に微力ながらも全力を注ぎ、今日では幸いにも有力な実業家を全国いたるところに見るようになった。また、国の豊かさも大いに増大した。ところが何としたことか、人の品格は明治維新前よりも退歩したと思う。いや、退歩どころではない、消滅すらしないかと心配しているのである。だからこそ、物質文明が進んだ結果は、精神の進歩を害したと思うのである。

わたしはいつも、精神の向上を、富の増大とともに進めることが必要であると信じている。人はこの点から考えて、強い信仰を持たなければならない。わたしは農家に生まれたから教育も低かった。しかし幸いにも中国古典の学問を修めることができたので、ここから一種の信仰を持つことができたのである。わたしは極楽も地獄も気にかけない。ただ現在において正しいことを行ったならば、人として立派なのだ、と信じている。

「大正維新」の覚悟

「維新」という言葉は、殷王朝の湯王《とう》(8)のタライに刻まれた「まことに日に新たなり、日に日に新たにして、また日に新たなり（古い汚れを取り去って、いつまでも自分を新しくし続ける)」(9) という意味と同じだ。潑剌《はつらつ》とした気力を発揮するなら、自然に新しい気力も湧き上がり、激しい勢いで活動できるのだ。

「大正維新」という言葉も、つまるところ同じ意味だ。心から覚悟を決めて、国民が心を一つにした活動を、この大正時代に実現させたいものなのだが、今は一般的に保守的で尻込みがちな風潮があるから、一層の努力が必要になる。明治維新の人物の活動と比較して、こうした風潮は猛省しなければならない。

明治維新以来の事業のなかには、失敗に帰したものもあったが、多数の事業はいちじるしいエネルギーと活力をもとにして、素早く発展してきた。他にも色々な原因があったにせよ、エネルギーと活力の偉大な力のおかげなのだ。

青年時代は、血気盛んな年頃であるから、その血気を良い方向に使って、後日の幸福の基になるようであれば、徹底的にこれを発揮してほしい。とかく古いものを守る方に流れ、既成のものに寄りかかりがちな老人が、危険を感じるくらいに活動してもらいたいのである。青年時代に、正義を実現するのに失敗を恐れているようでは、とうてい見込みのない者だ。自分が正義と信じる限りは、あくまで積極的かつ、強くたくましい行動を選んでほ

---

(8)　湯王は殷王朝初代の王。

(9)　『大学』伝二章。

しい。正義の意識をもって進み、岩をも穿《うが》つような堅固な意志を傾けるなら、できないことなどない、という意気込みで進まなければならない。

この志さえあれば、どんな困難も突破できる。たとえ失敗することがあっても、それは自分の気配りが不足していたためで、心にやましいことが少しもなければ、かえって失敗から多くの教訓が与えられる。そして一層強くたくましい志を養い、ますます自信をつけ、そこから勇気が生じて激しい勢いで進むことができ、三十歳くらいまでには、少しずつ見込みある人物となる。個人として、また、国家を担う一つの柱として、信頼のできる人物となるのである。

将来において国家を双肩に担って立つような青年は、今こそ心からの覚悟を決めて、これから先、激しい競争が絶え間なく繰り広げられる場に飛び込まなければならない。

「今のままの状態で過ごしてしまえば、国家の前途に対して、とても憂うべき結果を生じてしまうかもしれない」

ということを念頭に置いて、後から後悔するような愚かな真似をしないように望むのである。

明治維新の頃の「すべてを新たに創り出す時代」とでも言うような、不秩序を極めた状況よりは、今の状態は著しく発展し、その面影《おもかげ》を一新した。社会全般の体制も整備し、学問も普及し、何か行動を起こすのに助けとなることも多い。だから、周到な細心さと、大胆な行動とをもって活力を発揮したならば、大きな事業を経営するのに大変な楽しさを感じるだろう。

ただし、このように体制が整い、一般に教育が普及した時代だからこそ、普通より少し進歩したとか、少しだけ人に勝った意気込みで何かをするくらいでは、とても世のなりゆきを動かすことはできない。

知識偏重の今の教育は、少々弊害が生じやすいという事情もあるのだから、物事に屈しない勇気を発揮して、エネルギーを縦横にあふれさせ、こせこせした私情による弊害を打ち破り、向上の道を突き進んでいかなければならない。

解説

「大正維新」とは

明治と大正は、異なる色合いを持つ時代でした。

明治という時代の課題は何よりも「富国強兵」であり、最大の懸案は、南下してくるロシアへの対抗でした。明治三十八（一九〇五）年に日露戦争が勝利で終わることで、この懸念が払拭され、対外的な緊張がある程度やわらぎます。すべての結果がわかっている現代から見れば、単に歴史の一コマに過ぎませんが、日本は負ければ植民地化、属国化の可能性もあり、国民全体として強いプレッシャーの下にいました。

こうして戦争遂行という目的のために、ある種、国民が窮乏に耐え忍んでも一丸となる必要があった明治が過ぎ、大正になると、「国のため」という重しの抜けた個人がもっと自由に、もっと人生を楽しむべきだという機運が特に文化面で生まれてきます。大正は大衆文化、消費文化が花開いた時代であり、それは「今日は三越、明日は帝劇」といった言葉に象徴されました。210頁の「趣味」という言葉も、こうした時代背景から流行していきます。

さらに、本書でもたびたび言及される第一次世界大戦が大正三（一九一四）年に勃発します。

日本は明治維新以後、ドイツ帝国を国造りの一つの手本としてきました。しかし第一次世界大戦によってそのドイツが、「ヨーロッパの戦争のありさまは、細かに把握はしていないが、実に惨憺《さんたん》たる有り様である。特にドイツの行動に至っては、いわゆる文明なるものが、どこにあるのかわからないというような状況だ」（222頁）と栄一が記すような事態に陥ります。手本の一つがおかしくなってしまったのです。

大正八（一九一九）年に講和会議がパリで開かれ、日本はそこで会議を主導する五大国（アメリカ、イギリス、フランス、イタリア、日本）の一員となります。本書に出てくる「一等国」という問題意識もこうした流れから出ています。

少しさかのぼって、大戦中の大正五（一九一六）年、雑誌の『中央公論』が新年号の巻頭として「精神界の大正維新」という社説を載せました。ドイツの惨状は、ビスマルクが中央集権をやり過ぎて個人を抑圧した弊害が出たのであり、日本もこの点は同じ。だからこそ個人をもっと自由に、強くすべきだ、と。この後「大正維新」といった言葉や、一等国となった自負も重なって「世界改造」といった言葉も流行します。

激動の幕末維新を経験した渋沢栄一は、「大正維新」という言葉を――大本の危機意識は同じですが――こうした文脈とはやや異なる意味で使っています。つまり、保守的に流れてしまった今の時代、もう一度国造りの時代の熱気、創業の精神を取り戻そう、というのです。

この節にある、

「青年時代は、血気盛んな年頃であるから、その血気を良い方向に使って、後日の幸福の基になるようであれば、徹底的にこれを発揮してほしい。とかく古いものを守る方に流れ、既成のものに寄りかかりがちな老人が、危険を感じるくらいに活動してもらいたいのである」

という言葉、現代で言えば、若者は大企業に入って安心していないで、ベンチャーで既存企業倒すくらいのことやろうよ、と言うのとまったく同じでしょう。既存の大企業を作りまくってきた渋沢栄一がこれを述べているのが、面白いところなのです。

秀吉の長所と短所

乱世の豪傑が、礼儀作法に習熟していないため、ともすれば家庭が荒れてしまうという例は、単に明治維新のときの、今の元老に当てはまるばかりではない。いずれの時代においても、乱世にはみなそうしたものである。

わたしなども、家庭がきちんとしているなどと偉そうに言えない一人ではあるが、世にもまれな英雄であった豊臣秀吉《とよとみひでよし》は、やはり礼儀作法に習熟せず、家庭が荒れてしまった典型の一人だろう。もちろん誉めるべきことではないが、乱世に生まれ育った者には、どうもこんなことも仕方のないことで、あまりにひどく責めるべきではないだろうと思う。

しかしもし豊臣秀吉に、最も大きな短所があったとすれば、それは家庭が荒れてしまったことと、軍事的な戦略はあっても、国家を経営する戦略がなかったことである。

では、豊臣秀吉の長所はといえば、言うまでもなく、その勤勉さ、勇気、臨機応変な知恵、その気概である。

このように列挙した秀吉の長所の中でも、長所中の長所とも見るべきものは、その勤勉さである。わたしは秀吉のこの勤勉さに心から敬服し、若い皆さんにも、ぜひ秀吉のこの勤勉さを学んでもらいたいと思うのである。ものごとが成功するのは、成功したその日に成功したのではなく、その原因は必ず遠くにある。秀吉が時代を超えた英雄となったのは、一にその勤勉さにある。

秀吉が、若い頃に木下藤吉郎《きのしたとうきちろう》と名乗って信長に仕え、草履取り《ぞうり》（玄関番）をしていた頃、冬になれば藤吉郎の持っていた草履は、常にこれを懐に入れて温めておいたので、いつでも温かったという。こんな細かなことに対する注意は、よほど勤勉でないと、とても行き届かないものである。また、信長が朝早く外出でもしようとするときに、まだお供の者たちが揃う時刻でなくても、藤吉郎だけはいつでも信長の声に応じてお供をするのが、いつもの姿だと伝えられている。これなども、秀吉の非凡な勤勉家ぶりを語るものである。

天正十（一五八二）年、それまで天下をとっていた織田信長が、部下だった明智光秀に殺されたとき（本能寺《ほんのうじ》の変）、秀吉は備中《びっちゅう》（今の岡山県。信長の殺された京都とは二百三十キロ離れていた）にいて毛利輝元《もうりてるもと》(10)を攻めていた。しかし、この事変が起こったことを知ると、ただちに毛利氏と和睦《わぼく》し、弓と銃をそれぞれ五百、旗三十、一隊の騎士とを毛利輝元から借り受けた。兵を率いて中国地方より引き返し、京都からわずかに数里離れた山崎の地で光秀の軍と戦い、ついにこれを破って倒し、その首を本能寺にさらすまでに、秀吉の費やした日数は、信長が本能寺で殺されてからわずかに十三日。今の言葉でいえば、二週間以内のことである。

（10）一五五三～一六二五　安土桃山時代の武将。毛利元就の孫。

鉄道もなく車もない、交通がきわめて不便な時代だったのに、京都でこの事変が起こって中国地方にいた秀吉に伝えられると、和議をまとめ、兵器から兵卒まで借りて京都へ引き返すのに、本能寺の変の後わずか二週間を出なかったというのは、まったく秀吉が普通ではない勤勉家であった証拠である。勤勉さがなければ、いかに臨機応変な知恵があっても、また、いかに主君の仇を討ちたいという熱い思いがあっても、ここまですべてを手早く進めていけるものではない。備中から摂津《せっつ》（今の大阪と兵庫にまたがる地域）の尼崎《あまがさき》まで、昼夜兼行《ちゅうやけんこう》で進んできたというが、実際にそうであったろうと思う。

翌天正十一（一五八三）年すぐに賤ケ岳《しずがたけ》の戦いとなって、ライバルだった柴田勝家《しばたかついえ》(11)を滅ぼし、ついに天下を統一して、天正十三（一五八五）年に秀吉もめでたく関白《かんぱく》（貴族の最高の位）を与えられるようになった。秀吉がこのように天下を統一するまでに要した時間は、本能寺の変があって以来、わずかに丸三年である。秀吉には、もともと天から与えられた人と異なる面もあったに違いないが、秀吉の勤勉さがすべてこれを成し遂げさせたのである。

これより前の話だが、秀吉が信長に仕えてから間もなく、清洲《きよす》城の城壁をわずか二日間で修築して信長を驚かせたという伝承もあるが、これも一概にいい加減な歴史小説の、ばかばかしい話として見るべきではない。秀吉ほどの勤勉さがあれば、これぐらいのことは必ずできたと思う。

自ら箸をとれ

青年たちのなかには、大いに仕事がしたいのに、頼れる人がいないとか、応援してくれる人がいない、見てくれる人がいないと嘆く者がいる。

なるほど、どんなに優秀な人でも、その才能や気概、肝力や智謀を見出す先輩や、環境がないと、その手腕を発揮するきっかけがなかなかつかめない。そこで、有力な先輩を知り合いに持つとか、親類に有力な人がいるという青年は、その器量を認められる機会も多いから、比較的恵まれていると言えるだろう。

しかし、それは普通以下の人の話で、もしその人に手腕があり、優れた頭脳があれば、たとえ若いうちから有力な知り合いや親類がいなくても、世間が放っておくものではない。もともと今の世の中には人が多い。官庁にも、会社にも、銀行にも、人がたくさん余っているくらいだ。しかし、上の人間が「これなら大丈夫」と安心して任せられる人物は少ない。だからどこにおいても、優良な人物ならば、いくらでも欲しがっている。

こうして人材登用のお膳立てをして、われわれは待っているのだが、この用意を食べる

（11）　?～一五八三　織田家に仕えた猛将。信長の死後、豊臣秀吉との後継者争いに敗れて自害した。

かどうかは箸を取る人の気持ち次第でしかない。ご馳走の献立《こんだて》をつくったうえに、それを口に運んでやるほど先輩や世の中はヒマではないのだ。かの木下藤吉郎（後の豊臣秀吉）は、賤しい身分から身を起こして、関白という大きなご馳走を食べた。けれども彼は、信長に養ってもらったのではない。自分で箸をとって食べたのである。「何かひとつ仕事をしてやろう」とする者は、自分で箸をとらなければダメなのだ。

また誰が仕事を与えるにしても、経験の少ない若い人に、はじめから重要な仕事を与えるものではない。藤吉郎のような大人物であっても、初めて信長に仕えたときは、草履取りというつまらない仕事をさせられた。

「おれ様は高等教育を受けたのに、子供扱いでソロバンを弾かせたり、帳面をつけさせたりするのは馬鹿馬鹿しい。先輩なんていうものは人材も経済も知らないものだ」などと不平をいう人もいて、これは一見もっともらしいが、まったく間違っている。(12)なるほど、ひとかどの人物につまらない仕事をさせるのは、人材や経済の観点からみてとても不利益な話だ。しかし先輩がこの不利益をあえてするのには、大きな理由がある。決して、その人を馬鹿にした仕打ちではないのだ。その理由はしばらく先輩の胸算用にまかせて、青年はただその与えられた仕事に集中しなければならない。

こうして与えられた仕事に不平を鳴らして、辞めてしまうのはもちろんダメだが、「つまらない仕事だ」と軽蔑して、力を入れないのもまたダメだ。およそどんなに些細な仕事でも、それは大きな仕事の小さな一部なのだ。これが満足にできないと、ついに全体のケジメがつかなくなってしまう。時計の小さな針や、小さい歯車が怠けて働かなかったら、大きな針も止まらなければならない。同じように、何百万円の銀行でも、厘《りん》や銭《せん》単位（昔の貨幣の単位）の計算が違うと、その日の帳尻がつかなくなってしまう。

若いうちは、気が大きくなって、些細なことを見ると、何だこれくらいと軽蔑する癖がある。しかしそれが、そのとき限りで済むものならまだしも、後日の大問題を引き起こしてしまわないとも限らない。もし後日の大問題にならなくても、些細なことを粗末にするような大雑把な人では、しょせん重要なことを成功させることはできない。江戸城に張り出された水戸光圀公の訓戒のなかに、

「些細なことは分別せよ。重大なことには驚くな」

としたためられているが、商売や軍務はもちろん、何事にもこの考えでなくてはならない。

また昔の言葉に「千里の道も一歩から」とある。たとえ自分は、「今よりもっと大きなことをする人間だ」と思っていても、その大きなことは微々たるものを集積したもの。ど

(12)　東亜堂版「是は頗る尤ものやうだが而も尤もでない」。忠誠堂版、国書刊行会版、角川版は「是は頗る尤もでない」。ここでは東亜堂版に即して訳出。

んな場合も、些細なことを軽蔑することなく、勤勉に、忠実に、誠意をこめて、そのことを完全にやり遂げようとしなければならない。

秀吉が、信長から重用された実体験もまさにこれであった。草履取りの仕事を大切に勤め、兵の一部を任されたときは、武将としての務めを完全に果たした。だから信長が感心して、ついに破格の抜擢をうけて、柴田勝家や丹羽《にわ》長秀《ながひで》(13)といった重臣たちと肩を並べる身分になったのである。

だから受付や帳簿つけといった、与えられた仕事にそのときの全生命をかけてまじめにやれない者は、いわゆる手柄を立てて立身出世の運を開くことができないのだ。

大きな志と、小さな志との調和

生まれながらの聖人ならいざ知らず、われわれ凡人は、志を立てるに当たっても、ともすれば迷いやすいのが常である。目の前の社会風潮に流されたり、一時の周囲の事情にしばられたりして、自分の本領でもない方面へ、うかうかと乗り出してしまうものが多い。これでは真に志を立てたとはいえない。

とくに今日のように、世の中が秩序立ってくると、一度立てた志を途中で変えるようなことがあっては、大変な不利益を被ることになる。だから、最初に志を立てるときに、最も慎重に考えをめぐらす必要がある。その工夫としては、まず自分の頭を冷やし、その後に、自分の長所とするところ、短所とするところを細かく比較考察し、その最も得意とするところに向かって志を定めるのがよい。またそれと同時に、自分がその志をやり遂げられる境遇にいるのかを深く考慮することも必要だ。たとえば、身体も強壮、頭脳も明晰なので、学問で一生を送りたいとの志を立てても、そこに経済力が伴わないと、思うようにやり遂げられないような場合もある。だから、

「これなら、どこから見ても一生を貫いてやることができる」

という確かな見込みが立ったところで、初めてその方針を確定するのがよい。それなのに、きちんとした考えを組み立てておかないまま、ちょっとした世間の景気に乗じて、うかうかと志を立てて、駆け出すような者も少なくない。これでは到底、最後までやり遂げられるものではないと思う。

すでに根幹にすえる志が立ったならば、今度はその枝葉となるべき小さな志について、日々工夫することが必要である。どんな人でも、その時々にいろいろな物事に接して、何かの希望を抱くことがあるだろう。その希望をどうにかして実現したいという観念を抱くのも一種の志を立てることで、わたしのいう「小さな志を立てること」とは、つまりこの

(13)　一五三五〜一五八五　織田家に仕えた武将。

ことなのだ。

一例をあげて説明すれば、ある人が、ある行いによって世間から尊敬されたので、

「自分もどうにかしてああいう風になりたい」

という希望を抱くのも、これまた一つの「小さな志を立てること」になる。では、この「小さな志を立てること」に対しては、どのような工夫をすればよいのか。まずその条件となるのが、

「一生涯を通じて、『大きな志』からはみ出さないなかで工夫する」

ということなのだ。

また、「小さい志」の方は、その性質からいって、つねに移り変わっていく。だから、この移り変わりによって、「大きな志」の方に動揺を与えないようにするための準備が必要である。つまり、「大きな志」と「小さな志」で矛盾するようなことがあってはならないのだ。この両者は常に調和し、一致しなければならない。

さて、ここまで述べたことは、主として志を立てる上での工夫だった。では昔の人はどのように志を立てたのか、参考として孔子の例について研究してみよう。

『論語』は、わたしが普段から社会で生きていくための教科書にしている古典だが、そのなかから、孔子の志の立て方を探してみると、こんな一節がある。

「わたしは十五歳で学問に志した。三十で自立した。四十で迷わなくなった。五十で天命

を知った……[14]」

ここから推測すると、孔子は十五歳のとき、すでに志を立てていたと思われる。しかし、ここでの「学に志す」という発言は、「学問によって一生を過ごすつもりなのだ」という志を固く定めたものかどうか、やや疑問が残る。おそらく「これから大いに学問しなければならないな」くらいに考えただけではないだろうか。

さらに進んで、「三十で自立した」と言われたのは、この時すでに社会で立っていけるだけの人物に成長し、

「自分を磨き、よき家庭を築き、国を治め、天下を平和にする[15]」

という技量を、みずから身につけたと確信できる境地に達せられたことを意味するのであろう。

また、「四十にして惑わず」とあることからは、次のように想像できる。つまり世間を渡っていくにあたり、外からの刺激くらいでは、ひとたび立てた志が決して動じないという境地に四十で入り、どこまでも自信ある行動が取れるようになった、というわけだ。こ

(14)『論語』為政篇4　吾、十有五にして学に志し、三十にして立ち、四十にして惑わず。五十にして天命を知る。

(15)原文は「修身斉家治国平天下」。出典となった『大学』経一章の書き下し文は「身修まって后《のち》に家斉《ととの》う。家斉って后に国治まる。国治まって后に天下平らかなり」。

こに至って、立てた志がようやく実を結び、かつ固まったということができるだろう。

だとすれば、孔子が志を立てたのは、十五歳から三十歳の間にあったように思われる。「学に志す」と言われた頃には、まだいくぶん志が動揺していたらしいが、三十歳に至ってやや決心のほどが見え、四十歳になって初めて志を完全に立てることができたようである。

これをまとめれば、次のようになる。志を立てることは、人生という建築の骨組みであり、小さな志はその飾りなのだ。だから最初にそれらの組み合わせをしっかり考えてかからないと、後日、せっかくの建築が途中で壊れるようなことにもなりかねない。志を立てることは、このように人生にとって大切な出発点であるから、誰しも簡単に見過ごすことはできないのである。

志を立てる要は、よくおのれを知り、自分のできることを考え、それに応じて相応しい方針を決定する以外にないのである。誰もがその塩梅《あんばい》を計って進むように心がけるならば、人生の行路において、問題の起こるはずは万に一つもないと信じている。

立派な人間の争いであれ

わたしのことを、絶対に争いをしない人間かのように思っている人が、世間には少なくないように見受けられる。もちろん、好んで他人と争うことはしないが、まったく争いをしないというわけではない。かりにも正しい道をあくまで進んで行こうとするなら、争いを避けることは絶対にできないものなのだ。

何があっても争いを避けて世のなかを渡ろうとすれば、善が悪に負けてしまうことになり、正義が行われないようになってしまう。わたしはつまらない人間だが、正しい道に立っているのに悪と争わず、道を譲ってしまうほど、円満で不甲斐ない人間ではないつもりである。人間はいかに人格が円満でも、どこかに角がなければならない。古い歌にもあるように、あまり円《まる》いとかえって転びやすくなるのだ。

わたしは世間で思われているほどに、決して円満な人間ではない。一見円満に見えたとしても、実際はどこかにいわゆる円満でないところがあると思う。若いときはもとより、七十の坂を越えた今日になっても、わたしの信ずるところをゆり動かし、これを覆そうとするものが現れれば、わたしは断固としてその人と争うことをためらわない。わたしが信じて正しいとするところは、いかなる場合においても決して他に譲ることはしない。ここがわたしの円満ではないところだと思う。

人には、年寄りだとか若いとかに関係なく、誰でもわたしのように円満とは言えないところがぜひあってほしいものである。そうでないと、人の一生というものが、まったく生き甲斐のないものになってしまう。人の品性は円満に発達した方がよいといっても、あま

り円満になり過ぎると、

「行きすぎも不足も似たようなものだ(16)」

と『論語』の先進篇で孔子が言っているように、人としてまったく品位がなくなってしまう。

わたしがまったく円満な人間ではなく、それなりに角もあり、不円満なところがある人物であることを証明できる――証明という言葉を使うのは、いささか変ではあるが――実話をちょっと話してみようと思う。わたしはもちろん、若い頃から腕力に訴えて他人と争うようなことをした覚えはない。しかし若いときには、今日とは違って見た目からしてとても強情っぽいところもあったので、他人の眼からは、今より簡単に争いをしそうに見えたかもしれない。もっともわたしの争いは、若いときからすべて議論の上、自分が正しいと思う主張の上での争いで、腕力に流れた経験はいまだかつて一度もない。

明治四（一八七一）年、わたしがちょうど三十三歳で、大蔵省（現在の財務省）に入って総務局長を務めていたころであった。大蔵省の出納《すいとう》制度に大きな改革を行い、改正法を施行して、欧州式の簿記を採用、伝票によって金銭を出し入れすることにした。ところが、当時の出納局長であった人が――その名は明かさずにおくが――この改正法に反対の意見を持っていた。

そんなとき、伝票制度を導入するにあたってミスがあることを、たまたまわたしが発見し、当事者に注意したことがあった。すると、この改正法に反対の意見を持っていたこの出納局長が、威張り腐った態度で、ある日わたしの執務していた総務局長室に押しかけてきたのである。

その出納局長が、怒った態度でわたしに詰め寄るのを見て、わたしは静かにその男の主張に耳を傾けるつもりでいた。するとその男は、伝票を導入するにあたってミスを犯したことなど一言の謝罪もせず、わたしが改正法を施行して、欧州式の簿記を採用したことについてだけ、しきりと不平を並べた。

「だいたいあなたがアメリカに心酔して、一から十まで、かの国の真似ばかりしたがり、改正法なんかを発案して、簿記によって出納を行わせようとするから、こんなミスが起こるのだ。責任は、間違いを犯した当事者よりも、改正法を発案したあなたの方にある。簿記など採用しなければ、われらもこんなミスをして、あなたに注意されずに済んだのだ」

などと、あり得ないような暴言を並べ、少しも自分の過ちを反省する態度を見せなかった。わたしは、その理屈にもなっていない言葉に少し驚いたが、それでも怒ることなく、

「出納を正確にしようとするならば、ぜひとも欧州式の簿記によって、伝票を使う必要があるのだ」

（16）　第一章注17。

と筋道をたてて説いてきかせたのである。しかし、その出納局長は、少しもわたしの言葉に耳を貸そうとしなかった。それどころか、二言三言いい争った末に、朱色の墨でもかけたように顔を真っ赤にして、コブシを勢いよく振り上げると、わたし目がけて打ちかかってきたのである。

その男は、背の低いわたしと比べれば、身長の高い方であった。しかし、怒りに心を奪われて足がふらついていたうえに、あまり強そうにも見えなかった。わたしは、青年時代にかなり武芸も仕込まれて、体も鍛えていたので、腕力がないわけではなかった。もし暴力にうったえるような無礼をはたらいてきたら、ひと捻りに捻ってやるのは何でもないことだと思ったが、体をかわすことにした。

その男が椅子から立ち上がって、コブシを握り腕をあげ、阿修羅《あしゅら》のように荒々しい様子で、わたしに迫ってくるのを見ると、わたしもすぐに椅子から離れてヒラリと身をかわした。わたしは落ち着きはらって、椅子の後ろにまわって二、三歩ばかりさがると、その男はコブシの持っていきどころがなくなる。マゴマゴしてスキを見せたのをつかまえ、すかさず冷静な態度で、

「ここはお役所ですぞ。何をお考えか。いやしい人間の真似をすることは許しませんぞ、お慎みなさい」

と一喝《いっかつ》した。出納局長も「悪いことをした、乱暴な人間の真似をした」とハッと気づい

たようで、握り挙げたコブシを引っ込めて、そのままスゴスゴとわたしのいた総務局長室を出て行ってしまったのである。

その後、その男の処遇に関していろいろと言ってくる者がいたり、「官庁のなかで上司に対して暴力をふるおうとしたのはけしからん」と騒ぎ立てる者がいた。しかしわたしは、当人さえ過ちを認め、反省したのなら、そのまま勤め続けさせておくつもりだった。ところがわたし自身よりも、省内の人間が憤慨して、この件の事情をこまかく太政官《だじょうかん》(17)に報告してしまった。太政官でも放っておくわけにはいかず、その男を免職する結果になったのは、わたしが今なお気の毒に思っていることだ。

社会と学問の関係

学問と社会とは、それほど大きな違いがあるものではない。しかし学生時代、自分の学んだことを過大に評価し過ぎていると、面倒な実社会の状況を目の当たりにして、意外だという思いを抱いたりするものである。

今日の社会は、昔とは違っていろいろ複雑になっている。だから、学問においても、多

(17) 王政復古によって置かれた、明治政府の最高行政官庁。一八八五年に廃止された。

くの科目に分かれていて、政治、法律、文学、または農学、経営学、工学といったように区別される。しかも、その各科目の中においても、工学の中には電気、蒸気、造船、建築、採鉱、冶金《やきん》（金属の精製、加工）などの各分科がある。比較的単純に見える文学でも、哲学とか歴史とか、いろいろに分かれて、教育に従事する者、小説を書く者などおのおのその希望に従って、とても複雑で細かい道が多い。

だから、実際の社会においてそれぞれ活動する道筋も、学校にいたときに、机上で見たようにはっきりとわかりやすいものではないから、ともすれば迷いやすく、誤りやすくなる。学生は常にこうした点に注意して、物事の主要な部分に目をつけて、大局を見誤らず、自分の立脚地を見定めなければならない。つまり、自分の立場と他人の立場とを、相対的に見ることを忘れてはならない。

もともと人情には、こんな陥りがちな欠点がある。成果をあせって大局を見ることを忘れ、目先の出来事にこだわってわずかな成功に満足してしまうかと思えば、それほどでもない失敗に落胆する——こんな者が多いのだ。高学歴で卒業した者が、社会での現場経験を軽視したり、現実の問題を読み誤るのは、多くの場合このためなのである。ぜひともこの間違った考えは改めなければならない。その参考として、学問と社会の関係で、考察すべき例を挙げてみよう。

その例とは、地図を見るときと、実地に歩いてみるときとの違いだ。

地図をひらいて目をこらすと、世界全体が一目で見渡せる。国々や各地方は、ごくわずかな範囲におさまってしまう。日本軍の参謀本部（現在の国土地理院にあたる仕事もしていた）が制作した地図はとても精密なもので、小川や小さな丘、土地の高低や傾斜の具合までよくわかるようにできている。しかしそれでも、実際と比較してみると、予想外のことが多い。それを深く考えようとせず、よく知ったつもりで実地に踏み出してみると、どうしていいかわからなくて迷ってしまう。

山は高いし、谷も深い。森林はどこまでも続き、河は広く流れている。そんな間を、道をたずねて進んでいくと、高い山に出会って、いくら登っても頂上に行きつけないようなことがある。あるいは大河にはばまれて、途方に暮れてしまうこともあるだろう。道路が回り道になっていて、簡単には進めないときもある。深い谷に入っていつ出られるのかと思うようなときもある。到るところに、困難な場所があることを発見することになるのだ。

もしこのとき、信念が固まっていず、大局を観る見識もなければ、失望や落胆にかられ、勇気など出てこないだろう。自暴自棄になって、見境なく野山をウロウロする羽目になり、ついには不幸な終わりを迎えるに違いない。

この一例は、学問と社会との関係に照らし合わせて考えてみると、すぐにわかることだと思う。とにかく、社会の出来事が複雑なことを、事前にいくら知ったつもりで備えをしていても、実際には不意をつかれることが多い。学生は、より一層の注意をはらって、このことを研究しておかなければならない。

勇猛心の養成法

活力がみなぎって、心身が溌剌《はつらつ》とすれば、自然に大きな活動が生まれるようになる。しかし大きな活動をするのに、その方法を間違えると、ひどい過ちを犯す人になってしまう。そこで常日頃から注意を払って、どのように突き進んでいくかを考えておかなくてはならない。

突き進んでいく力が、正義の理念によって鼓舞《こぶ》されると、勢いをたいへんに助長するものである。では、その正義を断行する勇気はどのようにして養うのかと言えば、常日頃から注意して、まず肉体を鍛えなければならない。

つまり、武術の練習や、下腹部の鍛錬は、自然と身体を健康にするとともに、いちじるしく精神を磨き、心と身体が一致するように行動を成熟させ、自信を生み、おのずから勇猛心を高めてくれるものである。

下腹部の鍛錬は、今では「腹式呼吸法《ふくしき》」とか「静坐法《せいざ》」とか、「息心調和法《そくしん》」と呼んで、盛んに流行している。すべての人の常として、脳に血が行きやすく、おのずから神経過敏となって、物事に動じやすくなってしまう。しかし、下腹部に力をこめる習慣を持てば、心がくつろいで肉付きもよくなり、沈着の気風をまとって、勇気ある人となるのである。

このため古来、武術家の性格が一般に沈着であり、しかも行動がすばやいのは、武術の試合が下腹部の鍛錬になると同時に、全力を傾けていつも活動しているので、自由に自分の身体を動かせるようになったからであると思う。

勇気の修練には、肉体の修練とともに、内面的な修養にも気持ちを向けなければならない。読書をすることで、昔からの勇者の言行に私淑して、感化を受けるのもよいだろう。また、年上の人から感化を受け、話を聞いて、深く理解して実践する習慣を育て、一歩一歩たくましい精神を高め、正義に対する興味と自信とを養って、喜んで義[18]（社会正義）の実現をみずから目指すまでに至れば、勇気は自然と生じてくるであろう。

ただし注意すべきことがある。くれぐれも青年時代の元気にまかせて前後の分別を見誤り、元気を悪用したり、勇気を間違った方向に用いて、乱暴で自分勝手な行動をとるようなことがあってはならない。品性に欠けると、勇気ではなく、いやしい狂暴さへ自然と陥り、かえって社会に害毒を流し、ついには自分の身を亡ぼすようになるから、この点はよくよく注意し、日ごろからの修養を怠ってはならない。

（18）「義」はかなり幅広い意味内容を含む言葉であり、ここでは「社会正義」と説明をつけたが、本書では文脈によって他に「みんなのためを考える（特に〔利〕との対比において）」といった説明をつけている。

要するに、わが国の今日の状態は、一時しのぎの考えで、従来の事業をまじめに継承していれば充分とすべき時代ではない。まだまだ新しいものを創り出すべき時代であって、他の先進国の発展に肩を並べ、さらに凌駕《りょうが》しなければならないのだから、みなで強い覚悟を持って、万難を排してまっしぐらに突き進むべき時である。そのためには、絶えず心身の健全な発達をうながし、潑剌とした活動ができるような活力を盛んにする心がけを忘れてはならない。

若い人たちに対しては、特にこの点を望んで止まないのである。

猛獣だからこそ良き猛獣使いになった栄一

渋沢栄一は、残された写真などを見ると、とても温厚で円満そうな容姿をしています。実際、晩年の彼に対しては「玲瓏玉《れいろうたま》の如き大人格者」（徳川十六代目当主・徳川家達《いえさと》）、「怒ということを忘れられたのではないか」（東京人造肥料会社専務・犬丸鉄太郎）といった言葉が寄せられています。

しかし彼は若い頃、とにかく血気盛んで、円満とはほど遠い人柄でした。子供の頃、闘犬を好んだという逸話も残っていますし、何より二十三歳のときに計画した「高崎城襲撃・横浜焼き討ち」などは、彼と仲間たちの勇猛心の結晶とも言えるものでしょう。

他にも、彼は実際に他人を斬ったことはありませんが、斬り合い寸前までいったことは何度もあります。また、明治政府に勤めていたときも、時の権力者・大久保利通に一人で反論をぶつけたりしています。その意味で、彼は大人しいというより、明らかに勇猛心あふれる猛獣のようなタイプだったのです。

では、そんな彼を何が円満、温厚な人柄に変えていったのでしょうか。

もちろん年齢をへるにつれ、自然とカドがとれていった面もあるでしょうが、おそらく最大の要因は、企業立ち上げ時における忍耐と辛抱の経験でした。

彼は多くの企業に関わりましたが、その多くは黒字化するのに五年、十年は当たり前のようにかかりました。何せ、それまでの日本にはなかった近代的なモノやサービスを売っていたので、人々にそれが浸透し、「これは金を出しても買わなくては」となるまでに、とにかく長い年月が必要だったのです。

実際、彼はこんな述懐を残しています。

「どんなに前途有望だと期待した事業でも、着手してみると、なかなか当初のもくろみ通りの利益を上げないばかりか、中には赤字に継ぐ赤字で、忍耐強い当事者たちでさえ、ほとんどさじを投げようとするまで挫けてしまった事業でさえ、『いやいや辛抱が肝心なのだ』といって、経費の節約やら、製品の改良を工夫するやら苦心の経営をしていった。その結果、人造肥料事業なり、煉瓦事業なり、麦酒なり、倉庫業なり、その他あらゆる事業は、みな幾多の難関を切り抜けて始めて成功の域に達し、今では株主に対しても相当の配当ができるようになった[19]」

赤字が続けば、当然他の投資家や株主から、どうなっているんだ、と激しい苦情を受けます。栄一はそれをなだめ、説得し、さらには追加の出資のお願いまでして、日本に必要な企業を育て上げたのです。しかも一社だけではなく、数社同時並行で。さすがの栄一も、こうした苛烈な逆境の経験をへることで、丸みを帯びていったのでしょう。

ただし、晩年に温厚と言われるようになったとはいえ、もともと勇猛心あふれるタイプだったので、彼は同じようなタイプの人間、特に若者が大好きでした。その気持ちが、この文章には溢れ出ています。

たとえば彼と関係の深かった、今の太平洋セメントや浅野学園などの浅野財閥を創始した浅野総一郎や、今のホテルオークラや大成建設などの大倉財閥を創始した大倉喜八郎などは、まさしく勇猛心あふれるタイプでした。しかも、栄一自身も若い頃そうだったので、同じタイプの人たちの気持ちがわかる分、彼らを実にうまく援助し、使うことができたのです。言葉を換えれば、自分が猛獣だったからこそ、良き猛獣使いになれたのが栄一だったわけです。

わたしは十七歳のとき、武士になりたいという志を立てた。というのは、その頃の実業家は、百姓とともに賤しいとされ、世の中から人間以下の扱いを受けて、歯牙《しが》にもかけられない有様だったからだ。しかも家柄というものがとても重視され、武士の家に生まれさえすれば、知識や能力のない人間でも、社会の上位をしめて、好きなように権力をふるうことができた。わたしはこれがとてもシャクにさわり、同じ人間として生まれたからには、何が何でも武士にならなくてはダメだ、と考えたのである。

そのころ、わたしは漢文をもとにした学問を少々修めていて、『日本外史《がいし》』(20)などの歴史書を読むにつけ、政権が朝廷から武士たちの手に移った経緯がはっきりわかるようになっていった。ここから憤りのような感情も芽生えてきて、低い身分で終わるのがいかにも情けなく感じられ、いよいよ武士になろうという気持ちを強めていった。

しかしその目的は、武士になってみたいという単純なものではなかった。武士になると同時に、当時の政治体制をどうにか動かすことはできないだろうか——今日の言葉をかりて言えば、政治家として国政に参加してみたいという大望を抱いたのであった。そもそもこれが故郷を離れて、あちらこちらを流浪するという間違いをしでかした原因であった。

(19)『渋沢栄一伝記資料』第一四巻「竜門雑誌」、第二三〇号「新事業解散に就て」引用者訳。
(20)江戸後期に活躍した頼山陽《らいさんよう》(一七八〇～一八三二)の著した歴史書。

こうして後年、大蔵省に出仕するまでの十数年間というものは、わたしが今日の位置から見れば、ほとんど無意味に空費したようなものであった。今、このことを思い出すたびに、なお痛恨の思いにたえない。

白状してしまうと、わたしの志は、青年期においてはしばしばゆれ動いた。最後に実業界で身を立てようと志したのが、ようやく明治四、五（一八七二～七三）年の頃のことで、今日より思い起こせば、このときがわたしにとっての本当の「立志」――志を立てることであったと思う。

もともと自分の性質や才能から考えても、政界に身を投じることは、むしろ自分の向かない方角に突進するようなものだと、この時ようやく気がついたのであった。それと同時に感じたことは、欧米諸国が当時のような強さを誇った理由は、商工業の発達にあることだった。現状をそのまま維持するだけでは、日本はいつまでたっても彼らと肩を並べられない。だからこそ、国家のために商工業の発達を図りたいという考えが起こって、ここで初めて「実業界の人になろう」との決心がついたのであった。そして、このとき立てた志で、わたしは今に至る四十年あまりも一貫して変わらずにきたのである。

わたしの真の「立志」はまさしくこの時であった。

思うに、それ以前に立てた志は、自分の才能に不相応な、身のほどを知らないものであった。だから、しばしば変更を余儀なくされたに違いない。それと同時に、以後に立てた志が、四十年以上通じて変わらないものであったところを見ると、これこそ本当に自分の素質にかなない、才能にふさわしいものであったことがわかるのである。

しかし、もし自分に、自分を知ることのできる見識があって、十五、六歳の頃から本当の志が立ち、初めから商工業に向かっていったとしよう。そうであったなら、現実にわたしが実業界に足を踏み入れた三十歳頃までに、十四、五年という長い年月があった。その間に商工業に関する素養をもっともっと積むことができたに違いない。かりにそうであったとすれば、あるいは実業界における現在の渋沢以上の渋沢が、生まれていたのかもしれない。しかし残念ながら、青年時代の見当違いなやる気で、肝心の修養するべき時期をまったく方向違いの仕事でムダに使ってしまった。

こんな話からも、まさしく志を立てようとする青年は、ぜひとも前の人間の失敗を教訓にするのがよいと思う。

解説

志と天命

渋沢栄一は二十三歳のとき、自らの志について、父親にこう述べたことがあります。

「武士の政治がここまで衰え、腐敗が進んでしまった以上は、もはやこの日本はどうなるかわかりません。もし日本の国がこのまま沈むような場合でも、『自分は農民だから少しも関係ない』といって傍観していられるのでしょうか。何事も知らなければそれまでのことかもしれません。しかしいったん知った以上は、国民の役割としてけっして安閑としていられるものではないと思われます(21)」

つまり、ペリーの来航に端を発する日本の国難を目の前にして、

「沈む日本を何とかしたい。日本を強く繁栄させて欧米列強から植民地にされないようにしたい」

という志を立てたのです。だからこそ、国政を担う武士に憧れを抱いたりもしました。この志の高さが、彼の行動を読み解く一つのカギとなります。

彼は若い頃、尊王攘夷の志士でしたが、事情があって一橋家に仕え、幕臣となり、ヨーロッパに渡りと、かなり振れ幅の大きい人生を送りました。もし彼の志が「幕府を倒すこと」「外国人を打ち払うこと」であれば、幕臣になってフランスに行くなど、ありえなかったでしょう。

しかし、彼の「志」は、一段高い「日本を強く繁栄させること」でした。ですから、

「徳川慶喜は家康の再来といわれた英傑、ならば幕府を倒さずとも、彼の下で日本を繁栄させられるのではないか」

「欧米の文物を積極的に受け入れた方が国を豊かにできるのではないか」

と考えを新たにすれば、柔軟にそちらに切り替えることができたのです。これが彼の言う「大立志」と「小立志」の違いに他なりません。「大立志」が高くて大きいほど、

「小立志」は柔軟になるのです。なぜなら、それは「大立志」を達成するための単なる手段に過ぎなくなるからです。

さらに志が高かったからこそ、死ぬまで栄一は「自分のやったことなど、まだまだだ」と思い続けることができました。彼はこの節で、

「あるいは実業界における現在の渋沢以上の渋沢が、生まれていたのかもしれない」

と述べています。約五百の会社、六百の社会事業に関わる偉業をなし遂げても、彼は満足することがありませんでした。なぜなら、自分の高い志に比べれば、その程度のことは大したことではないと本気で思い続けていたからなのです。

また、志と似たものに、天命という言葉があります。この二つは中国古典の考え方からすればニュアンスが異なり、まず志の方は、

「自分の可能性や興味をもとにして、自分の人生を、この道で進もうと決めること」

となります。ある意味で、可能性ベースで立てるのが志なのです。

ただし、志を抱いて意気揚々と社会に乗り出して行ったとしても、実社会とは厳しいもの。そこから数十年にわたって、挫折や失敗、思うに任せない経験などを積み重ねたとします。その結果として、ある時ふと、

(21)『雨夜譚』渋沢栄一述、引用者訳。

「自分も経験を積んで、自らのできること、できないことがようやくわかった。それを踏まえたうえで、この道で人生を生きていこう、社会に貢献していこう」

と悟ること——どちらかというと、天から降ってくるイメージ——が天命になります。こちらは自分の限界ベースと言ってもいいでしょう。彼はこの節で、

「最後に実業界で身を立てようと志したのが、ようやく明治四、五（一八七一〜七三）年の頃のことで、今日より思い起こせば、このときがわたしにとっての本当の『立志』——志を立てることであったと思う」

と述べていますが、これは中国古典的にいえば、志ではなく明らかに天命の方でしょう。

一つ面白いのは、孔子でさえ「五十にして天命を知る」と述べていて、十五歳で志を立ててから天命を悟るまでに三十五年を要しています。それに比べれば栄一は、たったの十年ちょっと。天命を知るのが異様に早いのです。

この理由は、彼が若くして非常に振れ幅の大きい濃い人生を送り、士（一橋家家臣・幕臣）、農（実家は農家）、工（藍玉作り）、商（藍玉の販売）とすべての階層を経験したことでしょう。異常ともいえる振れ幅で社会に揉まれ続けたからこそ、自分の限界を早くに自覚しやすかったわけです。

・逆境にいれば自分の身をよく修め、栄達したならば天下を善に導く。（窮すれば則ち独りその身を善くし、達すれば則ち兼ねて天下を善くす）『孟子』

第三章　常識と習慣

常識とはどのようなものなのか

およそ人として社会で生きていくとき、常識はどんな地位にいても必要であり、また、どんな場合でもなくてはならないものである。では、常識とはどのようなものなのだろう。わたしは、次のように解釈する。

まず、何かをするときに極端に走らず、頑固でもなく、「正しい／正しくない」「善い／悪い」を見分け、利益と損失に敏感で、言葉や行動がすべて中庸《ちゆうよう》にかなうものこそ、常識なのだ。これは学術的に解釈すれば、「智、情、意（知恵、感情・情愛、意志）」の三つがそれぞれバランスを保って、均等に成長したものが完全な常識であろうと考える。さらに言葉を換えるなら、ごく一般的な人情に通じて、世間の考え方を理解し、物事をうまく処理できる能力が、常識に他ならない。

人の心を分析して、「智、情、意」の三つに分類するというのは、心理学者の説に基づくものだが、この三つの調和がいらないという者など誰もいないだろう。知恵と情愛と意志の三つがあってこそ、人間社会で活動ができ、人やモノとの関わりのなかで成果をあげていけるものである。だからこそ、常識の根本原則である、「智、情、意」の三つについて、すこし述べてみたいと思う。

まず「智」とは、人にとってどのような働きをするのだろう。人として知恵が充分に発達していないと、物事を見分ける能力に不足してしまう。たとえば、物事の「正しい／正しくない」「善い／悪い」を識別できない人や、利益と損失を見抜けないような人では、どれだけ学識があったとしても、よいことをよいと認めたり、利益になることを利益だと見抜いて、それを採ることができない。学問が宝の持ち腐れに終わってしまうのだ。この点を思えば、知恵がいかに人生に大切であるかが理解できるだろう。

ところが、中国宋代の大学者であった程明道《ていめいどう》(1)や程伊川《ていいせん》(2)、朱熹《しゅき》(3)たちは、この「智」をとても嫌った。それは「智」の弊害として、ややもすれば策略に陥ってしまい、騙したり欺い

(1)　一〇三二～一〇八五　本名は顥《こう》。北宋の思想家、儒者。程伊川は弟。
(2)　一〇三三～一一〇七　本名は頤《い》。北宋の思想家、儒者。
(3)　一一三〇～一二〇〇　南宋の思想家、儒者。程明道や程伊川の学問を発展させて朱子学をうち立てた。

たりになりかねないからだ。さらに、自分の功績や利益を中心に考えると知恵の働きが多くなり、社会正義のための道徳からはかけ離れてしまうという理由もあって、これを遠ざけようとした。そのため、せっかくいろいろな方面に活用するべき学問が、死んだようになってしまい、ただ自分一身の行いや人格を正しくして、悪事をしなければよいということになってしまった。

これは大きな思い違いで、もし自分だけ悪事をしないからいいと手をこまねいている人だけになったら、どうだろう。そういう人は社会に出て生きていくとしても、社会に対して何ら貢献するところがない。それでは、人生の目的がどこにあるかを知るのに苦しまなければならなくなる。とはいえ、もちろん悪い行いがあってはいけないが、人はすべて悪事に陥らず、しかも社会で多くの務めを果たすようでなければ、真の人間とは言えないのだ。

もし「智」の働きに強い縛りをかけたら、その結果はどうなるだろう。悪事を働かないようになるだろうが、人心が次第に消極的な方に傾いてしまい、本当に善いことのために活動する者が少なくなってしまわなければよいがと、とても心配になってしまう。

朱子は、いわゆる「虚霊不昧《きょれいふまい》（心がきわめて優れていて、何事もよく知っていること）」とか「寂然不動《じゃくねんふどう》（心が動揺せず、静かに落ち着いているさま）」といった説を主張して、仁義（社会的に正しい事を行う）・忠孝（目上や年配者に尽くす）といった徳を説いた。その一方で、「智は人を騙す術に流れてしまうものである」と言って、これを徹底的に嫌った。このため、孔子や孟子の教えをせせこましく解釈するようになってしまい、もともと「大きなものの捉え方」を持っていたはずの儒教が、世の人から誤解されるようになった点が少なくない。「智」は、人の心にとって欠くことのできない大切な要素なのである。だから私は「智」は決して軽視してはならないものと考えている。

「智」が尊重すべきものであることは本当にここまで述べたとおりだが、「智」ばかりで活動ができるかというと、決してそうではない。そこに「情」というものがうまく塩梅されないと、「智」の能力は十分に発揮されなくなってしまう。

例をあげて説明するなら、「智」ばかりが膨れ上がった情愛の薄い人間とは、どんなものだろう。自分の利益のためには、他人を突き飛ばしても、蹴飛ばしてもまったく気にしないのではないか。

もともと知恵が人並み以上に働く人は、何事に対しても、一目でその原因と結果の筋道を明らかにし、今後どうなるかを見通せるものだ。このような人物に、もし情愛がなければたまったものではない。その見通した結果までの筋道を悪用し、自分がよければそれでよいという形で、どこまでもやり通してしまう。この場合、他人に降りかかってくる迷惑や痛みなど、何とも思わないほど極端になりかねない。そのバランスの悪さを調和していくのが、「情」なのだ。

「情」は一種の緩和剤《かんわざい》で、何事もこの「情」が一味加わることによってバランスを保ち、人生の出来事にすべて円満な解決を与えてくれるのである。もしも人間の世界から「情」という要素を除いてしまったら、どうなるだろう。何もかも極端から極端に走って、ついにはどうしようもない結果を招いてしまうに違いない。だからこそ、人間にとって「情」はなくてはならない機能なのだ。

しかし、「情」にも欠点があって、何よりも早く心に浮かぶため、悪くするとふらついてしまうことだ。人の喜び、怒り、哀しみ、楽しみ、愛、憎しみ、欲望といった七つの「情」は、その引き起こす変化が激しいため、心の他の個所を使ってこれらをコントロールしていかなければ、感情に走り過ぎるという弊害を招いてしまう。この時点ではじめて、「意志」というものの必要性が生じてくるのである。

動きやすい「情」をコントロールするものは、強い意志より他にはない。だからこそ、「意」は精神活動の大本ともいえるものだ。強い意志さえあれば、人生において大きな強みを持つことになる。しかし意志ばかり強くて、他の「情」や「智」がともなわないと、単なる頑固者や強情者になってしまう。根拠なく自信ばかり強くて、自分の主張が間違っていても直そうとせず、ひたすら我《が》を押し通そうとするようになる。

もちろん、こんなタイプも、ある意味から見れば尊重すべき点がないでもない。しかし、それでは一般社会で生きる資格に欠け、精神的に問題があって完全な人とは言えないのだ。

強い意志のうえに、聡明な知恵を加味し、これを情愛で調節する。さらに三つをバランスよく調合して、大きく成長させていってこそ、はじめて完全な常識となるのである。現代の人は、よく口癖のように「意志を強く持て」という。しかし意志ばかり強くてもやはり困りものでしかない。俗にいう「猪武者《いのししむしや》（突き進むことしか知らない武者）」のような人間になっては、どんなに意志が強くても社会で役に立つ人物とは言えないのである。

解説

「常識」とは

この節で渋沢栄一は、「常識」という言葉を、やや普通とは違った意味で使っています。

そもそも「常識」という言葉は、明治二十五（一八九二）年頃からcommon senseの訳語として定着し、広く使われるようになりました。おそらく栄一も、そうした文脈でこの言葉を使っています。そしてこの場合の「常識（common sense）」の意味とは、一般的には、

「すでに『当たり前』と思われている何らかの知識や行動様式、考え方が存在し、それに照らして『これって常識だよね』『非常識じゃない』と判断できること」

となります。ところが栄一は、この節のなかで、

「智、情、意（知恵、感情・情愛、意志）」の三つがそれぞれバランスを保って、均等に

成長したものが完全な常識」

と述べていて、かなり観点の異なる説明をしています。

なぜ、このような違いが生まれるのか――ここに関わってくるのが、彼の生きた時代背景でした。

彼が育った江戸時代と、明治以降は、価値観が大きく変わった時代でした。いくつか例を挙げていきましょう。

たとえば江戸時代であれば、戦争などで武器をとって戦うのは基本的に武士の役割でした。いわゆる農、工、商は無関係だったのです。

ところが、明治になって徴兵制ができると、今まで農、工、商だった人も戦争にかり出されるようになります。「何でそんなことまでやらされるんだ」と、これに反対して全国で「血税一揆（徴兵制反対一揆）」が起こります。

さらに、江戸時代の性道徳は、世界史的にみても突出して大らかでした。

銭湯は混浴でしたし、女性は外で上半身裸になって仕事をし、地方に行けば夜這いの風習が残り、男女ともにバツ2や3に何の問題もなく、性の経験の豊かな方が魅力的とされていました。しかし明治になり、近代化にともなうキリスト教的なきびしい性道徳が浸透し（実はそれは、江戸時代に無視していた儒教的な性道徳とも重なり合っていました）、男女関係や性に対する価値観が窮屈になっていきます。

このように江戸から明治への転換期は、人々の価値観が多様化し、人によって「常識」が異なる時代だったのです。

そして、そんな多様な「当たり前」が混在するなかで、社会や組織、企業を一つにまとめていくためには、

「これだったらみな納得できるよね」

という新たな「常識」、言葉を換えれば、みなが納得できる落とし所を見出していく必要がありました。

こうした背景から、栄一のいう「智、情、意」という三つの要素は、「いかに他人を納得させ、落とし所を見つけていくか」という観点で読むと、とてもわかりやすくなります。

まず、相手を説得するにはロジカルであることが基本となります。話の筋が混乱していては、「そうだよ」とはなりません。これが「智」の意味です。

ただし、いくらロジカルに説明しても、感情的に納得できないと、人は同意してくれません。これが「情」です。

さらに、相手と目指す方向性が一致していないと納得は得られません。たとえば、こちらは社会貢献を考えているのに、相手がひたすらソロバン勘定の話をしているような場合、同意は難しくなります。この、何がしたいのかという方向性の一致が「意」です。

つまり、渋沢栄一は「当たり前」の見えにくい時代に、新たな「当たり前」、つまり常識を作ろうとした面がありました。それがこの節の「常識」という言葉に反映していたのです。

口は、禍いと幸福の両方が入ってくる門である

わたしは普段から口数が多く、よくいろいろな場面に口を出し、あるいは演説なども所かまわず頼まれればやるので、知らず知らずのうちに言いすぎることがある。このため、人からしばしば揚げ足をとられたり、笑われたりする。しかし、いかに揚げ足をとられようが、笑われようが、わたしは一度口に出して何かを言う以上は、心にもないことは決して言わないことを信条としている。

だから、自分自身ではでたらめを言っているとは思っていない。あるいは世間の人にはでたらめと聞こえる場合もあるかもしれないが、少なくとも自分は確信のあるところを口にしたつもりでいる。

弁舌は禍いが入り込んでくる門かもしれないが、禍いが入り込んでくる門であることだけを恐れて、一切口を閉じてしまったら、その結果はどうなるだろう。そもそも必要な場合に必要な言葉を口にするのは、できるだけ意志が通じるようにするためだ。そこで言葉

を用いなければ、せっかくのことも有耶無耶《うやむや》の中に葬られてしまう。それなら禍いの方は防げるとしても、では逆に幸福の方はどのようにして招けばよいのだろうか。弁舌を使うことで幸福も来るものではないだろうか。もちろん多弁は感心しないが、無言もまた珍重すべきものではない。発言ができない人は、この世の中でどんな有用なことを伝えられるというのだろう。

わたしのような人間には、多弁のために禍いも来るが、これによって幸福も来るのである。たとえばこんな事例がある。

沈黙していては解らないことでも、ちょっと口を開いたために、人の困難な状況を救ってやることができた。あるいはとても喋り好きだから、何かのことについて「あの人を頼って、口をきいてもらったらよいでしょう」と頼まれて、物事の調停をしてやった。あるいは何か発言したおかげで色々な仕事を見出すことができた――。

このように、弁舌がまったくなかったら、それらの幸福はどれも来るものではないと思う。であるなら、これらは本当に弁舌から得る利益である。口は禍いが入ってくる門であるが、同時に幸福が入ってくる門でもある。松尾芭蕉《まつおばしょう》の俳句に、

「ものいえば唇寒し秋の風」

というのがある。これは要するに、口は禍いが入り込んでくる門だということを文学で表現したものであろうけれども、こういう具合に禍いの方ばかり見ては消極的になりすぎ

る。極端に言えば、ものを言うことができないことになる、それではあまりに視野が狭すぎるのである。

弁舌は本当に禍いの起こる門でもあるが、また幸福の生まれる門でもある。だから幸福を招くためには多弁は必ずしも悪いとは言えないが、同時に、禍いの起こるような領域に向かっては言葉を慎まなければならない。わずかな言葉といえども、決して思慮を欠くことなく、禍いと幸福とが分かれる境目を考慮するというのは、何人にとっても忘れてはならない心得であろうと思う。

憎みながらも、相手の美点を知る

わたしは世間の人から誤解されがちなところがあって、「渋沢は、清濁《せいだく》あわせ呑む主義である」とか「善い悪いという区別をつけない男である」とか評されてしまう。

この前も、ある人が来て、正面からわたしを厳しく問いただした。

「あなたは日頃から、『論語』こそ社会に生きるうえでの根本的な教えであるとし、また自ら『論語』を信条にした実践をされつつある。それなのに、あなたが世話をする人のなかには、まったくあなたの信条と反して、むしろ『論語』に反する信条を抱いていたり、社会から非難を受けているような人物もいる。そういう人を、あなたは平気な顔をして近づけ、世間の評判にはまるで無頓着だ。こんなことをしていれば、あなたの高潔な人格を傷つけてしまうと思うが、ぜひ真意をうかがいたい」

なるほど、そう言われてみると、この指摘はもっともで、自分でも思い当たる節はある。しかしわたしは、この指摘とは別に、自分が信条としているところがある。つまり、社会で物事に対処していくにあたって、自分の栄達はもちろん、社会全体のためにも働き、できるかぎり善行を増やし、世の中の進歩をはかりたいという思いを持ち続けてきたのだ。

だからこそ、単に自分の財産とか、地位とか、子孫の繁栄といったものは二の次にし、もっぱら国家社会のために尽くすことを主眼に考えている。なので、人のために考え、善行を心がけ、人の能力を援助し、それを適所において使いたいという思いを、はちきれんばかりに持っている。この心がけが、世間の人から誤解を招くことになったそもそもの原因かもしれない。

わたしが実業界の人間となって以来、出会う人も年々その数を増している。それらの人々は、わたしの行いを見習って、おのおの得意なところで事業に励んでほしいと思っている。そうすれば、たとえその人は自分の利益しか目的にしていなくても、その事業が正しいものである限り結果として国家や社会のためになるだろう。だからわたしは、そうした志にはなるべく共感を持ち、目的を達成させてやりたいと思っている。

これは単に利益を直接あげようとする商工業者に対してのみならず、文筆に携わる人に対しても、やはり同じ原則の下に接してきた。たとえば新聞雑誌などに従事している者が来て、わたしに意見を求めるときもそうだ。わたしの意見を掲載して少しでもその価値が高められるものであるなら、たとえ自説に価値があると自分では思っていない場合でも、求める人が心から依頼してきたのであるならば、これを斥けない。それらの人々の希望を受け入れるのは、ただ希望する人のためだけではなく、社会の利益の一部分にもなると考えるからだ。だからとても多忙な時間を割いてその要求に応ずるのだ。

自分の抱く信条がこのようであるから、面会を求めてくる人がいれば、必ず会って話しをするようにしている。知人であろうがなかろうが、自分に差し支えがなければ、必ず面会して先方の注文と希望を聞く。そして、来訪者の希望が道徳にかなっていると思える場合は、相手がどのような人間でも、その人の希望をかなえてやる。

しかしわたしの「誰とでも会う」という信条につけ込んで、道理のないことを要求してくる人がいて困ることもある。たとえば、見ず知らずなのに、生活費を貸してくれと申し込んでくる人がいる。親に金がなくなって、学費が底をつきそうなので、今後何年間か援助してほしいと言ってくる人もいる。また、かくかくの新発明をしたから、この事業がうまくいくまで助けてほしいとか、ひどいのになると、これこれの商売をしたいので資本を入れてくれ、などと言ってくる人もいる。こんな類いの手紙が、毎月何十通となく舞い込んでくるのだ。

わたしはその表に自分の宛名がある以上、必ずそれを読む義務があると思っている。だからそういう手紙が来るごとに、必ず目を通す。また、わたしの家に直接やって来て、この種の希望を述べる者もいるので、わたしはそれらの人々に面会する。しかし、それらは道理のないものも多いから、手紙の方はすべて自分では断り切れないけれど、出向いてきた人には、なぜ道理にかなっていないかという理由を説いて断っている。

わたしのこうした行為は、他人が見たならば、「何もそういう手紙を見たり、そういう人にすべて会う必要はないのではないか」と言うのかもしれない。けれども、もし面会を謝絶したり、手紙を見なかったりすれば、わたしの普段からの信条に反する行為になる。だから、雑務が多くなって、時間をとられるのは困ると自分でも思いつつも、自分の信条のために余計な手間もかけるわけである。

そして、それらの人々や、知人から頼まれたことで、道理にかなっていることがあれば、わたしはその人のため、さらには国家社会のために、自分の力の及ぶ範囲で、力を貸すようにしている。つまり、道理のあることであれば、みずからすすんで世話をしようとやる気にもなるのだ。ところが後から振り返ってみると、「あの人は善くなかった」「あの事柄は見間違えた」という結果がないわけではない。

しかし、悪人が悪いまま終わるとは限らず、善人が必ずしも善をなし遂げるとも限らない。悪人を悪人として憎まず、できればその人を善に導いてやりたいと考えている。だから、最初から悪人であることを知りながら世話をしてやることもあるのだ。

渋沢栄一のものの考え方

渋沢栄一は、「道徳」や「論語」、「義」といった言葉に象徴される理想的なあり方を、社会に対して掲げました。17頁の次の文章にそれは端的です。

「国の富をなす根源は何かといえば、社会の基本的な道徳を基盤とし、正しい方法で手に入れた富なのだ。そうでなければ、その富は完全に永続することができない」

しかし同時に、理想や「べき論」だけを押しつけても現実社会は回らないことも、彼は十分に理解していました。なぜなら現実は複雑で、矛盾だらけだからです。それなのに「高邁な理想」や「これが絶対正しいという考え方」を一つだけ社会に押しつけても、こぼれ落ちるものが大量に出てしまい、うまく回らなくなるのは当たり前なのです。

では、どうすればよいのか。一つだけを押しつけるのが問題あるなら、複数の極を立てて全体を覆ってしまえばよい、というのが彼の発想法でした。

彼の考え方の手順はこうです。

まず、「何が今、考慮すべき枠組みやジャンルか」を見定めます。その上で、対極(二つとは限らない)的な要素がそのジャンルに見出せるものであれば見出し、対極を立てて、全体を包み込みます。さらに、対極それぞれの強みと弱みを考え、全体を良くしていく――。

こうした発想法は本書の随所に出てきます。よい例が、266頁の次の文章。

「人を見て、『みな同じようなものだ』というのには一理ある。逆に、『一人ひとりみな違っている』とするのにもまた論拠がある。したがって人の真価を定めるのにも、この両者の論理を研究してふさわしい決断を下さなければならない。だからとても難しいのだ。しかし、この基準を立てる前に、いかなる者を人というのかを、まず定めておかなければならないと思う」

まず「人」という枠組みを考察したうえで、両極にある考え方の道筋、およびその強みと弱みを考察しているのです。

この発想が「論語と算盤」というモットーの一つの意味になります。

たとえば「論語」を、道徳や人として良く生きることの象徴だとしましょう。これは当然社会に必要なことですが、この価値観だけ社会に押しつけてしまうと、とにかく事業をやってお金を稼ぎたいという人が「拝金主義者」といって切り捨てられかねません。

一方で「算盤」の側を、ビジネスや経済の象徴だとしましょう。この価値観ばかり社会に押しつけてしまうと、素晴しい人格者なのに経済的に恵まれていない人が「負け組」といってやはり切り捨てられかねません。

しかし「論語と算盤」という形で、両極立ててやると、すべてを包み込めるのです。

そのうえで、「論語」と「算盤」それぞれの強みと弱みを見抜いて、その強みだけをうまく使う方法を栄一は考えていったのです。

ただし、こうした思考法やあり方はどうしても折衷的になり、「これだけが正しい」「絶対だ」と一つだけを打ち出すやり方に比べると、周囲から見てとてもわかりにくく、すっきりしません。このため「渋沢は、清濁あわせ呑む主義である」「善い悪いという区別をつけない男である」と言われてしまう、という話になるのです。

しかし、栄一のこのような思考法のおかげで、日本の実業界は多様性や重層性を獲得し、その厚みを今日に至るまで維持し得たともいえるのです。

習慣の感染しやすさと、広まっていく力

もともと習慣とは、人の普段からの振る舞いが積み重なって、身に染みついたものだ。このため、自分の心や働きに対しても、習慣は自然に影響を及ぼしていく。悪い習慣を多く持つ者は悪人となり、よい習慣を多く身につける人は善人になるというように、最終的にはその人の人格にも関係してくる。だからこそ、誰しも普段からよい習慣を身につけるように心がけるのは、人として社会で生きていくために大切なことだろう。

また、習慣はただ一人の身体だけに染みついているものではない。他人にも感染する。

ややもすれば人は、他人の習慣を真似したがったりもする。この感染する力というのは、単によい習慣ばかりでなく、悪い習慣についても当てはまる。だから、大いに気をつけなければならない。

言葉や振る舞いなどは、甲の習慣が乙に伝わり、乙の習慣が丙に伝わるような例は決して珍しくない。顕著な例をあげるなら、最近、新聞紙上にときどき新しい言葉が登場する。ある日、甲の新聞にその言葉が載せられたかと思うと、それがたちまち乙・丙・丁の新聞にも伝わって載るようになり、ついには社会一般で使う言葉として誰もあやしまなくなる。かの「ハイカラ」とか「成金」とかいう言葉は、その一例である。女性たちの言葉などもやはり同じで、近頃の女子学生が「よくってよ」「そうだわ」とかいう類いの言葉を用いるのも、ある種の習慣が伝播《でんぱ》したものといって差し支えない。

また昔はなかった「実業」という言葉なども今日はもはや習慣となり、実業と言えばすぐに商工業のことを思い浮かべるようになってきた。「壮士《そうし》」という言葉なども、文字面から見れば「壮年（三十歳前後）の人」でなければならないはずであるのに、今日では老人を指しても「壮士」と言い、誰一人それをあやしまなくなっている。こうした例を見れば、習慣がいかに感染性と伝播力とを持っているかに気づくのに十分であろう。そしてこの事実から推測するに、一人の習慣はついに天下の習慣となりかねないような力があるので、習慣に対しては深い注意を払うとともに、また慎重になってもらわなければならない。

この習慣というのは、とくに少年時代が大切であろうと思う。記憶というものを考えてみても、少年時代の若い頭脳に記憶したことは、老後になっても明確に頭の中に残っているものが多い。わたし自身、どんな時のことをよく記憶しているかといえば、やはり少年時代のことだ。経書(4)でも、歴史でも、少年の時に読んだことを最もよく覚えている。最近ではいくら読んでも、読む先から内容を忘れてしまう。

そんな訳なので、習慣も少年時代が最も大切で、一度習慣となったら、それは身に染みついた固有のものとして終世変わることがない。それだけではなく、幼少の頃から青年期までは、最も習慣が身につきやすい時期だ。だからこそ、この時期を逃さずよい習慣を身につけ、自分にしっかり根づいた固有のものとするようにしたいものである。

わたしは青年時代に家出をして、天下を流浪《るろう》し、比較的気ままな生活をしたことが習慣となってしまい、後々までその悪い癖が抜けなくて苦労した。ただし、日々悪い習慣を直したいという強い思いから、大部分はこれを直すことができたつもりではある。悪いと知りながら改められないのは、自分に打ち克とうとする心が足りないということだ。

またわたしの経験からいえば、習慣は老人になってもやはり重視しなければならないと考える。青年時代に身につけた悪い習慣でさえ、老後の今日になって、努力すれば改められるものなのだ。今日のように、日々進歩していく社会で生きていくなら、なおさら「自分に克つ」という心を持って身を引き締めていかなければならない。

いずれにせよ習慣は、意識していない間にできあがるものであるから、大事に際してはそれを改めることができる。たとえば、朝寝坊の習慣がある人が、普段はどうしても早起きができないけれども、戦争とか火事とかいう場合になると、どんなに寝坊でも早起きができるということから観ても、そう思われるのである。

では、なぜそうなるかといえば、「習慣は些細なことである」として軽く扱いやすいので、普段は、習慣が自分の心のわがままさに、くっついてしまっているからである。であれば、男女や老若の区別なく、留意して、よい習慣を養うようにしなければならない。

偉い人と完全な人

歴史書などに見る英雄豪傑は、ややもすると「智・情・意」の三つのバランスを失った者が多いようである。すなわち意志が非常に強かったけれども知識が足りなかったとか、意志と知恵とは揃っていたが、情愛に乏しかったといったような性格は、彼らの間にいくらもあった。

（4）儒教の基本的古典。『易経』『書経』『詩経』『礼記』『春秋』などを言う。

こういう人では、いかに英雄や豪傑といっても「常識的な人」とは言えない。なるほど、一面から見れば非常に偉い点があったり、人並み外れていたり、ごく普通の一般人が匹敵できない点があるのは間違いないが、偉い人と完全な人とは大いに異なっている。

偉い人は、人間の持つべき一切の性格にたとえ欠陥があるとしても、その欠陥を補って余りあるだけ、他に超絶した点のある人で、完全な人に比べれば、いわば異常である。それとは反対に、完全な人は、「智・情・意」の三つをバランスよく備えた者、すなわち常識の人である。

わたしはもちろん、偉い人が世に輩出されるのを希望するのであるけれども、社会の多くの人に対する希望としては、むしろ完全な人が、世にくまなく行き渡ることを欲する。つまり常識の人が多いことを要望する次第である。偉い人の用途は無限とは言えないが、完全な人ならいくらでも必要なのが今の世の中だ。社会の諸制度・施設が今日のように整頓し、発達している時代には、常識に富んだ人がたくさんいて働けば、それで何らの欠乏も不足もないわけで、偉い人の必要性は、ある特殊な場合を除いては、これを認めることができない。

もともと人の青年期ほど、考え方が定まらず、奇抜《きばつ》なものを好んで、突飛な行動に出ようとする年代はすくないだろう。それも年齢をへるに従い、次第に着実になっていくものだが、青年時代には多くの人の心は揺れ動いている。ところが常識というものは、その性質がきわめて平凡なものであるから、奇矯や突飛を好む青年時代に、この平凡な常識を身につけろというのは、彼らの好奇心とは相反するところがあるだろう。「偉い人になれ」と言われれば進んでこれに賛成するが、「完全な人になれ」と言われれば、その多くはこれに苦痛を感じてしまうのが、彼らの共通点なのだ。

しかしながら政治が理想的に行われるのも、国民の常識に期待するしかない。産業の発達や進歩も、実業家の常識に負うことが多い、だとすれば、否が応でも常識を身につけるように情熱を傾けるしかないではないか。まして社会の現実を見るに、政界でも、実業界でも、奥深い学識というよりは、むしろ健全な常識ある人によって支配されているのを見れば、常識が偉大なことは言うまでもないのである。

親切にみえる不親切

世間には、冷酷無情でまったく誠意がなく、行動も奇をてらって不真面目な人が、かえって社会から信用され、成功の栄冠に輝くことがある。これとは反対に、とても真面目で誠意に厚く、良心的で思いやりにあふれた人が、かえって世間からのけ者にされ、落ちこぼれとなる場合も少なくない。

「天道は果たして是か非か（天の神様のやることは、果たして正しいのか、間違っているのか）」[5]

という矛盾を研究するのは、とても興味ある問題である。

思うに人の行為が善いのか、それとも悪いのかは、その「志」と「振る舞い」の二つの面から比較して、考えなければならない。「志」の方がどんなに真面目で、良心的かつ思いやりにあふれていても、その「振る舞い」が鈍くさかったり、わがまま勝手であれば、手の施しようがない。「志」において「人のためになりたい」としか思っていなくても、その「振る舞い」が人の害になっていては、善行とはいえないのだ。

昔の小学生が読む本に、「親切がかえって不親切になった話」と題した話がある。雛《ひな》が孵《ふ》化《か》しようとして卵の殻から出られないのを見て、親切な子供が殻をむいてやった。ところが、かえって雛は死んでしまったというのだ。

『孟子』にもこれと同じような例がたくさんあったように記憶する。文句はいちいち記憶していないが、たとえば、

「人のために何か考えてやると言っても、戸を破って奥の間まで入ってくるような無礼をも我慢できるか（人のために計ると言っても、その室に闖入してその戸を破る、これをも忍ぶか）(6)」

といった意味の話がある。それから梁《りょう》の恵王が、孟子に政治について質問したときに、

「王宮の台所には、良い肉がつまれ、厩《うまや》には肥えた馬がつながれているのに、一般民衆は飢え、郊外には餓死者がころがっている。これでは、獣をひきつれて人々を食わせているようなものです(7)」

と答えている。刃を使って人を殺すのも、政治によって人を殺すのも、同じだと断定しているのだ。

さらに、告子《こくし》(8)と不動心について議論したときも、

「『心や思いをしっかり保てないからといって、気力で補おうとしてはならない（心に得ずとも気に求むるなかれ）』という告子の言葉はよろしい。しかし、『言葉によってしっかり表現できないからといって、心や思いで補おうとしてはならない（言に得ずとも心に求むるなかれ）』という告子の言葉はよろしくない。志は気力をひきいる将軍のようなものであり、気力は人の身体を支配する。志が根本であり、気力はそれに従うものだ。だから、『志をしっかり保って、気力を乱してはならない』というのだ(9)」

---

(5)　歴史書の『史記』にある「天道、是か非か」という一節が出典で、その著者の一人司馬遷《しばせん》の言葉。善人が不幸のうちに早死にし、悪人が幸せのうちに天寿を全うする人生の不条理に対する憤りを、天といういわば神様に向かって投げかけている。

(6)　これはおそらく『孟子』尽心章句《じんしんしょうく》下259にある孔子の発言「我が門を過ぎて、我が室に入らざるも、我これを憾《うら》みとせざる者は、郷原《きょうげん》か」という一節の記憶違い。この文章自体には栄一が述べたような意味はないが、郷原とは「自分の本心に反して、周囲に迎合して名声を得ている人」のことで、やはり「内面」と「外面」が分裂している人なので、その類推で栄一はとっさに思い浮かべたと考えられる。

(7)　『孟子』梁恵王章句《りょうけいおうしょうく》4。

(8)　中国戦国時代の思想家。孟子の論敵だった。

と孟子は述べている。

これはつまり、志こそ心の根本であり、気力は心の動きによってあらわれた、その働きだということだ。志が善であり、良心的で思いやりの道にかなっていても、「出来心」といって、ふと志に適わないことをしてしまうことが往々にしてある。だから、その心の本である志を保って、「出来心」のような、気力を削ぐようなことをしないよう、つまり振る舞いに間違いのないよう、心を動かさないための術を磨くことが重要である。

孟子自身は、人の内部からわきあがってくる、「浩然《こうぜん》の気（道徳に根差した気力）」を養うことで、心の持ち方を磨く助けとしたが、凡人では何かと振る舞いに間違いを犯しやすい。

孟子はその例として、

「宋という国に、自分の畑の苗がなかなか伸びてくれないことを悩み、一本一本引っ張った男がいた。疲れきって帰宅し、家のものに『今日は苗が伸びるのを助けてやったんで疲れたよ』といった。息子が畑にいってみると、苗はすべて枯れていた(10)」

といって、告子を大いに罵倒している。苗を成長させるのには水の加減、肥料の加減、雑草の刈り取りなどに依らなければならないのに、これを引き抜いて成長させようとするのは、いかにも乱暴である。

孟子の不動心の養い方の良し悪しはともかく、世間では往々にして苗を引っ張って成長させるような行為があることは争えない事実である。苗を成長させたいというその志は本当に善であるが、これを抜くという振る舞いは悪である。この意味を広げて考えると、志がいかに善良で、良心的で思いやりの道にかなっていても、その振る舞いがこれに伴わなければ、世間の信用を受けることができないわけである。

これに対して、「志」が多少曲がっていても、その振る舞いが機敏で忠実、人から信用されるものであれば、その人は成功する。行為のもととなる「志」が曲がっているのに、「振る舞い」の方が正しいという理屈は、厳密に言えば成り立つはずもない。しかし、道義にかなっているように見せかければ、聖人ですら騙しやすくなるものだ。同じように、実社会においても、人の心の善悪よりは、その「振る舞い」の善悪に重点がおかれる。しかも、心の善悪よりも「振る舞い」の善悪の方が、傍《はた》から判別しやすいため、どうしても「振る舞い」にすぐれ、善く見える方が信用されやすくなるのだ。

（9）『孟子』公孫丑章句上《こうそんちゆうしようく》25。告子の「不動心」とは、「気（内部から湧き出る、気力とか、気合い、やる気といったエネルギーのようなもの）を専一に保って乱さないこと」という意味。「気」が一番大事なので、「言葉によって心（志）を乱すな、心（志）によって気を乱すな」と主張する。一方の孟子は、「心（志）」が一番の主体だとし、「心（志）は、気を支配しコントロールし、同時に気から影響をうける（後出の「出来心」がいい例）」と考えているので、告子の前者の言葉「心に得ずとも気に求むるなかれ」はよろしいと言い、その理由を引用後半で述べている。もう一方の「言に得ずとも心に求むるなかれ」はよろしくないと言っているが、その理由まではここでは言及していない。

（10）『孟子』公孫丑章句上25。

たとえば、江戸幕府の八代将軍吉宗公が、市中の見回りに出たさい、親孝行の者が、老母を背負ってお寺にお参りしていたので、褒美を与えた。ところが、普段から行いの悪いならず者がこれを聞いて、

「それならおれも一つ、褒美をもらってやろう」

と、他人の老婆を借りて背負い、お参りに出かけた。吉宗公が、これにも褒美を与えたところ、将軍のお付きの役人が、

「彼は、褒美をもらいたいために、孝行を偽ったのです」

と、待ったをかけた。すると吉宗公は、

「いや、真似はよいことである」

と厚くお誉めの言葉をかけたというのだ。

さらに『孟子』という古典には、

「絶世の美女である西施《せいし》も、汚物を浴びてしまえば、みな鼻をつまんで逃げてしまう(11)」

という言葉もある。いかに絶世の美女といえども、汚物を浴びては、誰もそばに近よる者がいなくなってしまうだろう。それと同時に、悪魔のような心を持っている悪女でも、外見が色気に溢れていれば、知らず知らず迷わされてしまうのが男心でもある。だから「志」の善悪よりは、「振る舞い」の善悪の方が人眼につきやすいのだ。

こうして口がうまく、おべっかを使う人間が世間でもてはやされる一方で、耳の痛い忠

告は聞き入れられず、良心的で思いやりある真面目な人が足を引っ張られ、

「天の神様は正しいのか、間違っているのか」

というなげきを漏らすことになる。これに引き換え、悪賢い人や、表面をうまくとりつくろう人は、比較的成功し、信用される場合が出てきてしまう原因ともなるのだ。

何を真の才能、真の知恵というのか

およそ人が社会で一人前になるために最も肝要なことは、まず知恵を増やしていくことだ。自分の成長や国家の公益だけを図るという場合には、知識というものがなければ進んでいくことができない。しかしそれ以上に、人は人格というものを養っていかなくてはならない。いわゆる「人格の修養」、これは極めて大切なことであろうと思う。

ただし、「人格」の定義がいかに結論づけられているのか、わたしは知らない。非常識と言うべき英雄豪傑のなかにも、まれではあるが人格の気高い人が少しはいるから、はたして人格と、常識の有無とが、必ず一致するものなのかは疑問が残る。ただ、完全に人の役に立ち、公においてもプライベートにおいても必要な真の才能、真の知恵というのは、

（11）『孟子』離婁章句《りろうしょうく》下114　西子《せいし》も不潔を蒙らば、則ち人みな鼻を掩《おお》うてこれを過ぐ。

多くは常識の発達にあるといっても間違いないと思うのである。

　そして、その常識の発達について、第一に必要なのが自分の置かれた境遇への注意だ。これを文章にして示すなら、

「人は自分の置かれた境遇によく注意しなければならない」

となると思う。この言葉はあるいは適切でないかもしれないが——わたしは西洋の格言などはあまり知らないから、常に東洋の経書についてのみ例を引くが、『論語』に、自分の置かれた境遇について注意をきちんと向けることを教えた例が、あるいは大きい事例、あるいは小さい事例と、数多く見られる。ゆえに大聖人の孔子でも、やはり自分の置かれた境遇に適応することに努めた。また、他の人に対しても、その境遇がやりたいこととマッチしていないときは、決して賛同されなかった。一例をいえば、孔子が、

「ここでは正しい道は行われない。筏《いかだ》にでも乗って、海へ漕ぎ出そうか。ついてくる者は、子路《しろ》ぐらいだろうな[12]」

　と弟子の子路を促したことがある。『論語』では、

「子路はこれを聞いて喜んだ」

　と続くが、これは孔子がちょっと意地悪なところがあって、孔子みずから問いかけたのだから、子路も当然それに対して喜んだのだろう。ならば、孔子も喜んでよさそうなものだが、子路の喜ぶ度合いが、「子路は自分の置かれた境遇をよくわかっていない」と思わ

せるものだったので、

「子路よ、向こう見ずな点にかけてはわたし以上だな。だが、筏の材料をどこから持ってくるのかね」

と、かえって反対にいましめられた。筏に乗って海に浮かぼうといわれたときに、子路は喜んだが、もし子路が自分の置かれた境遇をよく理解していたならば、

「それはそうですが、それについては海に浮かぶ筏の材料は、どうしたらよいでしょうか」

と答えたろう。そうであれば、孔子ははじめてわが意を得たりと、「それならば朝鮮へ行こう」とか「日本へ行こう」と言われたかもしれない。

またある時、孔子が数人の弟子に「志を言ってみなさい」と促したときに、最初に子路が意見を述べた。

「もしわたしにどこかの国を治めさせてくれるなら、たちまち、一国を平和に治めてみせます」

と軽はずみに答えた。すると孔子は笑った。ついで、他の弟子たちがめいめい志を述べた。

（12）『論語』公冶長篇7。

最後に、曾点《そうてん》という弟子が琴を演奏していたので、孔子が「あなたも何か言ってみなさい」と促した。すると曾点は、

「わたしの考えは、他の人と違います」

と答えた。すると孔子は、

「違ってもよいから、何か言ってみなさい」

と求めた。そのとき曾点は、

「春になったら春向きの服に着替え、若者五、六人、子供六、七人をひきつれて、沂水《きすい》のほとりで水浴びをし、舞雩《ぶう》の高台で風に吹かれ、歌でも口ずさみながら帰りたいです」

と言った。そこで孔子は深い嘆息をもらすと、こう言われた。

「わたしは、曾点に賛同するよ」

他の弟子たちが去ったあとに、曾点が孔子に、(13)

「どうして最初の子路の答えを笑ったのですか」

と尋ねた。孔子は、

「国を治めるには、なによりもまず礼によって規範を確立しなければならない。ところが、子路は血気にはやっているためか、軽はずみに『こうすればよいでしょう』と答えた。その言い方には思い上がっているところがあった。それで笑ったのだ(14)」

と答えた。つまり、一国を治めるには、まず礼儀を重んじなければならない。ところが

子路はすぐに勇み立つタイプだったからだろうか、軽率に「自分が治めれば大丈夫です」と答えていた。なので、その言葉が思い上がっていて、笑ったのだと孔子は言われたのだ。まさしく子路が自分の身の丈をわかっていなかった点を笑ったように見える。

しかし一方で、孔子自身が極めて自負したような言葉もある。たとえば政敵の桓魋《かんたい》が孔子を殺そうとしたとき、門人たちが恐れおののくと、

「天は、わたしに徳をさずけられたのだ。桓魋ごときがわたしに何をできよう(15)」

と言われた。すなわち自分の置かれた境遇に心を落ち着かせ、動揺しないでいられたのだ。

またあるとき、孔子が宋の国に行ったとき、帰路に大勢の敵に囲まれて、あわや危害を受けそうになった。このときも門人たちが怯《おび》えていると、孔子は、

「天が周王朝の文化の伝統を亡ぼすつもりなら、わたしにまでそれを伝えるはずはない。天が見捨てないかぎり、匡《きょう》の人間だって、このわたしをどうすることもできまい(16)」

と言って、落ち着いた態度で、自分に危害が加えられることを少しも心配しなかった。

(13)　原文は「弟子が去った後に曾晳《そうせき》という人が孔子に尋ねて」。ここは栄一の記憶が若干混同しているか言い間違いで、曾点と曾晳は同一人物。
(14)　『論語』先進篇26。『論語』の原文のままではなく、栄一による補足が入った部分がある。
(15)　『論語』述而篇22　天徳を予《われ》に生ず、桓魋それ予を如何《いかん》。

また、ある場合には、大廟《たいびょう》での祭祀《さいし》を手伝ったとき、孔子は式次第の細部までいちいち先輩に確かめてから、祭祀を取り進めた。ある人がそれを怪しんで、

「あの田舎者の小倅《こせがれ》めが。礼を知っているなどとは、とんでもない嘘だ。大廟の祭祀では、いちいち人にたずねていたではないか。あれでは礼を知っているとは言えまい」

といった。孔子がそれに答えるに、

「いや、あのやり方こそが礼なのだよ(17)」

それがすなわち「礼を知る」ということなのだと言われた。自分の置かれた境遇や立場を本当によく知って、道理正しくそれらを活用するのが、孔子が大聖人になることのできた唯一の修養法であったように見える。そうしてみると、孔子のような人でも、状況に応じて些細なことでも常に注意を怠らないのが、聖人になれた理由なのである。われわれがみな孔子のような大聖人になるということは不可能かもしれないが、自分の境遇や立場を見誤らぬようにできるなら、少なくとも普通の人以上になるのは難しくないと思う。

ところが世間は、この反対に走ってしまうようで、ちょっと調子がいいと、すぐ自分の境遇を忘れて身の丈に合わない考えを持ってしまう。また、何か困難に遭遇すると、自分の立ち位置がわからなくなって、萎《しお》れてしまう。つまり、幸いに驕《おご》り、災いに哀しむのが凡庸な人の常なのだ。

動機と結果

わたしは志の曲がった軽薄な才人は嫌いである。いかに振る舞いが巧みでも、誠意のない人と、ともに仲間になることは不快だが、しかし神ならぬ身には人の志まで見抜くということは容易ではない。だから、志の良し悪しはとにかく、振る舞いの巧みな人間に自然とこちらが利用されてしまうとも限らないのである。

かの陽明学《ようめい》(18)であれば、「知行合一《ちこうごういつ》（知と行動とは分離できず、知は行動を通じて成立するという考え方）」や「良知良能《りょうちりょうのう》（人は生まれながらに善を判断し、実行できる力があるとする考え方）」などと言って、志として思うことがそれ自身、行為として現れると考える。だから、志が善ならば、行為も善。行為が悪ならば、志も悪でなければならない。しかしわたしたちのような素人考えでは、志が善でも振る舞いが悪になることもあり、また振る舞いが善でも志が悪であることもあるように思われる。

わたしは西洋の倫理学や哲学といったことは少しも知らない。ただ「四書《しじょ》」(19)や宋代の儒

(16)『論語』子罕篇5。栄一は「宋人」と述べているが、『論語』の原文は「匡人」なので、そちらで訳している。
(17)『論語』八佾篇15。
(18)明の王陽明《おうようめい》が唱えた思想。『論語』から派生した儒教の一派。

者の学説によって、多少「人間の本質」や「処世の道」を研究しただけである。そして、わたしのこのような意見に対して、期せずしてパウルゼン[20]の倫理の学説と一致するという者がいる。

その人の言うには、イギリスのミュアヘッド[21]という倫理学者は、動機さえ善ならば、結果は悪でもいいという、いわゆる動機説を唱えた。その例として、クロムウェルがイギリスの危機を救おうとして、暗愚な君主を殺し、みずから皇帝の位についたのは、倫理上、悪ではないと言っている。

一方、今日最も正しい理論として歓迎されているパウルゼンの説では、動機と結果、すなわち志と振る舞いの程度や内容を仔細に比較してみなければならない、という。たとえば、ひとしく「国のため」という戦争の中にも、領土拡張の戦争もあれば、国家の存亡上やむを得ない戦争もある。国の指導者としては、同じように国家や国民のために企てたとはいえ、必ずしも領土拡張の必要もないのに、その開戦の時期を誤ったとすれば、その指導者の行為は悪になる。しかし、その無謀な開戦が、ちょうどよいタイミングに当たって連戦連勝、大いに国を豊かにし、国民を啓蒙する基盤をなしたという場合には、その行為は善と言わなければならない。前例のクロムウェルの場合にも、幸いにもイギリスの危機を救えたからいいものの、もし志ばかりが熱烈で、最後に国を危うくするような結果を招いたとすれば、やはり悪い行為と判断されなければならない。

わたしはパウルゼンの説が果たして真理なのかどうかは解らない。しかし単に志が善ならば、その振る舞いも善だというミュアヘッドの説よりも、その志と振る舞いとを比較したうえで善悪を定めるという説の方が確かなように思われる。

わたしは常に客に会って、質問に応えることを自分の義務としているが、丁寧にするのと、「頼まれたからやむを得なくて」と嫌々ながらするのでは、同じ事柄でも、その志がとても異なる。同時に、同一の志でも、その時と場所によって、大いに内容を異にする場合もある。つまり土地に肥えた／痩せたがあり、季節にも寒い／暖かいがあるように、われわれの思想や感情も異なっているから、同一の志を向けても、相手によってその結果が異なってくる。だから人の行為の善悪を判断するには、よくその志と振る舞いのそれぞれの分量や、性質を照らし合わせて考えなければならないのである。

（19）『大学』『中庸』『論語』『孟子』の四つ。儒教を学ぶさいの基本的な古典とされた。
（20）フレデリック・パウルゼン Friedrich Paulsen（一八四六〜一九〇八）ドイツの哲学者、教育者。
（21）ジョン・ヘンリー・ミュアヘッド John Henry Muirhead（一八五五〜一九四〇）スコットランドの哲学者。

人生は努力にある

わたしは今年（大正二〔一九一三〕年）、もはや数えで七十四歳になる老人である。そのため、ここ数年来はなるべく雑務を避けるようにしている。しかし、だからといってまったくのヒマな身になることもできず、自分で作った銀行は今でもその面倒を見ている。このように年老いてからや、逆に青年のうちでも、努力の心を失ってしまえばその人は進歩や成長がおぼつかなくなる。と同時に、そんな努力をしない国民によって支えられる国家は、繁栄も発達もやはりできなくなる。

わたしも普段から、努力家のつもりであり、実際に一日も職務を怠ることがない。毎朝、七時少し前に起きて、来訪者に面会するよう努めている。どんなに多人数でも時間の許す限り、ほとんど面会することにしている。

わたしのように、七十歳を超える老境に入っても、まだまだこのように怠ることがないのだから、若い人々には大いに努力してもらわなければならない。一旦怠けてしまえば最後まで怠けてしまうもの、怠けていて好結果が生まれることなど決してないのだ。

たとえば、正座をしていれば立って働くより楽なようだが、長い時間になると膝が痛んでくる。それでは寝ころぶと楽になるかと思うと、これも長くなると腰が痛くなってくる。怠けた結果はやはり怠けることであり、それがますます甚だしくなるのがオチなのだ。だからこそ、人はよい習慣を身につけなければならない。つまり、勤勉や努力の習慣が必要なのだ。

世間の人たちはよく、「知的な能力を増進させないといけない」「時勢を読み解かなければならない」と言う。なるほどこれは必要なことだろう。時勢を知り、より良い選択や決断をするためには、知的な能力を増進させる、つまり学問を修める必要がある。

とは言っても、知的な能力がどんなに十分あっても、これを現実に活用できなければ何の役にも立たない。これを活用するというのは、努力してこれを実践に結びつけることだ。この努力がないと、どんなにたくさんの知的な能力があっても、まったく活用できなくなる。しかも、この努力は、一時やれば済むというものではない。生涯努力して、はじめて満足できるレベルとなるのだ。

およそ努力する気持ちが強い国ほど、国力が発展している。これに反して、怠惰な国ほどその国は衰弱している。現にわが隣国の中国などは、およそ努力をしていないうってつけの例である。

だからこそ、一人が努力して一地方がその美風に染まり、一地方が努力して一国がその美風に染まり、一国が努力して天下がなびいてこれに倣《なら》うというように、おのおの自分一人のためではなく、一地方一国ないし天下のために、十分努力する心がけが大切である。

結局、人が世間で成功するために必要な要素として、知的な能力、つまり学問が必要な

ことはもちろんなのだが、これだけで成功できると思うのは誤解でしかないのだ。『論語』には、

「人々がいて、郷土のお社《やしろ》があるような環境であれば、現実から十分に学ぶことができます。どうして書物を読むことだけが、学ぶと言えるのでしょう(22)」

との一節がある。これは孔子の弟子の、子路の言葉だ。すると孔子は、

「なるほど口ばかりの奴は嫌いだよ」

と答えている。この意味は、「口ばかりで、実践できないものはダメだ」ということなのだ。わたしはこの子路の言葉は素晴らしいと思っている。机にすわって読書するだけを学問だと思うのは、まったく間違っている。

要するに、普段の行いが大事なのだ。これをたとえると、医師と病人の関係のようなものである。いつもは健康に注意をはらおうとせず、いざ病気になると病院にあわてて駆けつけるようなものだ。病気を治すのが医者の仕事だとしても、いつでも治してくれると思っては大間違いなのだ。医者はきっと、「普段から健康に注意してくださいね」と忠告するに違いない。だからこそわたしは、すべての人に、努力を続けることを希望するのと同時に、物事に対する普段からの注意を怠らないよう心がけてほしいと思うのである。

正しい立場に近づき、間違った立場から遠ざかる道

物事に対して、「こうすべきだ」「こうすべきでない」と是非の基準をはっきり持っている者は、すぐにでも常識的な判断をくだすことができる。でも、場合によっては、そう単純に割りきれないこともある。

たとえば、誰が見ても正しい道理を押したてられて、言葉巧みに誘導されると、知らず知らずのうちに、自分の日頃の主義主張とは正反対の方向に誘導され、足を踏み入れてしまうような羽目になる。こんな場合は、無意識のうちに自分の本心をなくされてしまうわけだが、こんな状況に直面しても、頭を冷静に保って最後まで自分を見失わないようにすることが、「意志の鍛練」の重要な働きなのだ。

もしこんな場面に陥ったなら、相手の言葉に対して、常識に照らし合わせながら自問自答してみるとよい。こうすると、「相手の言葉に従うと、一時は利益を得られるが、あとで不利益が起こってくる」とか「この事柄に対しては、こうきっぱり処理すれば、目先は不利でも将来のためになる」といったことが、はっきりとわかってくるものである。もし目の前の出来事に対して、このような心の中の検討が加えられるなら、自分の本心に立ち

(22)『論語』先進篇24。

返ることはとても簡単だろう。その結果、正しいことを選び、間違ったことから遠ざかることができる。わたしは以上のようなやり方こそ、「意志の鍛練」だと思うのである。

しかし、一口に「意志の鍛練」とは言っても、それには善悪の二種類がある。たとえば、石川五右衛門《ごえもん》(23)のような人物は、悪い方の「意志の鍛練」を積んできたため、悪事のためには並外れて意志が固かった男と言ってよいだろう。もちろん「意志の鍛練」において、悪い方の「意志の鍛練」が人生に必要なはずもないので、わたしもこれについて何か立論しようというわけではない。しかし、常識的な判断をとり違えたままで「意志の鍛練」をしていくと、最悪、石川五右衛門のようになってしまわないとも限らない。

だからこそ「意志の鍛練」の目標を、まず常識と照らし合わせ、その後で実践していくことが重要だ。こうして鍛錬した心で、物事に臨み、人に接するなら、社会を生きていくうえで過ちを犯すこともなくなると言ってよいだろう。

このように論じていくと、「意志の鍛練」には常識が必要である、ということになってくる。常識の養成のしかたは、別のところで詳しく述べたのでここでは省くが、やはりその根本になるのは、親や目上を大切にし、良心的で、信頼されることだろう。特に、良心的なことと親を大切にする気持ち、この二つから組み立てた意志を持って、何事も順序よく進展させ、また何事によらず、静かな気持ちでじっくり考えてから決断することだ。そうであるなら、「意志の鍛練」にはスキがなくなっていくと、わたしは信じている。

しかしながら、静かな気持ちでじっくり考えられるような局面にだけ、何か事件が起こるとは限らない。予想外のことに遇う場合もあれば、人と会ったときに、突然その場で挨拶の言葉を述べなければならないことも珍しくない。そんなときは、じっくり考えている時間などないから、すぐにその場でふさわしい答えを出さなければならない。

しかし、普段からこういった鍛練をしてこなかった者には、その場で機転を利かすというのがちょっと難しい。このため、どうしても不本意な結果になってしまいがちだ。こういったことも普段からよく鍛練しておけば、ついにはそれが習い性となって、どんなことにも動じない気持ちを持つに至るのであろう。

(23)　?〜一五九四　安土桃山《あづちももやま》時代の盗賊で、釜茹《かまゆで》によって処刑された。後に、彼を主人公としたさまざまな物語が作られていった。

・孔子が言った。「徳が身についていないのではないか。学問を怠りはしなかったか。正しいことと知りながら実行しなかったのではないか。悪いことと知りながら改めなかったのではないか。これが私の恐れていることである」（子曰く、徳の脩《おさ》めざる、学の講《こう》ぜざる、義を聞きて徙《うつる》に能《あた》わざる、不善を改むる能わざる、是《こ》れ吾《わ》の憂えなり）『論語』

第四章　仁義と富貴

本当に正しく利殖する方法

実業というものを、どのように考えればよいのだろう。もちろんそれは、世の中の商業や工業といった活動が、利殖を図ることに他ならない。もし商工業が、物質的な豊かさをもたらさなかったら、商工業など無意味になってしまう。商工業は何の公益もないものになってしまう。

しかし、だからといって利殖を図るにあたって、もしみなが、「自分さえ利益が上がれば、他はどうなってもいいや」と考えていたらどうなるだろう。難しいことを言うようだが、もしそのような事態になれば、孟子という思想家の言うように、

「利益のことなど口にする必要はない。社会正義のための道徳こそ大事なのだ(1)」

というのが本来は当たり前だったはずなのに、それに反するようなことをして、

「上にいる人間も、下にいる人間もともに利益追求に走れば、国は危うくなる(2)」

とか、

「もし、みんなのためのことを考えずに、自分一人の利益ばかり考えれば、人から欲しいものを奪い取らないと満足できなくなる(3)」

といった話になるのである。だからこそ本当に正しい利殖とは、社会正義のための道徳にもとづかないと、決して長く続くものではないと考えている。

このように言うと、とかく「儲けを減らして、欲望を去る」とか、「普通ではない境地に立つ」といった考えに、悪くすると走りがちになる。もちろん、強い思いやりを持って、世の中の利益を考えることは善いことだ。しかし、自分の利益が欲しいという気持ちで働くのが、世間一般の当たり前の姿でもある。その当たり前のなかで、社会正義のための道徳を持たないと、世の中の仕事は少しずつ衰えてしまうということなのだ。

学者めいたことを言うようだが、中国の学問において、今から千年ばかり前、宋の時代の学者が、今述べたのと同じなりゆきに陥ったことがある。社会正義のための道徳(4)を主張するにあたって、現実に立脚したうえで「物事はこのような順序で、こう進んでいくべきだ」といった考えの道筋をとらずに、すべて空理空論《くうりくうろん》に走った。これによって利益に対する欲を捨て去ったのはよいが、極端に走って人々の元気がなくなり、国家も衰弱してしまった。ついには元《げん》に攻め込まれてしまい、内部の混乱も続いて、とうとう元という異民族に統一される羽目となった。宋時代末期におきた、これは惨状(5)に他ならない。

このように空理空論の道徳は、国の元気を失わせ、モノの生産力を低くし、最後には国を滅亡させてしまう。だから、社会正義のための道徳といっても、一歩間違えれば国を滅ぼすもとになることを、頭に入れておかなければならない。

では、利殖を信条とし、「自分の利益になりさえすればよい」「他人などどうでもよい」という考えに基づけばよいのだろうか。現在の中国の一部の風潮や、元王朝(6)などは、まさしくこのような様子であった。「人のことはどうでもいい、自分さえよければいい」「国家などどうでもいい、自分さえよければいい」となってしまった。そのあげく、国家がどのような権限を失おうとも、どのような名声を落とそうとも、個人の発達の基盤となるはずの国家のことを考える人など、ほとんど稀になるありさまだった。

(1)『孟子』梁恵王章句上《りょうけいおうしょうく》1　何ぞ必ずしも利を曰《い》わん。また仁義あるのみ。
(2)『孟子』梁恵王章句上1　上下交々《こもごも》利を征《と》りて国危うし。
(3)『孟子』梁恵王章句上1　苟《いやしく》も義を後にして利を先にすることをせば、奪わずんば饜《あ》かず。
(4)原文「仁義道徳」。「仁義」は儒教的な元々の意味があるが、同時に日本にこの言葉が入って「世間一般の道徳。社会生活を送るうえで必要な良識や義理」（日本国語大辞典）のような、かなり一般的な薄まった意味にもなっているので、こちらに基づいて訳している。
(5)初版の東亜堂版は「惨状」となっているが、忠誠堂版はそれを「慈状《さんじょう》」と写し間違えている。
(6)一二七一〜一三六八　正式名称は大元《だいげん》で、モンゴル帝国の中国支配の領域をいう。

宋の時代は、先ほど述べたように、社会正義のための道徳にばかり走って国を滅ぼしてしまった。一方、今日では利己主義のために身を危うくするような状況がある。これはお隣の中国だけの話ではない。他の国々もみな同じなのだ。つまり、利益を得ようとすることと、社会正義のための道徳にのっとるということは、両者バランスよく並び立ってこそ、はじめて国家も健全に成長するし、個人もちょうどよい塩梅《あんばい》で富を築いていくことになるのである。

たとえば、石油や製粉、人造肥料といった事業について考えてみよう。もし利益を上げていこうという考えがなく、成り行き次第でどうでもよいという感じであったなら、事業は決して成長しないし、豊かさも実現できないのは明らかだ。

かりにもし、その仕事が自分の利害には関係せず、まるっきり他人事で「儲かっても自分が幸せにならないし」「損をしても不幸せにならないし」ということであったなら、事業はまったく進まなくなる。ところが自分の仕事であれば、「これを進めたい」「この仕事を発展させたい」となるのは争えない事実なのだ。

しかし一方で、そういった気持ちが強すぎ、他人に勝とうとし過ぎたり、世の中の空気や事情を読まないままに、自分さえよければいいという気持ちでいたりしたら、どうなるだろう。必ず自分もしっぺ返しをくらい、一人で利益をあげようと思ったその自分が、不幸に叩き落とされてしまうのだ。

古い昔のように、それほど文明の発達していない時代であれば、あるいは「まぐれあたり」ということもあったかもしれない。しかし、世の中が進歩するに従って、すべてのことは、規則通りにやらなくてはならない時代となった。そんななかで、自分さえ都合がよければと思っていたら、たとえば鉄道の改札を通り抜けるにも、狭い場所で我先にとみながひしめくことになる。これでは誰も通れなくなって、困ってしまうのだ。身近な例で考えても、自分さえよければいいという考え方が、結局自分の利益にならないということは、この一事を見てもわかると思う。

だから、わたしが常に希望しているのは、「物事を進展させたい」「モノの豊かさを実現したい」という欲望を、まず人は心に抱き続ける一方で、その欲望を実践に移していくために道理を持ってほしいということなのだ。その道理とは、社会の基本的な道徳をバランスよく推し進めていくことに他ならない。道理と欲望とがぴったりくっついていないと、前にも述べた、中国が衰えたような成り行きになりかねない。また、欲望がいかに洗練されようと、道理に背《そむ》いてしまえば、いつまでも、「人から欲しいものを奪い取らないと満足できなくなる」という不幸を招いてしまうものなのだ。

金に効力があるかないかは、その人次第

「お金は尊いものだ」とか、または、「尊ばねばならないものである」ということに関しては、昔からずいぶんたくさんの格言もあり、民間のことわざもある。ある人の詩に、「世間の人は、人と交際するにもお金に頼る。お金が多くないと、交友も深くならない」[7]とある一句などは、お金は、友情という抽象的な精神までも支配する力があるとも取れる。精神を尊んで物質を卑しめる東洋古来の風習では、お金によって友情まで左右されるのは、人間性の堕落が思いやられて、とてもゾッとする話ではあるが、しかしこういうことは、われわれの日常でよく出合う問題でもある。

たとえば親睦会などというと、必ずお互い集まって飲食する。これは飲食も、友愛の感情を手助けしてくれるからである。また、久しぶりに来訪してくれる友人に、酒や食べ物を提供できないようでは、交友を再開する端緒《たんしょ》も開きにくい。そして、これらのことにはみなお金が関係する。

ことわざにも、「阿弥陀《あみだ》も銭ほど光る（阿弥陀如来《あみだにょらい》のご利益も、お賽銭《さいせん》の額で決まる）」と言って、十銭投げれば十銭だけ光るし、二十銭投げれば二十銭だけ光ると計算している。また、「地獄の沙汰《さた》も金次第」という言葉に至っては、とても当を得ていて皮肉な感じじすらする。これも金の効能がいかに大きいものであるかを表現したものと見ることができる。

一例をあげると、東京停車場（東京駅）へ行って汽車の切符を買うとき、どんな富豪でも、赤切符を買えば三等の列車にしか乗れない。またいかに貧乏人でも、一等の切符を買えば一等に乗れる。これはすべてお金の効き目である。とにかく、お金にはある偉大な力があることを拒否するわけにはいかない。いかに多くの財を費やしたとしても、唐辛子を甘くすることはできないけれども、無限の砂糖によってその辛みを消すことはできる。

また、いつもは苦り切った顔でやかましく言っている人でも、金のためにはすぐ甘くなるのは世間では普通のこと、政界などによく見られる例である。

このように論じてくると、金はとても威力あるものだけれども、しかし金自体にはもちろん心がない。善用されるか悪用されるかは、それを使う者の心にある。だから、金は持つべきものか、持つべからざるものかは、すぐに断定することはできない。金は、それ自身に善悪を判別する力はない。善人がこれを持てばよくなるし、悪人がこれを持てば悪くなる。つまり所有者の人格いかんによって善ともなり悪ともなる。このことに関して、私は普段から人に語っているが、昭憲皇太后《しょうけんこうたいごう》（明治天皇の皇后）の、

（7）唐代の詩人・張謂《ちょうい》の「長安主人の壁に題す」。出典の詩は「世人交わりを結ぶに黄金を須《もち》う」だが、ここでの原文は「世人交わりを結ぶに黄金を以てす」。栄一の記憶違いか、筆記者の聞き違い。意味は変わらない。

「もつ人の心によりて宝とも、仇《あだ》ともなるは黄金なりけり」

との御歌は、深く心に感じて尊敬にたえないのである。

ところが世間の人々は、とかくこの金を悪用したがるものである。だから昔の人もこれを戒めて、

「賤しい人間でも、もともと罪を犯したりはしない。もちつけない財宝を持つから罪を犯すのだ(8)」

とか、

「君子が財産を沢山持っていると、その徳を傷つけ、小人が財産をたくさん持っていると、その過ちを増す(9)」

などと言っている。『論語』を読んでみても、

「富や名誉は、私にとっては浮雲《うきぐも》のようなもの(10)」

「富が追求に値するほどの値打ちを持っているものなら、御者《ぎよしや》のような賤しい仕事についても、それを追求しよう(11)」

と言っているし、『大学(12)』も、

「徳が根本であり、財産は枝葉末節《しようまつせつ》なのだ(13)」

と言っている。

もし今このような訓言をいちいちここに引用したなら、ほとんど枚挙に暇がないだろう。

しかし、これは決して金を軽視してもよいという意味ではない。かりにも世の中に立って、完全な人であろうとするには、まず金に対する覚悟がなくてはならない。そして、このような訓言に照らし合わせてみても、「社会における金の効力を、どのように考察すべきか」はよくよく考えなければならないのである。思うに、あまりこれを重視しすぎるのも誤りなら、またこれを軽んじすぎるのも、よろしくない。つまり、

「その国に道義があるのに、低い地位にとどまって貧しい生活に甘んじているのは、恥としなければならない。その国に道義がないのに、高い地位について豊かな生活を楽しんでいるのは、これまた恥としなければならない」(14)

(8)『春秋左氏伝』桓公十年　小人罪なし玉を懐いて罪あり。
(9)原文は「君子財多ければその徳を損し、小人財多ければその過ちを増す」。出典はおそらく『漢書《かんじょ》』雋疏《しゅんそう》于薛平彭《せっへいほう》伝にある「賢にして財多ければ、則ち其の志を損じ、愚にして財多ければ、則ち其の過ちを益す」。
(10)『論語』述而篇15　富み且つ貴きは、我に於《お》いて浮雲の如し。
(11)『論語』述而篇11　富にして求むべくんば執鞭《しつべん》の士と雖《いえど》も、吾また之を為さん。
(12)もともと『礼記』という古典のなかの一篇だったものを、宋代に朱子学を興した朱熹が独立させて、「四書」の一つとした。『大学』とは「大人の学」で、天下の指導者となるべき人々が学ぶ学問といった意味。
(13)『大学』伝十章　徳は本なり、財は末なり。
(14)第一章注39。

という言葉もあるように、孔子も決して貧乏を奨励《しょうれい》はなさらなかった。ただ、
「正当な方法によらないなら、手に入れたものでもしがみつくべきではない」[15]
ということなのだ。

「金儲け」と「富と地位」を、孔子はどう考えていたか

今まで儒者が、孔子の教えを誤解していたなかでも最も甚だしいものは、「富と地位」と「金儲け」の二つの考え方であろう。彼らが『論語』から汲み出した解釈によると、「道徳に基づいた正当な方法」[16]と、「金儲けや富と地位」とは、氷と火のついた炭のように、一緒にはしておけないものとされている。では孔子は本当に、

「富と地位を手にした者は、道徳に基づいた正当な方法にのっとる心など持たないから、高い道徳を持った人物になりたければ、富や地位を求める気持ちを捨てよ」

といった内容を説いていたのだろうか。わたしが二十篇ある『論語』をくまなく探してみても、そんな意味の言葉は一つも発見できなかった。いや、むしろ孔子は金儲けの道について語っているくらいだ。しかしその説き方が、孔子が他でもよくやっているように、半面的なものであったため、儒者たちはそれらに対して全体像を理解することができず、ついには間違った解釈を世のなかに伝えるようになってしまったのである。

例をあげると、『論語』のなかに、こんな一節がある。

「人間であるからには、誰でも富や地位のある生活を手に入れたいと思う。だが、正当な方法によって手に入れたものでないなら、しがみつくべきではない。逆に貧賤な生活は、誰しも嫌うところだ。だが、『正しいやり方をしても貧賤に落ち込んだ』という場合以外は、無理に這い上がろうとしてはならない(17)」

この言葉には、いかにも富や地位を軽視したようなニュアンスが含まれるように思われるが、実は一方の側面だけから説かれたものだ。仔細《しさい》に考えてみれば、富や地位を軽蔑したようなところは一つもない。その主旨は、富や地位にのめり込むことを戒められただけなのだ。この一節から、ただちに「孔子は富と地位を嫌っていた」などと解釈するのは、

(15)『論語』里仁篇5　その道を以てせざれば、これを得るとも処《お》らざるなり。
(16) 原文「仁義王道」。これは二通りの解釈が可能。「王道」は日本国語大辞典によれば「徳をもととして国を治めること」であり、一般的に「仁義王道」といった場合、出典である『孟子』の原義に近いこちらの意味になる。ただし、栄一は「社会正義と経済活動の対比」の文脈で語っていて、もう少し幅広い意味で使っていたと考えられる。「王道」にはもう一つ「物事が進んで行くべき正当な道」(日本国語大辞典)といった意味もあり、こちらを主眼にすれば「道徳に基づいた正しい道」といった感じになる。栄一自身この節の後半で「正当な方法」「正しい方法」と言い換えているので、ここではそれも合わせて考えて訳している。
(17)『論語』里仁篇5　富と貴きとはこれ人の欲する所なり。その道を以てせずして之を得れば処らざるなり。貧と賤とはこれ人の悪《にく》む所なり。その道を以てせずして之を得れば去らざるなり。

ひどい間違いだと言わなければならない。孔子が言いたかったことは、「道理をともなった富や地位でないのなら、まだ貧賤でいる方がましだ。しかし、もし正しい道理を踏んで富や地位を手にしたのなら、何の問題もない」という意味なのだ。こう考えると、富や地位を軽蔑し、貧賤を持ち上げたところなど、ますますなくなってくるではないか。この一節を正しく解釈したいなら、「正当な方法によって手に入れたものでないなら」という箇所に注意するのが何より肝心なのだ。

さらにもう一つ例をあげるなら、同じく『論語』にこんな一節がある。

「富が追求に値するほどの値打ちを持っているものなら、御者《ぎょしゃ》のような賤しい仕事についても、それを追求しよう。だが、それほどの値打ちを持たないなら、私は自分の好きな道を進みたい(18)」

これも一般的には、富や地位を軽蔑した言葉のように解釈されている。しかしいま、まともにこれを読み取るなら、この言葉のなかに富や地位を軽蔑したような内容は一つも見当たらない。

「富を求めることができるなら、賤しい御者になってもよい」

というのは、正当な方法や道徳によって富が得られるなら、という意味である。

つまり「正しい道理を踏んで」という一句が、この言葉の裏面にあることに注意しなければならない。そして、後半部分は、

「正当な方法で富が得られないのであれば、いつまでも富に恋々としていることはない。真っ当ではない手段で富を手にするより、むしろ貧賤に甘んじてまっとうな生き方をした方がよい」

との意味なのだ。正当な方法に合わない富は見切った方がよいが、必ずしも好んで貧賤にいた方がよいなどとは言ってないのだ。

いま紹介した、前半と後半部分を簡単にまとめると、

「正当な方法によって得られるならば、御者になってもよいから金儲けをせよ。しかし、まっとうではない手段をとるくらいなら、むしろ貧賤でいなさい」

というのだ。やはりこの言葉の一方の側面には、「正しい方法」ということが潜んでいることを、忘れてはならない。

「孔子は、富を得るためには、賤しい仕事さえ軽蔑しない信条だった」

などと断言すると、おそらく世のなかの儒学者先生は、目を丸くして驚くかもしれない。しかし事実はどこまでも事実である。実際に孔子自ら、それを口にしているのだから致し方ないのだ。もっとも孔子のいう富は、何があっても正しいと認められる富のことだ。正

（18）『論語』述而篇11　富にして求むべくんば執鞭《しつべん》の士と雖も、吾また之を為さん。もし求むべからずんば吾が好む所に従わん。

しくない富や、道に外れた名声であれば、いわゆる、

「私にとっては浮雲のようなもの[19]」

であったのだ。

ところが儒者たちは、この二つの区別をはっきりさせず、富や地位、手柄や名声といえば、善悪の区別なく、すべて悪いものだとしてしまった。これは、早とちりもいいところだったのではないか。正しい道にかなった富や地位、手柄や名声は、孔子もまたみずから進んで手に入れようとしていたのである。

栄一の論語解釈

渋沢栄一の『論語』解釈には、非常にユニークな点があります。彼は39頁で、

「わたしは、『論語』の教訓に従って商売し、経済活動をしていくことができると思い至った」

と述べたように、ビジネスや経済の規範として『論語』の教えを使おうと考えました。

しかし、そこには大きな障害が一つ存在したのです。

『論語』の主人公である孔子が活躍した春秋時代末期は、下克上が蔓延し、国と国との戦乱もエスカレートしていました。孔子は、荒れた中国の現状を目の前にして、

「この戦乱を何とかしたい。自分の理想の政治を実現して、中国に秩序と平和をもたら

したい」

と思い、生涯にわたって尽力したのです。この志の実現のために、自ら政治家になろうとし、また弟子たちを育てて政治的な同志にしていきました。当時の社会には、商売を営んでいた人たちもいましたが、孔子の焦点はあくまで世を救う政治。商売や実業は基本的に眼中になかったのです。この意味で、

「人間であるからには、誰でも富や地位のある生活を手に入れたいと思う。だが、正当な方法によって手に入れたものでないなら、しがみつくべきではない。逆に貧賤な生活は、誰しも嫌うところだ。だが、『正しいやり方をしても貧賤に落ち込んだ』という場合以外は、無理に這い上がろうとしてはならない」

という、この節に出てきた孔子の言葉は、政治家や公職者向けの教えだと考えると、意味がとても明瞭です。政治家や公職者は、高い給料や尊敬が欲しければ、きちんと成果を出して、それなりの地位を得た結果として手にすべきだ。逆に、ろくな仕事もせずに、高い地位や給料を求めてはいけない、と。

こうした観点からいえば、孔子にとって富や地位は必要か、といえば、これは必要なものでした。政治家や公職者といえども生活者であり、お金は必要だからです。

(19)『論語』述而篇15。

では、追い求めるべきものか、といえば、そうではありません。政治家や公職者は税金から給料をもらっている以上、追い求めるべきは公益や国益だからです。彼らに私益をむさぼられては、国民が困ってしまうわけです。富や地位は、あくまで結果として得るもの。

しかし、『論語』を実業に当てはめる場合、この点がネックになります。なぜなら、商売に携わる人間は、自分でお金を稼がないと生活できません。誰も税金から給料を払ってはくれないのです。この意味で、富は当然追い求めるべきもの。

しかし、これでは両者の齟齬《そご》が大きすぎて、『論語』を実業の規範とすることができません。

では、どうするのか。栄一は、孔子の教えを次のように読み替えました。

「孔子でさえ、富は必要だといった。必要であるなら、当然追い求めてよいものだ。ただし、その追い求め方には正しい／正しくないがある」

これは、政治を主柱にすえた孔子の元の意図からすると、かなり大胆な読み替えです。しかし、こうした時代に合わせた読み替えは、歴史的に見れば、当たり前に行われてきたことでもありました。

『論語』をはじめとする古典の教えは、時代状況が違えば、当然そのままでは当てはめにくい部分が多々出てきます。もし古典を有効に活用したいなら、その時代に合わせた無理な読み替えも時に必要でした。本書でしばしば栄一が批判の対象とする朱子学も、そうした大胆な読み替えによって成り立っています。

明治時代は商業道徳が混乱し、地に堕ちた時代でした。そんな中で渋沢栄一は『論語』を商業道徳の基盤とするために、かなり大胆な読み替えによって、商業道徳化を試みていきました。そして、彼のこうした努力が一助となって、商業道徳が少しずつ確立されていった面があったのです。

貧しさを防ぐために最も重要なもの

わたしは昔から、貧しい人々を救う事業は、人道と経済、この両面から処理しなければならないと思っていた。しかし今日、これにくわえて政治という側面からも、行動を起こす必要が出てきたのではないだろうか。

わたしの友人が、先年、貧しい人々を救うヨーロッパでの活動を視察しようと出発した。およそ一年半の日時を費やして帰ってきたのだが、わたしも彼の出発をいくらか手助けした縁があって、帰国後に同志を集めて、その席で報告演説をお願いした。

その人の話すところによると、イギリスはこの事業を完成させるために、約三百年もの苦労を重ねたうえ、最近ささやかながら活動が整備されるようになったという。また、デンマークはイギリス以上に整備が進んでいる一方で、フランス、ドイツ、アメリカなどは、各国独自で貧困問題に力を注いでいるが、どこももう後がない切羽詰まった状況だという。海外の事情を聞けば聞くほど、ずっと昔からわれわれとまったく同じところに力を注いでいるように思われた。

この報告会のとき、わたしも集まった友人たちに対して、こんな意見を述べた。

「人道の面からも、経済の面からも、弱者を救うのは当然のことだが、さらに政治の面からも、その保護を忘れてはならないはずである。ただしそれは、人にタダ飯を食わせて遊ばせていればよい、というものではない。貧しくなってから直接保護していくことはなるべく避けて、むしろ貧しさを防ぐ方策を講じるべきではないだろうか。救済の方法としては、一般庶民の財布に直接かかわってくる税金を軽くすることも、その一つの方法かもしれない。塩を政府が専売して、利益を上げるようなことを止めるなど、典型的な例ではないだろうか」

この集まりは、「中央慈善協会」で開催したものだったが、会員のみなさんもわたしの述べたことに納得してくれた。今でも、その実行方法について、各方面に働きかけつつ一緒に調査を実施している次第だ。

いかに自分が苦心して築いた富だ、といったところで、その富が自分一人のものだと思うのは、大きな間違いなのだ。要するに、人はただ一人では何もできない存在だ。国家社会の助けがあって、初めて自分でも利益が上げられ、安全に生きていくことができる。もし国家社会がなかったなら、誰も満足にこの世のなかで生きていくことなど不可能だろう。これを思えば、富を手にすればするほど、社会から助けてもらっていることになる。だからこそ、この恩恵にお返しをするという意味で、貧しい人を救うための事業に乗り出すのは、むしろ当然の義務であろう。できる限り社会のために手助けしていかなければならないのだ。

「自分が立ちたいと思ったら、まず他人を立たせてやり、自分が手に入れたいと思ったら、まず人に得させてやる[20]」

という『論語』の言葉のように、自分を愛する気持ちが強いなら、その分、社会もまた同じくらい愛していかなければならない。世の富豪は、まずこのような観点に注目すべきなのだ。

この重要な時にあたって、畏れ多くも、明治天皇陛下はそのお心を悩まし、貧窮者を救うための、先例のない下賜金《かしきん》をくだされた。この広く限りない天皇のお考えに対し、富裕者たちは、申し合わせはせずとも、何とかして陛下のご恩の万分の一でも報いなければならないと考えをめぐらすだろう。これこそが私が三十年以上、一日も忘れることができな

（20）『論語』雍也篇30　己立たんと欲して人を立て、己達せんと欲して人を達す。

かった願いであり、いわば願望が今日ようやく達成されたのだ。とても長く心に思い続けてきたことなので、ありがたい天皇のお考えを承《うけたまわ》るにつけ、前途がとても明るくなった感じがして、心に感じる愉快さはほとんど喩えようもないほどだ。

けれども、ここで懸念すべきは、その救済法の内容なのだ。それが適度に行われればよいが、乞食がにわかに大名になったというような方法では、慈善が慈善ではなく、救済が救済ではなくなる。

それからもう一つ注意したいのは、陛下の御心に添い申し上げるために、富裕者が資金を慈善事業に投じるにしても、「でき心の慈悲」「見栄から来た慈善」は決してよろしくないということである。そうした慈善救済事業は、ともすると誠実さを欠くもので、その結果はかえって悪人をつくるようなことになりがちである。いずれにせよ、陛下のお気持ちを思い、このさい富裕者のみなさんは、社会に対する自分の義務をまっとうしてほしい。

これは本当に陛下の考えに添うばかりか、さらには社会の秩序、国家の安泰を保持する上において、どれほど貢献することが多いだろう。

金銭に罪はない

陶淵明《とうえんめい》(21)は、

「若いときは一度きり　一日に朝は二度来ないのだ(22)」

と詩に記したし、朱子は、

「青年はすぐに年をとってしまうが、学問はなかなかはかどらない。わずかな時間も軽んじてはならない(23)」

と戒めた。このように、特に空想にひたったり、誘惑に陥りやすい青年時代は、夢のように過ぎ去ってしまうものである。われわれの青年時代も本当に早く過ぎ去ってしまい、「明日がある」と思っていたうちに、矢のように移り去った。今になって後悔しても仕方のないことである。

青年諸君は、よくよくこの先人の失敗に注意して、われわれの後悔と同じ道を踏まぬようにしてもらいたい。みなさんの努力によって、将来、国家の運命に影響するところが大きいのであるから、今までかなりの覚悟があった人でも、さらにその腹を固めなければならないのである。

覚悟を新たにするについて、注意すべき点は限りないが、特に注意すべきは金銭の問題

(21)　中国、六朝時代の詩人。

(22)　「雑詩其二」陶淵明。盛年重ねて来たらず、一日《いちじつ》再び晨《あした》なり難し。

(23)　出典不明で朱熹の言葉ではおそらくないというのが現在の通説。青年老い易く学なり難し。一寸の光陰軽んずべからず。

である。だんだんと社会の仕組みが複雑となっているが、昔でさえ「安定した稼ぎがないと、安定した心は保てない」と言われたくらいである。活気ある社会の実務を果たそうとするほど、金銭問題に関して十分な覚悟がなくては、予想外の失敗を犯して、過ちに陥ることがないとは限らない。

もちろん金銭は貴いものではあるが、またとても賤しいものでもある。貴いという点から言えば、金銭は労力の代表となるものであり、たいていのモノの値段は、金銭を使ってしか計算できない決まりになっている。思うに金銭というのは、ただ金銀や貨幣、紙幣のたぐいの通貨のみを指すのではなく、一般的に弁償できてしまうような財産なら、金銭を使って表示することができるので、金銭は財産の別名と言えると思うのである。かつて、昭憲皇太后の御歌を拝読した中に、

「もつ人の心によりて宝とも　仇ともなるは黄金なりけり」

とあったように記憶している。まことに適切なるご指摘で、われわれが深く心に刻んでおくべき名歌であると思う。

一方で、昔の中国人の書いたものによると、総じて金銭を卑しむ風潮が盛んであるように思われる。『春秋左氏伝《しゅんじゅうさしでん》』(24)に、

「賤しい人間は、もちつけない財宝を持つから罪を犯すのだ(25)」

とあるし、『孟子』に陽虎《ようこ》(26)の言葉として、

「仁の徳を行えば、財産はできない　財産をつくれば、仁の徳から背いてしまう(27)」

とあるのが、その一例である。陽虎のような手合いは、もちろん敬服すべき人物ではないが、当時にあっては道理に適った言葉として一般から認められていたのである。さらにまた、

「君子が財産をたくさん持っていると、その徳を傷つけ、小人が財産をたくさん持っていると、その過ちを増す(28)」

というような意味の言葉を漢籍の中で読んだこともある。とにかく東洋古来の風潮は、一般に金銭をとても卑しみ、君子は近づいてはならないもの、小人には下手に持つと怖いものとした。これはつまり、際限のない強欲に走りがちな世俗の悪い習慣を矯正しようとして、ついには極端に金銭を卑しむようになってしまったものと思われる。これらの主張

(24) 春秋時代の歴史書『春秋』の注釈書。

(25) 『春秋左氏伝』桓公《かんこう》十年　小人罪なし玉を懐いて罪あり。本書のここでの引用は「小人玉を抱いて罪あり」となっていて「罪なし」が省略されている。

(26) 春秋時代、魯の家臣であり、孔子と同時代人だった。『論語』では、好意的にとりあげられていない。

(27) 『孟子』滕文公章句《とうぶんこうしょうく》上49。ここでの原文は「仁を為せば富まず、富めば仁ならず」。一般的な『孟子』の原文は「富を為せば仁ならず。仁を為せば富まず」。

(28) 注9に同じ。

は、青年のみなさんは、取扱いに深く注意しなければならない。

わたしは普段の経験から、自分の説として、

「論語とソロバンは一致すべきものである」

と言っている。孔子は、道徳の必要性を切実に教え示されているが、その一方で経済についてもかなりの注意を向けていると思う。これは『論語』にも散見されるが、とくに『大学』という古典のなかで「財産を作るための正しい道」が述べられている。

もちろん今の社会で政治をとり行おうとするなら、その実務のための必要経費が必ずかかってくる。また、一般の人々も衣食住が必要である以上、金銭との関わりを生じてくるのは言うまでもないだろう。一方で、国を治めて人々に安心して暮らしてもらうためには、道徳が必要になってくるので、結局、経済と道徳とを調和させなければならないのだ。

だからこそ、わたしは一人の実業家として、経済と道徳の一致に努力すべく、常に「論語とソロバンの調和が大事なのだよ」とわかりやすく説明して、一般の人々が簡単に注意を怠ることがないように導いている。

昔は、東洋ばかりでなく、西洋でもだいたいにおいて金銭を賤しむという風習が極端に行われたようだ。もともと経済に関することは「利益と損失」という観点が先に立つものであるから、ある場合には、譲り合いとか、私利私欲のなさといった美徳を傷つけるようにも見えてしまう。

特に一般の人は、時として過ちに陥りやすいので、強く戒めようとして、このような教えを説く人がいた。その結果、自然と一般に定着していったのだろう。

かつてある新聞に、アリストテレス[29]の言葉として、

「すべての商売は罪悪なのだ」

という意味の一文が引かれていたと記憶する。ずいぶん極端な言い方だと思ったが、よくよく考え直してこう思った。つまり、すべての利益と損失を伴うものに対して、人は欲望に迷ってしまいやすい。すると、真っ当な生き方から外れてしまう場合も出てくる。だから、そうした弊害を戒めるために、このような過激な言葉を使ったのだろう、と。

人情の弱点として、どうしても物質面に目が行きやすいため、精神面を忘れてモノ偏重になる弊害が出てくる。これはやむを得ないことだろう。そして、考え方が幼稚で、道徳をあまり持っていないような者ほど、この弊害に陥りやすいものだ。昔は全体的にみれば、知識もとぼしく道義心にも薄いため、利益や損失に目がくらんで罪を犯すものが多かったと思われる。だから、ことさら金銭を軽蔑する風潮が高まったのであろう。

この点で、今日の社会の状況は、昔よりは知恵や知識もかなり進んで、思想や感情の面

(29) 前三八四〜前三二二　ギリシア古典哲学を完成させた大哲学者。若きアレキサンダー大王の家庭教師をつとめたこともある。『政治学』に「商人術」に対する批判がある。

で洗練された人も多くなった。さらに言い換えれば、一般の人格が高まってきているので、金銭に対する考え方もかなり進んできた。立派な手段で収入を得るようにし、善良な方法でそれを使う人も多くなってきたので、金銭に対しては公平な見解を抱くようにもなっている。

しかし、前にも述べたように、人情の弱点として、利益が欲しいという思いから、どうかすると富を先にして道義を後にする、という弊害が生まれてしまう。それが行き過ぎると、金銭を万能なものとして考えてしまい、大切な精神面の問題を忘れ、物質面の奴隷になってしまいやすいのだ。こうなると、もちろん責任はその人にあるにせよ、金銭の悪い面を警戒して、その価値を低く見るようになって、再びアリストテレスの言葉を繰り返す羽目に陥るのだ。

そうはいっても、幸いにして世間一般の進歩とともに金銭に対する取り扱い方もまともになって、利殖とも道徳とも離れまいとする傾向が高まっている。特に欧米では、

「まっとうな富は、正しい活動によって手に入れるべきものである」

という考え方が、着々と実行されてきている。わが国の若いみなさんも、深くこの点に注意して、金銭面の問題に陥ることなく、道義と一緒にする形で金銭の本当の価値を活用していくようますます努力してほしい、と望むのである。

金の力を悪用した実例

だいたいにおいて「御用《ごよう》商人」といえば、世間では何か罪悪に手を染めているかのように、悪感情をもって受け止められている。「あれは御用商人である」というその言葉には、イヤな響きがある。私どもも「御用商人」と指をさして呼ばれたなら、とても居心地が悪い。つまり、「御用商人」といえば、金の力を使って権勢にこびる者であり、そして清廉実直なことだけをしていられない性質の職業だというように、一般の人に見なされている。しかし、それはとても心外なことである。

海外における同じ「御用商人」も、日本の「御用商人」も、私どもの見るところでは、みなかなりの実力ある人であって、よく道理をわきまえている。面目を重んじて信用を大切にする。このように自ら省みるタイプの人であれば、必ず「正しい／正しくない」「善い／悪い」の判断に迷わないわけであるから、少々、官僚からいかがわしい申し出があったからといって、おいそれと承諾は与えないと思われる。

あるいは、手続き上わずらわしいことがあるので、正当な売買以外に、ごく軽微な何らかのことはあるかもしれない。しかし、先日発覚した海軍収賄《しゅうわい》事件(30)のような大仕掛けな悪事は、かりにも双方の悪い考え方が一致しなければできないはずだ。万一、一方が賄賂を送っても、一方がこれを「受け取らない」といえば、それ以上やりようがない。また役人に不心得な者がいて、婉曲《えんきょく》に、あるいは露骨に賄賂を促したとしても、「御用商人」である実業家が自分の良心に省みて、自分の面目や信用を大切に思うなら、そんな要請には絶対に応じないはずである。やむを得ずその取引を断ってでも、そんな悪事が実現しないようにできるはずである。わたしどもは、そうあるべきものと固く信じている。

ところが海軍収賄事件で実際にあったことを照らし合わせると、軍艦であるとか、軍需品であるとか、その納入について贈賄《ぞうわい》が行われたというのである。またシーメンス社だけにそのようなことがあったわけではない。主な物品の買い上げには、贈賄行為がほとんど伴っていた。海軍のみならず、陸軍でもまた、同じことが多く行われているということである。

はなはだしいのになると、その買い上げられた品物が、そのつけられた価格に比べて品質が非常に劣っていて、どこかに欠陥がある脆弱《ぜいじゃく》なものである、という疑惑まで被っているのは一体何事なのだろう。実に嘆かわしい次第ではないか。『大学』に、

「一人が欲深くて人の道から外れれば、一国が乱れる(31)」

という言葉がある。これは何も貪欲とか収賄とかいうことを意味しているのではない。しかし、収賄に対して貪欲な人が抱く些細な私欲から、ひいては天下を揺り動かすような大事に立ち至るということは、実におそろしいことだと言わなければならない。

以前、わたしはこのような不正な贈賄をする実業家は、海外にはいるかもしれないが、

わが日本には、いるはずがないと思っていた。しかし、海外のそれと見まがう者が、わが実業界のなかにもいるというのは、とても残念だ。そのためかどうか、ついに三井の人までも、その嫌疑のもとに検挙されたのは本当に心が痛い。

結局、このような事件が起こるのも、社会正義のための道徳と経済活動とを別々に考えて取り扱うからであろうと思われる。

「経済活動は、正しい道にのっとって経営すべきものである」

との考え方が、われわれお互い実業者の間でもし信条になっていたならば、外国の人はともかく、日本の実業家のなかに、そのような不正を働く者がいないことを誇れたであろう。万一、相手の人が貪欲な心にかられて、

「内々でこれこれのことをした、おれのそうした労力に酬《むく》いろ」

というような顔色を見せたり、はなはだしくなると露骨に口に出してそのような申し出をするような場合でも、

「それは正義に背く行為だから、わたしにはできない」

(30) 大正三（一九一四）年に明らかになった軍艦等の購入に関わる贈収賄事件。ドイツのシーメンス社、イギリスのヴィッカース社、三井物産などがかかわり、ときの山本権兵衛《ごんべえ》内閣が総辞職に追い込まれた。

(31) 『大学』伝九章　一人貪戻《たんれい》なれば、一国乱を作《な》す。

と言って、きっぱり断るくらいの覚悟をもって商売をしたならば、そんな誘導は絶対に起こるものではない。

ここにおいてわたしは、ますます実業家の、人としての品格を高めることの必要を痛切に感じるのである。

「実業界に不正の行為が跡を絶たないようでは、国家の安全を期待することができない」というくらい、深くわたしは憂えている。

義利合一(32)の信念を確立せよ

社会のさまざまな事において、利益あるところに、必ず何らかの弊害がともなうのは免れようのないことだ。わが国に西洋文明を輸入して、大いにわが文化に貢献した一面についても、やはりその弊害を免れることができない。

つまり、世界から仕組みや物事を取り入れて、わが国がその恩恵に浴し、その幸福に均《ひと》しく与ったと同時に、新しい害毒が世界から流入したことは争うことのできない事実だ。かの幸徳秋水(33)たちが抱いていた危険思想などは、明らかにその一つであると言い得るのである。

古来、わが国にはあれほど道に外れた思想はいまだかつてなかった。しかし、今日そういう思想が生まれるに至った理由は、わが国が世界に通用する形で新たな国の基礎を築いた結果であり、またやむを得ないことではある。しかし、わが国にとってそれは最も恐るべき、最も忌むべき病毒である。したがって、われわれ国民たる者の責任と義務として、どうにかしてこの病毒の根本的な治療策を講じなければならない。

思うに、この病毒の根本的な治療法には、おそらく二種類の手段がある。

一つは、直接その病気の性質や原因を研究し、これに適切な薬を投ずること。もう一つは、できるだけ身体のいろいろな器官を強く丈夫にして、たとえ病毒が入ってきたとしても、たちどころに殺菌できるだけの基盤を養成しておくことである。

では、われわれの立ち位置から、この二つのいずれにつくべきかといえば、もともと実業に携わる人間であるから、この悪い思想の病原や病理を研究して、その治療方法を講ずることは職分ではない。むしろ、われわれの執るべき努めは、国民の普段からの健康増進の方にあると思う。国民全員が、強健な身体の器官を養い、どんな病毒に遭っても決して侵されないように健康増進をなし遂げなければならない。

---

(32)　原文「義理合一」。これは明らかに原文の誤植。本文中にも同様の誤植あり。

(33)　一八七一〜一九一一　無政府主義者、社会活動家。明治天皇の暗殺を計画したとされる大逆事件に連座して処刑された。ただし、彼がどこまで関わったかは諸説ある。

だから、このための治療法、すなわち危険思想の防止策について、わたしが信ずるところを披露して、一般の人々、特に実業家のみなさんの考慮を促したいと思う。

わたしの普段からの持論として、しばしばお話しすることであるが、もともと人々を豊かにすることと、社会正義のための道徳の結びつきがとても不十分であったために、『孟子』の言う、

「仁を実践すると豊かになれず、豊かになれば仁ではない[34]」

つまり、利益を選べば仁に遠ざかり、義をよりどころにすれば利益を失うというように、仁と富とをまったく別物に解釈してしまったのは、とても具合の悪いことだった。この極端な解釈の結果、「人々を豊かにする側に身を投じた者は、社会正義のための道徳を顧みる責任はない」というところまで行ってしまった。わたしはこの点について、長年とても嘆き悲しんできたが、要するにこれは後世の学者のやってしまった罪で、すでにしばしば述べたように、孔子や孟子の教えが「義利合一」であることは、四書を一読した人間がすぐに発見することなのだ。

後の世になって、学者が孔子や孟子の意図を誤って伝えた一例をあげるなら、宋代の大学者である朱子が、『孟子』に序文をつけて、

「計略や算術を用いるのは、たとえ立派な功績を立てたとしても、ただ人欲による私事であって、聖人や賢人の振るまいとは、大きく隔たってしまう[35]」

と説いて、経済活動を貶《けな》している。この言葉を押し進めて考えてみれば、かのアリストテレスの、

「すべての商売は罪悪だ」

という言葉に一致する。これを別の意味からいえば、社会正義のための道徳とは、仙人のような人が行うべきことで、人々を豊かにする活動に身を投ずる者は、社会正義のための道徳を無視しても構わないという考えに行き着くのである。こんなものは、決して孔子や孟子の教えの主眼ではなく、宋代の程伊川《ていいせん》や程明道《ていめいどう》、朱熹などの学者によって捏造された、間違った説なのだ。ところがわが国では、元和、寛永（江戸時代の初期）の頃よりこの学説が盛んになり、学問と言えばこの学説より他はないというまでに至った。

では、この学説は今日の社会にまで、いかなる弊害をもたらしているのであろうか。

孔子や孟子の教えを誤って伝えた結果は、人々を豊かにする活動に従事する実業家の精神を、ほとんどすべて利己主義にしてしまった。その念頭には社会正義のための道徳などなく、はなはだしい例では、「法の網をかいくぐれるだけかいくぐっても、金儲けをした

（34）『孟子』滕文公章句上49　仁を為せば富まず、富めば仁ならず。本書の原文では「仁を為せば則ち富まず、富めば則ち仁ならず」だが、一般的な原典に「則ち」はない。
（35）『孟子集註』孟子序説、朱熹。

っている。

い」の一点張りにさせてしまった。したがって、今日の実業家と呼ばれる人の多くは、自分さえ儲けられれば、他人や社会などどうあろうと構わないという考えで、もし社会や法律による制裁がまったくなかったら、彼らは強奪すらしかねないという情けない状態に陥っている。

もし長くこの状態を続けていくとすれば、将来、貧富の格差はますます激しくなり、社会はいよいよ嘆かわしい結果に足を踏み入れると予想しなければならない。これは、孔子や孟子の教えを誤って伝えてきた学者が数百年もの間、のさばってきた害毒の結果なのだ。

とにかく世の中が進歩するにつれて、実業界においても生存競争がますます激しくなるのは自然の結果といってよいだろう。ところがこんな状況にさいして、もし実業家がわれ先にと私利私欲をはかるのに汲々としてしまい、世間はどうなろうと自分さえ利益が上がれば構わないなどと言っていたら、どうだろう。社会はますます不健全となり、嫌悪すべき危険思想も徐々に蔓延するようになるに違いない。

もしそうであるならば、危険思想を生み出す罪は、ほかでもなく実業家がその肩に担わなければならなくなる。ゆえに一般社会のためにこの問題を正そうとするならば、このさいわれわれの職業の努めとして、極力、社会正義のための道徳によって人々を豊かにする活動を進めていくという方針をとり、「義利合一」の信念を確立するよう努力しなければならない。豊かになりながら、社会正義のための道徳を実践できた例はたくさんある。

「義利合一」に対しての疑念は、今日ただちに根本から一掃しなければならない。

富豪と、人として守るべき道徳上の義務

老人の冷や水というのか、または老婆心《ろうばしん》というべきなのか、わたしはこの歳になっても国家社会のために朝夕駆け回っている。自宅にも、みなさんが色々なことを言いに見えるが、それが必ずしもよいことばかりではない。いやそれどころか、「寄付をしろ」「資本を貸せ」「学費を貸与してくれ」とずいぶん理不尽なことを言ってくる人もあるが、わたしはそれらの人々にことごとく会っている。

世の中は広いから、数多くの賢者もいれば偉い人もいる。それを、うるさくて善くない人が来るからといって、良いも悪いもごた混ぜにしてすべて断り、門を閉じてしまうようでは、単に賢者に対して失礼であるだけでなく、社会に対する義務を完全に遂行することができない。だからわたしは、どなたに対しても城壁を設けず、充分に誠意と礼儀、謙譲を尽くしてお目にかかる。それでももし、無理な注文が出れば断るし、わたしでできることであれば、やってあげるようにする。

昔の中国の言葉に、

「周公《しゅうこう》は三度口に含んだモノを吐き出し、沛公《はいこう》（漢王朝の創始者・劉邦《りゅうほう》）は三度髪を整える」

というのがある。つまり、周公という大政治家は、ご飯を食べている時に訪問客があると、食べかけたご飯を吐き出して、客を迎えて用件を聞く。客が帰るとまたご飯にかかるが、そこへ来客があるとまたご飯を吐き出して面会する。このようにして、一回の食事中に三度もご飯を吐き出して、来客に対応するというほど、来客を優先して扱った。

また、沛公は、漢王朝八百年（実際は前漢と後漢あわせて約四百年）の基盤をひらいた最初の皇帝であるが、この人も周公に私淑《ししゅく》していて、よく広く賢者を待つという信条だった。朝、髪を整えている時に来客があると、髪を整えかけたまま引見した。「三度髪を整える」というのは、結いかけた髪を三度途中で止めてまで、訪問客に対応したということで、非常に客を歓迎したという意味をあらわしている。

わたしは必ずしも周公や沛公の賢さに比べようというわけではないが、広く賢者を期待して待つという意味で、どなたにでもお目にかかることにしている。ところが世間では往々にして、客に会うのを億劫《おっくう》がる人が多い。いやそれどころか、富豪だとか名士だとか言われる階級の人には、特に来客を面倒くさがる風潮が強いようだ。しかし、「うるさい」とか「億劫だ」とか言って引っ込んでいては、国家社会に対して、道徳と正義に根ざす義務をまっとうすることはできないと思う。

わたしは先日、某富豪の子息で、大学を卒業したばかりの人物と面会した。

「これから社会に出るにあたって、いろいろ用心すべきことをうけたまわりたい」

ということであった。わたしはその時、

「こんな話をしては、あなたのお父さんに、『渋沢はよけいなことを言う』と陰で恨まれるかもしれませんが」

と前置きをして、次のように話をした。

「今どきの富豪は、引っ込み思案になりがちで、社会のことに対して本当に冷淡で、困ってしまう。富豪といえども、自分一人で儲けられたわけではない。いわば、社会から儲けさせてもらったようなものである。

たとえば土地をたくさん持っていると、『空き地が多くて困る』とか言っているが、その土地を借りて地代を納めるのは社会の人である。社会の人が働いて金儲けをし、事業が盛んになれば空き地もふさがり、地代もだんだん高くなるから、地主も儲かっているわけだ。

だから、自分がこのような金持ちになれたのも、一つは社会からの恩にあることを自覚し、社会の救済や公共事業といったものに対し、常に率先して尽くすべきなのだ。そうすれば、社会はますます健全になる。それと同時に、自分の資産運用もますます堅実になるというわけだ。

もし富豪が社会を無視し、社会を離れて財産を維持できるかのように考え、公共事業や社会事業を捨てて顧みなかったならば、ここに富豪と社会の人々との衝突が起こる。富豪に対する怨みの声は、やがて社会主義となり、「ストライキ」となり、結局、大きな不利益を招いてしまうとも限らない。だから、財産をつくるという一面には、常に社会からの恩義があることを思い、道徳上の義務として社会に尽くすことを忘れてはならない。

こんなことを言っては、富豪から憎まれるかもしれないが、実際にわたしどもでさえ今述べたような理由から、できるだけ社会のために尽しているのに、なぜだろうか世間の金持ちは引っ込み思案で困ってしまう。この間も、ある富豪に、

「あなたがたが、もう少し社会に口を出してくださらなくては困る」

と言うと、

「どうも面倒くさくて」

と言っておられた。しかし、単に煩《わずら》わしいからと言って引っ込んでいられては、わたしどもばかり躍起になっても、本当にうまくゆかないので、困ってしまう。

現にわたしどもが先陣を切って、明治神宮外苑の建設を企画しているが、これは代々木か青山あたりに、明治神宮の外苑として広大な公園のようなものを作り、帝国中興の英主である明治天皇のご遺徳を、長く後世に伝えるべく、記念図書館、もしくは各種教育のための娯楽機関をつくりたいというのが趣意だ。約四百万円の費用を要する見込みである。

このような計画は、社会教育の上からとても適切な事業だと信じるのだが、しかしこれだけの費用を集めるのは容易ではない。こういう場合には、三菱財閥の当主である岩崎さ

んや三井財閥の三井さんにぜひとも奮発してもらわなければならないが、それと同時に世間一般の富豪たちも、社会に対する道徳上の義務として、常に公共事業に尽くされることを望むのである。

解説

歴史に学んだ栄一

渋沢栄一は若い頃、従兄の尾高淳忠から学問を学び、さまざまな古典に触れていきました。その中でも好んでいたのが、歴史書や歴史小説でした。

『雨夜譚』という自叙伝のなかで彼は、『左伝』『史記』『漢書』『十八史略』『元明史略』『国史略』『日本史』『日本外史』『日本政記』『通俗三国志』などの歴史関係の書物を読んでいたと述べています。

本書で、栄一はさまざまな日本史の出来事に触れていますが、その知識は——現代の学問的な常識とは合わない点があったりもしますが——基本的にこうした本から得た知識が土台になっています。

さらに、彼が本書で取り上げる歴史的な事例には、ひとつ共通点があります。それは、王朝や幕府などの創業にかかわった人の話が非常に多いこと。この節に出てくる、周王朝の文化制度を作った周公旦（本文での表記は周公）、漢王朝をつくった劉邦をはじめ、徳川家康、豊臣秀吉、宋王朝の趙普[36]など、みなそうです。

栄一は、二十九歳のときに大隈重信から、「ぜひ明治政府で働くように」と、こんな口説き文句を受けたことがあります。

「いまの日本は幕府を倒して王政に復古したのである。しかし、それだけではわれらの任務はいまだ完了したとは言えない。さらに進んで新しい日本を建設するのがわれわれの任務である。

だから、いまの新政府の計画に参与しているものは、すなわち八百万《やおよろず》の神たちである。その神たちが寄り集まって、これからどういう具合にして新しい日本を建設しようかと相談の最中なのである。何から手を着けてよいかわからないのは、君ばかりではない、みなわからないのである。これから相談するのである。いまのところは広く民間に賢才を求めて、これを登用するのが何よりの急務である。君もその賢才の一人として登用されたのだ。すなわち八百万の神たちの一柱である。

きみが慶喜公の深いご恩を思って、公のために尽くしたいと言うのは無理もない話であるが、何も傍らにいなくても、尽くそうと思えば十分尽くすことができる。なるほど商法会所の経営もよいだろう、しかしその仕事は、わずかに静岡藩の一部に限られている仕事である。

ところが、われわれがこれからやろうという仕事は、そんな小さなものではない。日本という一国を料理する極めて大きな仕事である。どうか君もせっかく八百万の神たちの一柱として迎えられたのだから、この大きな仕事のためにぜひ骨を折ってもらいたい[37]」

明治新政府の創業の一員として働いてほしい、という説得を受けたのです。そして明治政府に出仕し、まさしく草創期だった政府内部で、近代化に必要な施策を数々提言し、実施していきました。さらに大蔵省を辞めた後も、多くの会社や社会事業の立ち上げにかかわったのはご存じの通りです。

この意味で、彼に何より必要だったのは、草創期の知恵でした。だからこそ彼は歴史、特に創業期の偉人たちから、必要な知恵を学んでいきました。この節に描かれた「自分に会いたいという人とは誰でも会う」という周公旦や劉邦に学んだ行動指針は、そのよい例なのです。

(36)　第一章注35。
(37)　『渋沢栄一伝記資料』第二巻、「実業之世界」第七巻・第五号「余が七十年の生涯を通じて忘れ難き先輩の一言」引用者訳。

よく集めて、よく使おう

お金は、現実に世界で通用する貨幣の通称だ。そしてそれは、いろいろな物品の代表者でもある。

貨幣がなぜ特に便利なのか、というと、どんなモノも代替できるからである。大昔は物々交換をしていたが、今は貨幣さえあれば、どんなものでも心のままに買うことができる。この「代わりに表せる」という価値を持っているところが貴重なのだ。だから、貨幣の第一の条件としては、貨幣そのものの価値と、物品の値段とが等しくなければならない。もし名目だけ一緒にしても、貨幣の方の価値が減ってしまうと、物価が上がってしまう。

また、貨幣は分けるのにも便利である。ここに一円の湯呑みがある。これを二人で分けようと思っても、それはできない。壊して半分にして、五十銭分にするわけにはいかない。しかし貨幣ならそれができる。一円の十分の一が欲しいと思えば、十銭硬貨がある。

さらに貨幣は、モノの価格を決めることができる。もし貨幣というものがなければ、この茶碗と煙草盆《たばこぼん》（喫煙道具一式を載せるための容器）との、価値の優劣をはっきり決めることができない。ところが茶碗は一個十銭、煙草盆は一円というのであれば、茶碗は煙草盆の十分の一に当たることがわかる。貨幣あってこそ、両者の価格も決まってくるのである。

一般的に、お金は大切にしなければならない。これは若い人たちだけに望むのではない。

老人も中高年も、男も女も、すべての人が大切にすべきなのだ。前にも言ったように、貨幣はモノを代表することができるのだから、モノと同じく大切にすべきなのだ。

昔、中国の偉大な王様だった禹《う》は、些細なものでも粗末にしなかった。また、宋の時代の朱子という思想家は、

「一杯のご飯でも、これを作るのにいかに苦労を重ねてきたのか知らなければならない。紙切れや糸くずでも、簡単にできたわけではないことを理解せよ」

と述べている。ほんの糸くずや紙切れ、ひと粒の米さえ、決して粗末にしてはならないのだ。この点について、一つ面白い話がある。

イングランド銀行に有名なギルバート(38)という人物がいる。彼は青年時代に、就職試験を受けようと初めて銀行に出向いた。帰るときになって、部屋のなかに一本のピンが落ちているのを見つけた。ギルバートは、すぐにこれを拾って自分の襟《えり》にさした。これを見た銀行の試験官が、ギルバートを呼び止めて、

「今あなたは何か拾ったようですが、あれは何ですか」

と尋ねた。するとギルバートはおどおどする様子もなく、

(38)　おそらくジェームズ・ウィリアム・ギルバート James William Gilbart。そうであれば London and Westminster Bank の頭取。

「一本の『ピン』が落ちていたのです。拾えば使い道もありますが、このままにしておけば危険なものなので、拾い上げました」

と答えた。この答えに試験官は大いに感心して、さらにいろいろ質問をしてみると、とても考えの深い有望な青年であることがわかった。彼はついに採用され、あとあと大銀行家になったのである。

また、お金は社会における自分の力をあらわすための大切な道具でもあるから、お金を大切にするのはもちろん正しいことなのだ。さらに、必要な場合にうまく使っていくのも、それに劣らずよいことなのだ。よく集めて、よく使い、社会を活発にして、経済界の成長をうながすことは、心ある人はぜひとも心がけるべきことで、財産の扱いが本当にうまい人なら、よく集める一方で、よく使っていくべきなのだ。よく使うとは、正しく支出することであって、よい事柄に使っていくことを意味する。よい医者が大手術で使い、患者の一命を救った「メス」も、狂人に持たせてしまえば、人を傷つける道具になる。また老母への孝行に必要な水アメも、盗人たちに与えれば、戸を開閉する部分につけて音を消すための泥棒道具となる。これと同じで、われわれはお金を大切にして、よい事柄に使っていくことを忘れてはならない。

お金とは大切にすべきものであり、同時に軽蔑すべきものでもある。ではどうすれば大切にすべきものとなるのか。それを決めるのはすべて所有者の人格によるのである。ところが世間には、大切にするという意味を間違って解釈し、ひたすらケチに徹してしまう人がいる。これは本当に注意すべきことだ。

お金に対して戒めるべきは、ムダ使いであると同時に、ケチになることだ。よく集めることを知って、よく使うことを知らないと、最後には守銭奴《しゅせんど》になってしまう。いまの若い人たちは、金使いの荒い人間にならないよう努力するのと同時に、守銭奴にならないよう注意すべきなのである。

第五章　理想と迷信

道理のある希望を持て

戦争して負けてしまうのは困るが、国力を挙げてただ戦争にのみ奔《はし》るというのでは、道徳に基づいた王道の政治にはふさわしくない。主にヨーロッパで大戦（第一次世界大戦）が続いている今日の時流に対しては、われわれ日本人はそこまで心配をしなくてもよいだろう。そんな状況のなかで、

「これから先の商工業はどのように振る舞ったらよいだろうか」

「平和が回復したらその後の実業界がどうなるか」

といったことについては、予想外の変化が起きて、中には悪いと思ったことが善くなり、善いと思うことが悪くなってしまったりする。だから、今から臆断することはできない。

しかし一方で、人は未来に向かってぜひとも理想を持つべきなので、たとえ読みがはず

れても、一定の信条に従って行動することがなければならない。つまり、よくよく心を働かせて細かいところまで考えて事に当たれば、必ず間違いは少ないものである。

戦争のような異常なできごとの勃発《ぼっぱつ》には、以前に想像していたのとは違うようなことも起こる。そもそも社会に対処していくには、強い興味と理想に基づいて、物事の正しい筋道から計算して進んで行くことが必要であると思う。

ただし、そうした間にも、いわゆる商業における道徳上の義務は必ず掲げ続けるようにしなければならない。最も重要なのは「信」なのだ。この「信」の一字を守ることができなかったならば、われわれ実業界の基盤がしっかりしているとは言えないのである。

言葉を換えれば、時代が平和になった暁《あかつき》には、われわれ実業に従事する者の責任が特に重くなるのであろうと思う。いや、単に責任が重いだけではなく、みなさんが経営されている事業についても、「これがどうなっていくのか」といったことを予想し、その予想から事業のあるべき方針を定め、それに基づいて活動していくようにありたいと考える。

「道理ある希望を持って活発に働く国民」

という評価は、おおざっぱな言葉だが、先頃あるアメリカ人がわが同胞《どうほう》を評して、

「日本人の全体を観察すると、各人希望をもって活発に努力する国民である」

と言われて、わたしは大いに喜んだ。わたしもこのように老衰してはいるが、今後ますます国家の進歩や向上を希望としている。また、多くの人々の幸福を増すことを希望とし

ている。実業家諸君もまた同様であろうと思う。世の変化のあるなしにかかわらず、かりにも実業界に従事する者であれば、「こうありたい」「将来はこうしたい」という希望は誰しも持っているに違いない。

ましてこのような大戦にさいしては、将来どう変化するだろうという予想は、最も熟慮を必要とすることだし、みなさんが経営されている事業に応じて、チャンスをものにしていくことが必要だろうと思う。ただし、こうした対処については、ぜひ一つ守らなければならないことがある。それが前にも述べた商業道徳だ。縮めれば「信」の一字である。これが同じ実業者たちの間で健全に行われていったならば、私は日本の実業界の富はさらに増大して、同時に、人の品格も大いに向上するであろうと思う。

また、単にいまの時代状況にのみ期待するわけではないが、このような時期は特別に変化が多いと予想される。そうであるなら、お互いが担っている事業領域から考えを巡らすことで、チャンスをものにすることができると思うのである。

熱い真心が必要だ

どんな仕事でも、近頃の流行語でいえば、「趣味」を持たなければならないという。わたしは学者ではないので、この「趣味」という言葉の定義について、詳しい解釈を述べることができない。しかし、人が何か自分の務めを果たすというときには、この「趣味」を持ってほしいと強く思うのである。

「趣味」という字の意味は、「理想」とも「欲望」とも受け取れる。また「好んだり楽しんだりする」という意味にも受け取れる。こうした「趣味」という字の意味を、まとめて解釈すれば、こうなるだろう。

仕事をするさい、単に自分の役割分担を決まり切った形でこなすだけなら、それは俗にいう「おきまり通り」。ただ命令に従って処理するだけに過ぎない。しかし、ここで「趣味」を持って取り組んでいったとしよう。そうすれば、自分からやる気を持って、

「この仕事は、こうしたい、ああしたい」

「こうやってみたい」

「こうなったら、これをこうすれば、こうなるだろう」

というように、理想や思いを付け加えて実行していくに違いない。それが、初めて「趣味」を持ったということなのだ。わたしは「趣味」の意味はその辺にあるのではないかと理解している。

趣味の完全な定義はおいても、ぜひ人はその務めを果たすうえで、いつもこの「趣味」を持ってほしいと思う。さらに一歩進んで、人として生まれたからには、人としての「趣味」を持ってほしいとも思うのだ。

社会のなかで一人前の「趣味」を持って、その「趣味」のレベルが上がっていけば、それに見合った成果が世間にもたらされるようになるだろう。そこまでいかずとも、「趣味」のある行動であれば、必ずその仕事には心がこもるに違いない。もしお決まり通りに仕事をするだけなら、生命など宿らず、型どおりのものにしかならないのだ。

ある書物の健康法のなかに、こんなことが書いてあった。

「もし年老いてまだ寿命に恵まれていたとしても、ただ食べて、寝て、その日を送るだけの人生では、そこには生命などなく、肉の塊があるだけだ。一方で年老いて、体が満足に動かなくなっても、心だけは世の中の役に立とうとするなら、それは生命ある存在になる」

人間というものは、生命ある存在でありたいと思うし、肉の塊ではいたくない。わたしのような年齢を重ねたものにとって、これはいつも心がけなければならない事柄だ。

「あの人は、まだ生きているのだろうか」

と言われるようでは、肉の塊になっていると考えて間違いないのだ。もしそんな人ばかりになってしまえば、この日本は、活き活きしなくなってしまうと思っている。今日でも、世間に名高い人で、「まだ生きていたのか」と思われる人がたくさんいる。これでは肉の塊でしかない。

これは事業に取り組む場合もまったく同じことだ。単に務めるだけではなく、そのことに対して「趣味」を持たなければならない。もし「趣味」がなければ、心もなくなり、ちょうど木彫りの人形と同じになってしまう。

たとえどんなことでも、自分のやるべきことに深い「趣味」を持って努力すれば、すべてが自分の思うとおりにならなくても、心から湧き出る理想や思いの一部分くらいは叶うものだと思う。孔子の言葉にも、

「理解することは、愛好することの深さに及ばない。愛好することは、楽しむ境地の深さに及ばない(1)」

とある。これは「趣味」の極致といってよいだろう。自分の務めに対しては、この熱い真心がなくてはならないのだ。

解説

「趣味」とは

日露戦争が終わった後、日本では「趣味」という言葉が人々のあいだで流行しました。
この言葉の意味は、もともと、
「物事のもっているおもしろみ。味わい。おもむき」（『日本国語大辞典』以下同）
といったものでした。具体的にいえば、「この街並み、趣《おもむき》がある佇《たたず》まいだなあ」とい

（1）『論語』雍也篇20　之を知る者は之を好む者に如かず、之を好む者は之を楽しむ者に如かず。

ったときの「趣」とほぼ同じ意味。ある対象に、こちらがわくわくし、心を動かされ、自分の美意識を満足させられる何かを感じる、といったニュアンスです。

明治三十年代後半になって、そこに「taste（テイスト）」の訳語としての、次のような意味が加わります。

「物事の味わいやおもしろみを感じ取る能力。また、それによる好み。感覚。センス」

こちらがフォーカスされるのは、対象の側ではなく、自分自身の側。つまり、わくわくや感動、美しさを感じる能力や、感度の高さを持っているという感じです。「あの人、趣味がいいね」というニュアンスが、「あの人、センスいいね」「美意識高いね」になるのと同じことです。

また同じころ、

「職業や専門としてでなく、楽しみとして愛好するもの」

つまり「hobby（ホビー）」の訳語としての「趣味」の意味も生まれてきます。いまわれわれが聞いて真っ先に想起するのはこれでしょう。

日露戦争終結の翌年には、まさしく『趣味』という雑誌が創刊されましたが、その意図は、

「日露戦争に勝って、日本は一等国になったのだから、それにふさわしい趣味ある（センスの高い）生活を個人も楽しみましょう」

といったニュアンスでした。

渋沢栄一は、こうした「趣味」ブームを踏まえつつ、仕事に対する「趣味」――彼の挙げる意味は、理想や目的、何かを好んだり楽しむこと――を持つことの重要性を説いています。この文章で彼自身は、「趣味」をはっきり定義づけていませんが、孔子の有名な言葉である、

「何かを知っているというのは、それを好きだという境地に及ばない。しかしそれも、楽しんでいる境地の深さにはかなわない。（これを知る者はこれを好む者に如かず。これを好む者はこれを楽しむ者に如かず）」

を引き合いに出していることから、仕事に面白さや楽しさを見出すことに、彼は「趣味」の主眼を置いているのでしょう。

道徳は進化すべきか

道徳というのは、他の自然科学や物理学、化学といったもののように、少しずつ進化していくものなのだろうか。言葉を換えれば、道徳は文明の進化にしたがって、みずからも進化できるのだろうか。

ちょっとわかりにくい話かもしれないが、こう考えてみてほしい。自分の道徳を強固に

したいと思った場合、前にも触れたように、宗教上の信念を持つという昔ながら方法がある。これを活用していくのがよいのだろうか。それとも、
「論理の力によって、道徳心や公共心が維持できるようになる」
という解釈上の進化などがやがて訪れて、自分の力になってくれると期待してもよいのだろうか。そもそも道徳という文字は、中国古代における伝説の聖王・堯《ぎょう》や舜《しゅん》の治世の「王者の道」という意味が語源になっている。それくらい道徳の起源は古いものなのだ。

「進化」という事象は、必ずしも生物のみのことではない。もしもダーウィン(2)の進化論に従って「古いものは自然に進化するべきだ」というのなら、科学の発明や、生物の進化にともなって、古いものはなべて、だんだんに変わって行くことになってしかるべきではないだろうか。

もちろんダーウィンの進化論は、多くの生物について説明したものだ。しかし、研究を重ねていったなら、生物だけでなく、起源の古い道徳などのようなものも、だんだん移り変わっていくものではないか。変わるというよりも、むしろ進歩していく状態があるのではないか。

いつ頃の教えかは知らないが、中国では「二十四孝《にじゅうしこう》」(3)という二十四種類の親孝行の例があげられている。そのなかに、こんな笑える話があるのだ。

郭巨《かくきょ》という人が、貧しいために親を養うための財産がなく、しかたなく自分の子供を生

き埋めにして養う人数を減らそうとした。そこで土を掘ったら、釜が出てきた。その釜のなかには、たくさんの黄金があった。そこでわが子を生き埋めにしないで親を養うことができた。これこそ親孝行の徳であるというのだ。

もし今の世の中で、

「親孝行のためにわが子を生き埋めにする」

と言ったら、

「馬鹿なことをする」

「困ったものだ」

と人から言われるに違いない。つまり、親孝行一つとってみても、世の進歩につれて、人が何を誉め、何を貶《けな》すかの基準は変わっていると言ってもよいと思う。

さらにもう一つ例をあげてみよう。王祥《おうしょう》という人が親を養うために、鯉を捕まえようとして、冬で凍りついた池のうえに裸になって寝ていた。すると、鯉が氷の穴から飛び出してきたというのだ。これは作り話かもしれないが、もし事実としたならば困った話だ。い

（2）一八〇九～一八八二　「自然淘汰」や「適者生存」という考え方をもとに進化論を唱えた生物学者。

（3）元代の郭居敬《かくきょけい》の原作といわれる、二十四人の孝子を取り上げた教訓書。江戸時代は寺子屋などでも教えられ、落語のネタにもなっている。

かに親孝行のためとはいえ、その真心が天の神様に届く前に、もし本人が凍死してしまったら、かえって親孝行の道に反してしまうではないか。

思うに、この「二十四孝」の教えというのは、あくまで仮のものなので、あまりよい例にはなっていないかもしれない。しかしいま例にあげたように、善い行いについての見方が、世のなかの進歩とともに変わってしまうことはあるのだと思う。

実際の事物で考えてみても、電気や蒸気エンジンがなかった時代を今日から振り返ってみれば、もう比べようがないほど違っているとしか言いようがない。同じように、道徳というものも、「二十四孝」の例のように昔と現在とでは大幅に変わってしまった面がある。そうであれば、昔の道徳というものも、尊重すべき価値があまりなくなってしまう場合もあるのではないだろうか。

しかし一方で、いかに自然科学や物理学、化学が進歩して、モノに対する知識が豊かになったとしても、仁や義といった重要な道徳を考えてみると、東洋人の考え方は古今であまり変化がないように思われる。この点は、西洋の数千年前の学者や、聖人と賢人と呼ばれている人の考え方を見ても、やはりあまり変化していないのだ。

結局、道徳の根本に関して言うなら、昔の聖人や賢人の説いた道徳というものは、科学の進歩によって物事が変化するようには、おそらく変化しないに違いないと思うのである。

解説

進化と進歩

明治維新後、日本では「進化論」やそれに類する考え方が流行した時期がありました。「進化論」はもともと、チャールズ・ダーウィンが『種の起源』(一八五九)で唱えた理論であり、あくまで生物の進化に関するものでした。

しかし、やがてこのコンセプトを社会にも当てはめようという「社会ダーウィニズム」や「社会進化論」といった考え方が生まれてきます。人間も生物である以上、生存競争や自然選択、適者生存といった進化論の考え方が、その織り成す社会にも適用できるとしたのです。

この考え方は当時、世界で圧倒的な力を誇った西欧の国々が、自分たちの行動を正当化するためにも使われました。つまり、近代化(＝西欧化)によって進化の頂点に立つ西欧が、他国を支配することは理論的に正しい、と。

日本では二十世紀の初頭までに、「社会ダーウィニズム」や進化論に関する本が数十種類も出版されました。面白いところでは、尋常小学校の国語読本にダーウィンの伝記が載せられたりもしたのです。また、こうした時代の流れを前提に、世界の生存競争のなかで、近代化の推進によって日本は勝ち抜いていくべきだ、と唱えた論者の一人が福沢諭吉でもありました。

こうした大きな流れを一つの背景として、渋沢栄一は「道徳は進化するのか」という問いを立てています。ちなみに、このちょっと不思議な問いが生まれた理由については、この章の「これは果たして絶望なのか」の解説（232頁）にて取り上げます。

現代において「進化」という言葉は、「生物の種が別の種に変わること。一般に、体制の複雑化、適応の高度化ならびに種類の増加を伴う」と、もう一つ「事物が、段階を追って、よりよい、あるいはより高度な形態へと変化していくこと」（『日本国語大辞典』）という二種類の意味――いうなれば「変化」と「進歩」を含みます。

渋沢栄一の使っている「進化」の意味も「変化」と「進歩」の両様あり、学問や社会に関する言及のときには「進歩」、ダーウィンの進化論に関する言及のときには「変化」のニュアンスが強く出ています。

このような矛盾を根絶すべきだ

「強いモノの言い分は、いつも善になる」

という言葉は、一つの諺としてフランスに伝わっているけれども、だんだん文明が進んでいけば、人々が道理を重んずる心も、平和を愛する心情も増してくる。お互い争うことの惨たらしさを嫌う気持ちも、文明が進めば進むほど強くなる。

言葉を換えれば、戦争の代償は社会が進歩するほど高く付くようになる。いずれの国でもみずからその点を気にかけるところがあって、極端な争いによる混乱は自然に減っていくだろうし、また減っていくべきモノだと思う。

明治三十六、七（一九〇三～〇四）年頃、ロシアのグルーム（ここは栄一の記憶違いで、実際はポーランドのヤン・ブロッホ）という人が、『近時の戦争と経済』(4)という本を著して、

「戦争は社会が進歩するほど惨たらしくなるし、費用がかかるようになるから、ついにはなくなるだろう」

という理論を公にしたことがある。かつてロシア皇帝が平和会議（一八九九年のハーグ万国平和会議）を提唱されたのも、この人の主張によったものであると、誰かの説の中で見たことがある。このように、戦争が酷いものであることが唱えられるくらいだから、今度のような全ヨーロッパの大戦乱などは、決して起こるべきものではないように思われていた。ちょうど昨年（大正三〈一九一四〉年）の七月末（第一次世界大戦の勃発が七月二十八日）に日々各新聞紙の報道を見ていたとき、わたしは二、三日の旅行をしていたのだが、

「どうなるか」

という人からの質問に答えて、

（4）ヤン・ブロッホ（イヴァン・ブロッホ）Jan Gotlib Bloch（一八三六～一九〇二）ユダヤ系の銀行家、実業家。著書『近時の戰爭と經濟』は一九〇四年に民友社から翻訳が刊行。序文が井上馨。

「新聞紙で一見すれば、戦争が起ることは疑いない。しかし先年、アメリカのジョーダン博士[5]が、こんな手紙を寄こしたことがある。

『モロッコで問題が生じたときに、アメリカの有名な資本家J・P・モルガン氏[6]の忠告によって、戦争が止んだと、モルガン氏が電報で言ってきた』

博士はもともと平和論者であるから、平和に重きをおいたのであろう」

そして、わたしも先ほどの理論を深く信じていたわけではなかったけれども、

「社会の進歩の度合いが増すに従って、人々がよく考えを巡らすようになるから、戦乱は自然と減っていくという道理が起こってくる。それは自然の勢いと思われる」

と申したことがあった。

ところが今日、ヨーロッパの戦争のありさまは、細かに把握はしていないが、実に惨憺《さんたん》たる有り様である。特にドイツの行動に至っては、いわゆる文明なるものが、どこにあるのかわからないというような状況だ。おそらくその根源は、道徳というものを国際間にあまねく共有させることができず、ついにここに至ったものだと思う。

果たしてそうであるならば、およそ国というものは、「強いモノの言い分は、いつも善と見なされる」という考えによってのみ、その国家を守っていかなければならなくなる。しかし、なんとか国と国との道徳を一つにまとめ、いわゆる弱肉強食を国際間に通用させない工夫がないだろうか。

結局、政治を行う人、および国民一般の考え方が、ともに「自分勝手なわがままを増長しよう」という欲望をなくしたならば、このような惨たらしさを生じることはないだろう。しかし一方が引いたとしても、その分もう一方が遠慮なく進んでしまうようでは、こちらも進まなければならなくなるので、自然にお互い争うようになり、結局戦争しなければならなくなる。とりわけ、お互いの間に人種問題があり、国境問題もあったりするので、一方の国が勢力を張ろうとしても、もう一方の国がそれを受け入れられるはずもない。「これを止めるには平和では無理だ」ということで、ついにお互い争うようになるのである。思うに、

「自分がしてほしいことは、人にはしない」

ことになってしまい、ただ自分だけがよければいいという気持ちが募り、欲をほしいままにして、強いものが無理な言い分を押し通すというのが、今日の有り様である。いったい文明とはいかなる意義のものであるのか。

要するに、今日の世界はまだ文明が足りないのだと思う。こう考えると、

（5）デイヴィッド・スター・ジョーダンDavid Starr Jordan（一八五一〜一九三一）魚類学者、スタンフォード大学初代学長。
（6）ジョン・ピアポント・モルガンJohn Pierpont Morgan（一八三七〜一九一三）アメリカのモルガン財閥の創始者。

「今日のような世界にあって、将来、わが国家をどのように歩ませていきたいのか」

「われわれはどのように覚悟すればよいのか」

「やむを得なければ争いの渦中に入って弱肉強食を主張するより他に道はないのか」——。


ぜひ、こうしたことに対処する確実な信条を考え定め、一般の国民とともに、これに従って進んでいきたいと思う。われわれはあくまで、「自分がしてほしくないことは、人にしない」(7)という東洋流の道徳を推し進め、さらにいっそう平和を続けて、各国の幸福を進展させていきたいと思う。すくなくとも他国に著しく迷惑をかけない程度において、自国の興隆をはかる道がないものなのだろうか。さらに、もし国民全体の希望により、自分のことだけを主張することを止め、単に国内の道徳のみならず、国際間においても本当の道徳に基づいた政治を行うということを考えるならば、今日のむごたらしい惨禍をまぬかれることができると信じている。

人生観の両面

人はこの世に生まれたからには、必ず何らかの目的を最初に持たないと、「目的を叶えた」ということにもならない。しかし、目的とは果たして何だろう。どのようにして、なし遂げればよいのだろう。

これは人の顔つきが異なるように、各自意見を異にしているだろうが、おそらくは次のように考える人もあるだろう。「自分が得意とする手腕にせよ、技量にせよ、それを充分に発揮して、力の限りを尽し、それによって君主や父に対して、忠義や孝行を実践し、あるいは社会を救済しようと心がける。しかしそれも、漠然と心で思うだけでは何にもならない。やはり何らかの形式の中で現さなければならない。そこで、自分の持ち得た才能を拠り所として、それぞれの学問なり、技術なりを突きつめていくようにする。

たとえば、学者ならば学者として本来担っている社会での役割分担を突きつめ、宗教家なら宗教家としての職責をまっとうし、政治家もその責任をあきらかにし、軍人もその任務を果たすというように、各自がその能力のあらん限りを傾けて、心をこめる」

このような場合における人々の心情を察してみると、むしろ自分のためというよりは君主や父のため、社会のためという気持ちの方が勝っている。つまり、君主や父、社会を主として、自分のことはあくまで「それに従うもの」と心得ているので、わたしはこれを「客観的人生観」と名づけるのである。

ところが、ここまで述べたのとはまったく正反対に、ただただ単純に自分一人のことば

（7）『論語』衛霊公篇24にある「己の欲せざる所、人に施すなかれ」が下敷きになった言葉。

かり考え、社会や他人のことなぞ考えない者もいるだろう。しかし、この人の考えに沿って社会を観察したならば、やはりそこに理屈がないでもない。すなわち、「自分は自分のために生まれたものである。他人のためや、社会のために自己を犠牲にすることは、道理に外れているではないか。自分のために自分が生まれたのなら、どこまでも自分のために判断するのがよい」

との主張から、社会に起こるいろいろな事件に対して、できる限り自分の利益になるようにばかりしていく。

たとえば、借金は自分のために自分がしたのだから、これは当然払うべき義務があるから払う。税金も自分がそこで生存している国家の費用だから、当然に納める。村の費用も同様だ。しかしその上に、他人を救うために、あるいは公共事業のために募金するという責任は負わない。それは他人のため、社会のためにはなるであろうが、自分のためにはならないからだ。こうして、すべてのことにおいて、自分のために社会を効果的に動かそうとする。つまり自分を主として、他人や社会を「それに従うもの」と考え、自分の本能を満足させ、自分を主張することで、できることはやり尽くしたとする。わたしはこのようなものを名付けて、「主観的人生観」と言うのである。

わたしは今これら二つのうち、「現実においてどうなのか」と考えてみると、もし後者のような信条を押し通すなら、国家や社会は自然と粗野《そや》となり、下品となり、最後には救いようのない衰退に陥ることになるのではないだろうか。

これに対して、前者のような信条を広げていけば、国家や社会は必ず理想的なものになっていくに違いない。このためわたしは客観的人生観に賛成して、主観的人生観を排斥《はいせき》するのである。孔子の教えに、

「仁を身につけた人間は、自分が立ちたいと思ったら、まず人を立たせる。自分が手に入れたいと思ったら、まず人に得させる(8)」

というのがあるが、社会のこと人生のことは、すべてこうでなくてはならないと思う。

自分が立ちたいと思ったら、まず人を立たせ、自分が手に入れたいと思ったら、まず人に得させるというのは、いかにも交換条件の言葉のように聞こえてしまうかもしれない。自分の欲を満たそうとするために、まず自分が我慢して人に譲るのだというような意味にもとれるが、孔子の真意は決してそんな卑屈なものではなかったに違いない。後から自分が立ったり手に入れたりするのは、実践した結果を示したもので、立派な人間の行いの順序はこうあるべきだ、と教えられたのに過ぎないのである。

言葉を換えれば、それが孔子の処世上の覚悟であり、わたしもまた人生の意義はこうあ

（8）『論語』雍也篇30　仁者は己れ立たんと欲して人を立て、己れ達せんと欲して人を達す。本書の原文は「先ず人を立て」「先ず人を達す」だが、一般的な『論語』の原典に「先ず」はない。

るべきだと思う。

これは果たして絶望なのか

わたしどもが組織している「帰一《きいつ》協会」というのがある。「帰一」というのは他でもない、世界のいろいろな宗教の考え方、信仰などは、最後には一つに落ち着く期待は持てないだろうか、ということだ。神といい、仏といい、キリストといい、人間の踏むべき道理を説くものである。東洋哲学でも西洋哲学でも、自然と些細な事物の差は生じるにせよ、その落ち着く先は一つのように思われる。孔子も、

「発言に嘘がないこと。行動が慎み深いこと。この二つを心がければ、野蛮の地にあっても、こちらの主張を実行させることができる(9)」

と述べたり、反対に、

「発言に嘘がないこと。行動が慎み深いこと。この二つが欠けていれば、ごく限られた地域の中でさえも、こちらの主張を実行させることはできない(10)」

と述べているのは、大昔から変わらない格言である。もし人が忠実さと信義に欠き、行いが人情に薄く、慎み深くなければ、親戚や古い友人でもその人を嫌がるに違いない。そして、西洋の道徳もやはり同じような意味のことを説いている。ただし、西洋の流儀は積

極的な方向で説き、東洋の流儀はいくぶんか消極的に説いてある。

たとえば孔子の教えでは、

「自分がしてほしくないことは、人にしない(11)」

と説いてあるのに、キリスト教の方では、

「自分がしてほしいことを他人にもしなさい(12)」

と、反対に説いている。いくぶんの違いはあるけれども、「悪いことをするな」「良いことをせよ」という言い表し方の違いで、一方は右から説き、一方は左から説き、その結果として落ち着くところは一つである。

こんな程度の違いなので、深く研究を進めていけば、

「それぞれ宗派の違いをつくったり、門戸《もんこ》を異にして、はなはだしいとお互い勝ろうとするというようなことは、実は馬鹿らしいことである」

(9)『論語』衛霊公篇6　言《げん》忠信、行篤敬《とくけい》なれば、蛮貊《ばんぱく》の邦と雖《いえど》も行われん。本書の原文は「の邦」が抜けている。

(10)『論語』衛霊公篇6　言忠信ならず、行篤敬ならざれば、州里《しゅうり》と雖も行われんや。

(11)『論語』衛霊公篇24　己の欲せざる所、人に施すなかれ。

(12)「人にしてもらいたいと思うことは何でも、あなたがたも人にしなさい。これこそ律法と預言者である」『聖書　新共同訳』マタイによる福音書7・12。

と考えるようになるだろう。すべての面で一つに落ち着かせることができるかどうかはわからないけれども、ある程度でも一つに落ち着かせられるなら、そうさせたいという考えで組織したのが「帰一協会」なのだ。組織してから、はや数年が経っている。ここの会員は日本人ばかりでなく、欧米人も多少はいて、そして特定の問題についてお互いに研究し合っている。

わたしは、社会正義のための道徳と経済活動とは一致すべきものであり、また一致させたいということを、四十年以上も人に先立って唱え、実践している。しかしながら、道理はそうであるけれども、これに反する事実がしばしば世間に現れるのは、本当に情けない次第だ。

このわたしの説に対して、在日米人平和協会のボールス氏[13]とか、井上哲次郎《てつじろう》博士[14]、塩沢昌貞《まささだ》博士[15]、中島力造《りきぞう》博士[16]、菊池大麓《だいろく》男爵[17]などは、「完全に一つに落ち着くとまではいかないにしても、必ずある程度までは一つに落ち着くべきものである。世の中の物事が、時としては横道にそれるようなこともあるが、それはその物事が悪いのであって、そのために真理が隠されてしまうことはまったくない。『昔はこうであった』とか『こういう理論もある』とか言われる中で、社会正義のための道徳と経済活動とは必ず一致すべきもの、また一致させなければ本当に正しい富を生み出し、それを永久に手にし続けることなどできないのは、たいていの議論が帰着するであろうと思う」

と言っておられる。もしかりに、こういう論旨が十分に徹底して、世の中に広まり、経済活動は、必ず社会正義のための道徳に従わなければならない、という考え方が打ち立てられたならば、社会正義のための道徳に欠ける行為は、おのずから止んでいくだろう。たとえば政府調達品の買い上げを行う役人も、ワイロは社会正義のための道徳に背くと気づけば、とてもワイロを受け取れるものではない。御用商人の側からいっても、社会正義のための道徳にもとると思えば、ワイロを渡すことなどできないだろう。

この関係を推し進めて、政治にせよ、法律にせよ、軍事にせよ、あらゆる事柄をこの社会正義のための道徳に一致させなければならない。一方は社会正義のための道徳に従って正しい商売の道を踏んでも、一方がワイロを要求するような片足だけの関係ではいけない。

(13)　ギルバート・ボールス Gilbert Bowles（一八六九〜一九六〇）。在日米人平和協会の設立者。他に普連土女学校理事長、大日本平和協会理事などを務める。原文は「ボール氏」になっているが、これはおそらく筆記者の聞き間違い。

(14)　一八五五〜一九四四　哲学者、東京帝国大学教授。

(15)　一八七〇〜一九四五　経済学者、早稲田大学教授。

(16)　一八五八〜一九一八　倫理学者、東京帝国大学教授。原文は「力蔵」だが「力造」が正しい。

(17)　一八五五〜一九一七　数学者、東京帝国大学総長。

世の中のことは、ほとんど車を進めるようなもので、お互いに社会正義のための道徳を守っていかなければ、必ずどこかで食い違いが生ずるのであるから、一切の事柄を社会正義のための道徳に合致させるようお互いに努めなければならない。この信条を欠けるところなく拡大して、広く社会に行うならば、ワイロなどという忌まわしいことは、おのずから止んでいくだろう。

帰一協会とは

帰一協会は、渋沢栄一をはじめ、日本女子大学を創設した成瀬《なるせ》仁蔵《じんぞう》や、TOTOや日本ガイシなどの森村財閥を創始した森村市左衛門などの提唱により、一九一二年に知識人や実業人を集めて結成されました。この会の大きな目的は、

「すべての宗教は一つに統一できないか」

「統一まではいかずとも、共通点を見出して、その精髄を取り出せないか」

ということでした。渋沢栄一自身、この会に対する思いを次のように述べています。

「私は一般に宗教というものに対して疑念を持っている。今日のような宗教で、本当の信仰を繋ぎとめられるのだろうか。立派な人間や賢い人間が、天命を知って心安らかになる境地に至れるのだろうか。たとえば、現在の儒教、仏教、キリスト教などあらゆる宗教の長所を折衷し、総合したような、統一された一大宗教はできないのだろうか」(18)

このような思いの背景にあったのが、彼が唱えた「道徳経済合一説」の「道徳」部分を何が担うのか、という問題でした。

栄一の場合は、『論語』や儒教を重んじていたので、「論語と算盤」でよかったのですが、しかし世間では、仏教や神道を信じている人、キリスト教を信じている人とさまざまです。実際、成瀬仁蔵や、晩年の森村市左衛門はクリスチャンでした。

さらに栄一は、当時の宗教界に大きな不満を持っていました。

この章に出てくる「遠加美講《とおかみこう》」の話（239頁）に象徴的ですが、当時の民間の宗教には、インチキくさいまじないや祈禱でお金をとるようなところも多く、また同じ宗教でも宗派に分かれて激しく争っていたりしました。渋沢栄一にとってそのような宗教は、「道徳」という大きな柱を担う対象としては、物足りなく映っていました。

一方で、渋沢栄一が重んじた『論語』や儒教の教えも、もとが為政者のための教えであり、「生涯努力して品性や品格を磨き続ける」「立派な人物になって天下を平和にする」といった教えが、一般庶民にまで広く浸透するのは、現実問題として難しい面がありました。みながみな政治家やエリートになりたいわけではなく、人生、努力するより

(18)『渋沢栄一伝記資料』第四二巻「竜門雑誌」第二八九号「竜門社春季総集会に於て　青淵先生」引用者訳。

も、楽しみたいという人も大勢いたからです。

だからこそ、今の物足りない各々の宗教をうまく結合し、進化させて、万人の道徳の基としたいと栄一は考えたのです。だからこそ彼は、帰一協会の会合において

「一、経済と道徳とは一致するのか。二、道徳という現象だけがなぜ進歩が遅れたのか。三、教育は果たしてどこまで人の性格を改善できるのか(19)」

という問題を提起したりしています。

しかし残念ながら、さまざまな宗教は大本の世界観や前提がまったく異なるため（神は一者か多数か、現世は苦か苦ではないのか、生まれ変わりはあるのか否か……）、互いに歩み寄るのが難しく、会の活動は停滞し、最終的に一九四二年に解散に至りました。

一日を新たな気持ちで

社会の事柄は、年ごとに進歩しているように見える。また学問も、国内外を問わず少しずつ新しいものが出てきている。こうして社会は、毎日毎月、進歩するのに対して、世間はそうはいかない。年月がたつ間に、マイナス面が出てきてしまい、長所が短所となり、利益が害悪になることから逃れられないのだ。

特に、悪い習慣づけが続くと、潑剌《はつらつ》とした元気がなくなってしまう。このため、昔の人

もこんな教えを述べている。

「殷《いん》王朝を創始した湯王《とうおう》は、自分の顔を洗うタライに『一日を新たな気持ちで、日々を新たな気持ちで、また一日を新たな気持ちで』と刻みこんでいた」(20)

何でもない教えなのだが、確かに、日々を新たな気持ちで、また一日を新たな気持ちでいるのは快く楽しい。その一方で、すべてが形式的になってしまうと、精神が先細りしていく。何についても「一日を新たな気持ちで」という心がけが肝心なのだ。

政治の世界で、今日、物事が滞《とどこお》ってしまっているのは、決めごとが多すぎるからである。官僚たちも形式的で、物事の本質を考えようとはせず、たとえば自分にあてがわれた仕事を機械的に処理することで満足してしまっている。いや官僚ばかりではない、民間の会社や銀行にも、このような風潮が吹き荒れているように感じられるのだ。もともと形式に流れるような風潮は、発展中の元気潑剌な国には少ないものだ。逆に、長い間の慣習が染みついた古い国には多くなる。徳川幕府が倒れたのはこの理由からでもあった。中国には、「戦国時代にあった六つの国は、秦に滅ぼされたのではない、自ら滅びる原因を作って滅びたのだ」(21)

(19)『渋沢栄一伝記資料』第四六巻「帰一協会記事　一」引用者訳。

(20)『大学』伝二章　苟《まこと》に新《あらた》なり、日に日に新にして、また日に新なり。

という言葉もある。幕府を滅ぼしたのも幕府自身でしかなかった。大風が吹いても強い木は倒れはしないのだ。

わたしは宗教的なものの考え方を今でも持たないが、しかしだからといって正しい道に外れていて、守るべき信条がないということではない。わたしは儒教を信じていて、これを言葉や行動の規範にしている。『論語』には、

「天の神に罪を犯してしまえば、いくら祈っても無駄だ[22]」

とあり、わたし一人ならそれもよいかもしれないが、一般の民衆はそうはいかない。知識が十分ないものには、やはり一般的な宗教が必要になってくるのだろう。

ところが今日の状態は、天下の人々の心が一つになるようなこともなく、宗教もまた形式的になってしまった。残念ながらまるで茶道の流派や流儀のように、分裂したありさまに宗教界がなっている。これでは民衆を導くこともできない。何とかしなければならない事態だと思う。

この状態に対して、よい手を打ちたいと思うのだが、迷信は今もそれなりに盛んだ。迷信を下手に信じてしまい、田んぼをダメにしてしまったとか、倉を失ったとかいう人も多い。まともな宗教家が本当に力を入れて活動しなければ、こういった勢力はますます盛んになるばかりだろう。西洋人は言う。

「信念がつよければ、道徳は必要ない」

その信念を持たせなければならない。

商売は、自分が利益を得ることを眼目とするために、「自分さえ利益になればそれでよい」「他人の迷惑は知らぬ存ぜぬ」という考えを持っている人がいる。そのため、利殖と道徳とは一致しないという人もいるが、これは間違いで、そんな古い考えは今の世に通用させてはならない。明治維新ころまでは、社会の上流にいたエリートとでも言うべき人は利殖に関係しないで、人間性の劣ったものがこれに当たるというのであった。その後、この風習は改まったが、まだ死に絶えずにいる。

孟子は、利殖と社会正義のための道徳とは、一致するものであると言った。その後の学者がこの両者を引き離してしまった。社会正義の道徳を行えば富や地位とは遠ざかり、富や地位を得れば社会正義のための道徳に遠ざかるものとしてしまった。町人は「素町人《すちようにん》」(23)と呼んで卑しめられ、武士がともに並び立つものでない、とされた。商人も卑屈になってしまい、儲け主義一点ばりになった。このために経済界の進歩が何十年、何百年遅れたかわからないくらいだ、今日では少しずつ消滅しつつあるが、まだ足りていない。利殖と社

(21) 杜牧《とぼく》「阿房宮賦《あぼうきゆうふ》」六国《りくこく》を滅ぼすものは六国なり、秦にあらざるなり。
(22) 『論語』八佾篇13　罪を天に獲《う》れば、禱《いの》る所なし。
(23) 町人を見くだしたり、馬鹿にした言葉。

会正義のための道徳とは一致するものであることを知らせたい。
わたしは論語と算盤とを使って、指導しているつもりである。

修験者《しゅげんじゃ》の失敗

わたしが十五歳のときであった。自分には姉が一人いたのだが、脳の病気になって精神を病んでしまった。二十歳という良い年頃だったのに、女性にあるまじき暴言や暴行におよび、はげしく取り乱していたので、わたしの両親も彼女のことをとても心配した。とにかく女性のことなので、他の男にその世話をしてもらうわけにもいかず、わたしは精神を病んだ姉の後をくっついて歩いた。いろいろな悪口を姉から浴びせられながらも、心配で仕方なくよくお世話していた。その頃、近所からはよく誉められていたものだ。

そしてこの心配は、何もわたしの家族ばかりでなく、親戚にとっても同じだった。なかでも、父の実家にいる宗助《そうすけ》（渋沢栄一の伯父）の母親が大の迷信家で、

「この病気は、この家の祟《たた》りのせいかもしれない。祈《き》禱《とう》した方がよい」

としきりに勧めてくれた。しかし、父が迷信が大嫌いで、簡単には聞き入れなかった。

そのうち、父は姉をつれて、転地療養のために上野《こうずけ》の室田《むろだ》（今の群馬県高崎市中室田町《なかむろだまち》）というところを訪れた。この室田には有名な大きい滝があり、病人をその滝に打たせよう、

というのだ。そして、父の出発した後、残った母が宗助の母親に説き伏せられてしまい、父の留守中に、家にある祟りを払うため、「遠加美講《とおかみこう》」(24)という組織から修験者《しゅげんじゃ》（神仏に仕えて山で神秘的な修行をする人）を招いて祈禱することになった。わたしも父と同じく少年時代よりとても迷信を嫌っていたので、その時に極力反対した。けれども、まだ十五歳の少年の悲しさ、一言のもとに伯母などに叱りつけられてしまい、わたしの主張は通らなかった。

さて、二、三人の修験者が来て、その用意にとりかかった。「中座《なかざ》（霊を降ろす役目をになう）」という人が必要なので、それには最近雇い入れた家政婦を当てることにした。室内には注連縄《しめなわ》（神事を行う神聖な場所を、他の場所と区切るための縄）を張り、御幣《ごへい》（不浄を払うための、神へのお供えもの）などを立てて、おごそかに飾りつけをした。「中座」の役の女性は目隠しをして、御幣を持って正坐《せいざ》している。

その前で、修験者はいろいろな呪文を唱え、その場に加わった遠加美講の信者たちも、大勢で同じように「遠加美」というお経のようなものを声高らかに唱えた。「中座」の女性は、初めは眠っているようだったが、気がつくと御幣を振り立てている。この様子を見た修験者は、すぐに「中座」の目隠しをとって、その前に平身低頭すると、「どのような神様がいらっしゃったのでしょうか、お告げをいただきたい」

(24)　井上正鉄《まさかね》（一七九〇〜一八四九）が創始した神道《しんとう》。

などと言い、それから、

「この家の病人について、なにか祟りがありますか。どうぞお知らせください」

とお願いした。すると「中座」役の家政婦が、真面目くさった様子で、

「この家には、『金神《こんじん》（方位を司る神）』と『井戸の神』が祟っている。また、この家には無《む》縁仏《えんぼとけ》（弔う親戚や関係者がいなかった死者）があって、それが祟りをするのだ」

と、とても偉そうに言い放った。集まって聞いていたなかでも、初めに祈禱を勧誘した宗助の母親は、「どうだ」という顔になって、

「それごらん、神様のお告げは確かなものだよ。なるほど老人の話に、いつの頃か、この家から伊勢神宮へのお参りにいって、それきり帰って来なかった人がいた。きっと途中で病死したのだろう、と聞いているが、いまお告げにあった無縁仏の祟りというのは、きっとこの話の人に違いない。さすがに神様は、何でも明らかにしてくださる。実にありがたい」

と言って喜んだ。そして、この祟りを清めるにはどうしたらよいかを、「中座」に尋ねてみると、

「そのためには祠《ほこら》を作って、お祀りしてあげればよい」

と言った。

わたしは最初からこのことには反対であったので、いよいよ祈禱するにあたって、何か

疑わしいところはないのかと思い、始終注目していた。いま、無縁仏という話が出たので、

「その無縁仏が出たのは、およそ何年前のことでありましょうか。祠を建てるにも、碑を建てるにも、その時代がわからないと困ってしまうのです」

と言ったら、修験者が「中座」にまた尋ねた。すると、

「およそ五、六十年以上前である」

というので、さらに聞き返して、

「五、六十年以上前というと何という年号の頃でありますか」

と尋ねたら、「中座」は、

「天保《てんぽう》三年の頃である」

と言った。ところが、天保三（一八三二）年は、今から二十三年前のことなのだ。そこでわたしは修験者に向かって、

「ただ今お聞きの通り、無縁仏がいたことまではっきり見通すような神様が、年号を知らないというはずがないでしょう。こういう間違いがあるようでは、まるで信仰も何もできるものではありません。人の見通せないことがわかる神様であるなら、年号くらいは立派におわかりになるはず。それなのに、こんなわかりやすい年号さえも間違うのでは、しょせん取るに足らないものなのでしょう」

という厳しい質問の矢を放った。宋助の母親が横から、

「そんなことを言うと、神罰が当たる」

という一言で、わたしの言葉を遮《さえぎ》った。しかしこれはあきらかな道理で、誰にでもわかる話だったから、自然と集まった人々も興ざめして修験者の顔を見つめていた。修験者も間が悪くなったようで、

「これはきっと野狐《のぎつね》がきて、化かしたのだろう」

と言い逃れた。野狐であれば、祠を建てたり、お祀りの必要などまったくないとのことで、何もしないで止めることになった。

この結果、修験者はわたしの顔をみて、「なんと悪い少年だ」と言いたそうな顔つきでわたしをにらんだ。わたしは勝ち誇ったような、会心の笑顔を止めることができなかった。それきり宗助の母親も加持祈禱《かじきとう》（病気や災難から身を守るために神仏に祈ること）ということをぷっつりやめてしまった。村の人々は、このことを伝え聞いて、それ以来修験者のような人々を村にいれないようにし、迷信は打ち破るべきものだ、という覚悟を持つようになっていった。

本当の「文明」

「文明」と「野蛮」という言葉は、相対的だ。では、どのような現象を「野蛮」と言い、

どのような現象を「文明」と言うのだろう。

その境界線を引くのはとても難しいが、お互いの比較の問題だから、ある「文明」はさらに進んだ「文明」から見ると、やはり「野蛮」になってしまうのだろう。それと同時に、ある「野蛮」も、それよりはげしい「野蛮」から比べれば、「文明」だと言えることになる。

しかし今この問題を論ずるにあたっては、このような抽象的な理屈ではなく、現実に存在しているものを例にしていきたいと思う。ただし一つの町や、一つの都市だけを比べても文化的な水準は違ってくるもの。そこで一つの国という単位を基準にして、「文明」「野蛮」を考えてみたいと思う。

わたしは世界各国の歴史や、現状について細かく調べているわけではないので、きっちりしたお話はできない。しかし、イギリスとかフランスとかドイツとかアメリカという国々は、今の世界の文明国といって差し支えないだろう。

では、その「文明」とは何かというと、国の体制が明確になっていて、制度がきちんと定まり、一つの国として必要なインフラが整っていて、法律も完備し、教育制度も行き届いているということになるだろう。

しかし、このようにさまざまな政治や社会の枠組みがきちんとしていても、まだ文明国とは言えない。インフラが整ったなら、そのうえで一国を維持し、発展させるような実力を備えなくてはならない。実力というと、軍事力に言及しなければならないが、他にも警察の制度や地方自治の組織なども、みなその力の一部なのだ。これらの要素が十分に備わり、しかもそれぞれがバランスよく調和し、つながり合って、何かの比重が高すぎるとか、まとまりを欠くということのない状態——それが「文明」と言えるのであろう。

言葉を換えれば、その国のインフラばかりが整備されても、それを使いこなす人の知識や能力が伴っていなければ、本当の文明国とは言えないのだ。ただし前にも述べたように、インフラが完全に整っている国なのに、それを運用する国民のレベルが今一歩というのは、あまりない話だ。

ただし場合によっては、表面上だけであれば完全なように見えるが、根本がしっかり固まっていないという場合もあるに違いない。中国には「外側は似ていても中身が違う」ことをたとえた故事があるが、確かにいくら立派な着物を着ても、その人の人柄には似合わないこともあるだろう。だから、本当の「文明」とは、すべての制度やインフラがきちんと備わり、そのうえに一般国民の人格と知恵、能力が揃うことで、はじめて言えることなのだ。

このように観察していくと、わざわざ貧富という言葉を持ち出さなくても、「文明」のなかにはおのずと経済力が加わっている、と見てよいだろう。しかし、形式と実力とは、必ずしも一致しているとは限らない。形式としては「文明」でも、実力は貧弱——これはとてもバランスの悪い表現だけれど、こうした例がないとは言い切れないのだ。だからこそ、本当の「文明」とは、力強さと経済的豊かさを兼ね備えていなければならない。

では、一国の進歩というのは、一般にどのような傾向を見せるのだろう。昔からの各国の実例を観察すると、制度やインフラといった「文明」の進歩が先になって、実力が後からついてくる場合が多いように思われる。さらに軍事力と経済力を見ても、国によっては、軍事力がまず突出して、経済的豊かさが後に残されるというのは、よくある例なのだ。わが日本の現状も、やはりこのような有り様であると言わなければならない。

わが日本は天皇制という他の国々にない特徴を持ち、さらに多くのインフラ面に関しても、明治維新後に素晴らしい政治家たちが着々と整備していったので、申し分ない状態だとわたしは思っている。しかし、それに伴う経済的豊かさが、同じように備わっているのかというと、悲しいかな、まだまだ日の浅い状態なのだ。

経済的豊かさの根本となる実業を育てていくことは、短い年月で満足した成果をあげることができない。このため、国の体制や制度といったものが完備している状況に比べれば、経済的豊かさはとても不足しているのだ。

ただし、富を増やしていくことだけを国民が努力するというなら、日本は小さい国といえども色々なやり方も出てくるだろう。しかし経済的豊かさを実現する前には、まず払わなければならない支出がある。

今日の大きな問題は、「文明国」を維持する手段を強化するために、経済的豊かさを犠牲にしなければならないことだ。国というのは経済的豊かさを持てばよいわけではなく、どうしても「文明国」維持の手段のため、その力の一部を割かなければならない。言葉を換えれば、その国の体面を保つため、そしてその国の将来の発展をはかるために、陸海軍の力を持たなければならない。内政にも、外交にも、さまざまな国費を支出する必要がある。

このため、国を運営するためには、財源に多少のダメージを与えざるを得ないのだ。しかしそれもバランスを失うと、経済的豊かさが失われて、「文明」が金欠によって貧弱になってしまう。もし「文明」が金欠によって貧弱になれば、「文明国」維持のためのすべての手段が力を失ってしまう。やがては「文明」だったものも「野蛮」に変化してしまうだろう。

このように考えると、「文明」を「本当の文明」に高めていくためには、経済的豊かさと力の強さ、この二つのバランスをうまくとることが必要不可欠になってくる。わが日本において、今日最も心配なのは、「文明」維持の手段を拡張することばかりで、経済的豊かさの根本を擦り減らしても顧みない弊害なのだ。これからは国民が一致して、そのバランスを失わないように努力しなければならないと思う。

発展のための重要な要素

明治の時代は、新しい事物を導入して、古い事物を作りかえ、一心に進歩をはかった時代であった。

もちろん進歩が充分だったとは言えないが、長い間国をとざして、欧米の文物に接触しなかったものが、わずか四、五十年の間に、少しずつ欧米の長所を採り入れ、日本の短所を補って、ある点では欧米に恥じないまで進歩した。もちろんこれは優れた天子がおさめた時代のおかげ、明治天皇の聡明さによるものだ。政府官僚たちの導きにもまた、感謝の意を表さなければならないが、また国民の多大な努力がそうさせたと言うべきだろう。

さて、明治が大正に移ったところで、往々にして世間では、もはや創業の時代は過ぎた、これからは守成の時代だという人がいる。しかし、国民はお互いに、そのようなわずかばかりの成功に満足してはならないと思う。領土は狭いが人口が多く、しかも追々に人口が増えていくのだから、そんな引っ込み思案ではいられないはずだ。国内を整えるのと同時に、国外に展開していくことを工夫しなければなるまい。

たとえば農業でいえば、耕地の面積は少ないけれども、農業技術を改良して耕地の効率を増すことができる。

種や苗を改良し、耕作法を改良し、窒素《ちっそ》肥料、リン酸肥料などすぐれた肥料をやり、集約的な農業技術を改良していけば、五俵（一俵が約六十キロ）とれる高地の田んぼなら七俵に、低地の田んぼなら二倍にも収穫が増すだろう。今までできなかった陸稲《りくとう》も、人造肥料を使えば、一反歩（約三百坪）の田んぼから五俵も七俵も穫れるという例もある。耕地が狭いからといって、その効率を増すことをいい加減に考えてはいけない。

また、北海道あるいは他の新しい日本の領土などにも、必要な資金や労力を注入して、できるだけ事業を成り立たせるようにしなければならない。このようにお互いが努力しても、残念ながら限りあるものは限りあるのであるから、一つの側面として海外に向かって大和民族が発展していく道を開くことを、一瞬も怠ってはならないのである。

海外に向かって発展するには、どのような場所を選ぶべきかといえば、やはり一番利益のある所に赴《おもむ》くというのが、自然の勢いであると思う。気候もよく、土地も豊かで、その土地柄が他人を受け入れるのに寛容で、農業にも商業にも、すべてのことがやりやすい所を選ぶのが人情である。

この点で、わたしどもが本当に心配しているのが、アメリカ合衆国とわが国との関係である。今日のように議論がもつれているのは、お互いにとても残念なことだ。思うにこれは、先方にも、とてもわがままな点があるに違いない。道理のないことを言い張っていることは事実であるが、また事ここに至ったのについては、わが国民も反省しなければならない点が大いにあると思う。

これらのことは、当面の現実的な交渉問題になっているから、詳細に立ち入って言うことができない事情もある。しかし、国民の期待はどこまでも果たす勇気をもって、そしてできるだけの忍耐をもって、大和民族の世界的発展の道を開き、いずれの国でも、イヤがられ嫌われる市民とならないよう心がけることが、発展の大きな要素であろうと思うのである。

実業界の大掃除が急がれる理由

ひとたび揺らぎに揺らいだ末に、明治維新の大改革となり、武士という治める人と、それ以外の治められる人という境界が取り払われた。商売人の活動範囲も狭い区域に限られていたのが、世界を股にかけての大きな活動に挑戦しなければならなくなった。また、日本国内だけの商売でも、主な品物の運送、保管などは、今まではたいてい政府の力によって行われていたものが、それも一切個人でやらなければならないという風に移り変わってきた。

商人から言えば、まったく新天地が開かれたのである。そして、彼らもまた必要な教育を受けなければならなくなった。商業であれ工業であれ、最高のノウハウを教え、あるいは地理、あるいは物品、品目、あるいは商業の歴史と、とにかく商売を繁盛させるについての必要な知識だけは、世界で選りすぐったものを集めて教えるという風になった。しかしそれは主として実務の教育であって、道徳の教育ではなかった。むしろそういうことは脇において問題にしなかった。

そこで自分の富を増やそうとする人が続々と出てくる。にわか金持ちが出る。幸運で大きな富を得た者もある。それが刺激となり、誘惑となって、誰でもそういうことを狙うようになる。こうしてますます富を増やす方にのみ、お互いこぞって進む。そこで富む者はますます富む。貧しい者も富を手に入れようとする。社会正義のための道徳は、旧世紀の異物として顧みない。むしろ、それがどういうものなのかを、ほとんど知らない。ただ知識だけで自分の富を増やすことに汲々としている有り様である。腐敗に引き寄せられ、善悪を区別できなくなり、堕落や混乱に陥ってしまうのは当然のことなのだ。必然的に、実業界の大掃除を叫ばなければならなくなるのである。

では、どのようにしてその大掃除に取り組むべきだろう。一般の人々が、正当な利益を手にしていく方法を忘れ、いたずらに利欲の亡者となってしまう結果、社会正義のための道徳をすっかり失ってしまうような状態に陥ることは、前に述べたとおりだ。

しかし、その行動を憎むあまり、経済活動の根本をも妨げるというところまで踏み込むというやり方は、わたしはまったく採らない。たとえば男女の品行が猥褻《わいせつ》に流れすぎるのを嫌って、自然な人情まで絶つということは、道理にまったく合わないし、また実行しがたいことでもある。ついには、人の生のいとなみを失ってしまうことになるのである。

実業界の腐敗や堕落に対しても、ただこれに対して攻撃したり、戒めを与えて縮込ませるという方向で力を尽くすことが、当を得た大掃除であるかどうかは、よくよく注意しなければならない問題だ。あるいは、かえってこのために国家が元気を失い、国家のまともな富を毀損することにもなりかねない。大掃除というのはなかなか難しい。

昔にかえって、治める側の人のみが道義を重んじ、経済活動に従事する人の数をなるべく制限して、ごく小さい範囲で活動させるようにしたなら、その弊害を減らせるかもしれない。しかし、それでは国の富を増やしていけなくなる。

そこで、あくまで富を増やし、富自体を擁護しつつ、同時に罪悪の伴わない本当に正しい富を作ろうと思うなら、どうしても一つ守るべき信条を持たなければならない。それはすなわち、わたしが常に言っているところの社会正義のための道徳である。社会正義のための道徳と経済活動とは決して矛盾しない。だからその根本の理屈を明らかにして、「こうすればこの位置を失わない」ということを、わたしもみなさんも充分に考え尽くして、安心してその道筋にのっとることができたなら、あえてそのままでも腐敗や堕落に陥るということはなく、国家としても個人としても、正しく富を増進することができると信じる。

その方法として、なにせ日常のことなので、「この商売ではこのように」「この事業ではこのように」などと詳述することはできない。しかし、一番の根本である道理というものは、必ず経済活動と一致するものである。そして、富を作る方法や手段は、第一に公益を旨とし、人を虐げるとか、人に害を与えるとか、人を欺くとか、あるいは偽りなどということのないようにしなければならない。

こうして各々、その職業に従ってやるべきことをやり、道理を誤らず、富を増していくようにすれば、どんなに発展していっても、他者と侵害し合うことは起こらないと思う。本当に正しい富は、このようにして初めて得られ続けるのである。各々の人、各々の仕事がこのレベルに達すれば、そこで実業界の大掃除はなし遂げられるのである。

明治の商業道徳

この本のなかでたびたび触れられているように、明治時代、商業道徳は大変な混乱におちいっていました。

明治十八(一八八五)年、農商務省が日本で最初の経済白書である「興業意見」を刊行しました。その前書き部分にあるのが、次の衝撃的な一文だったのです。

「商売がなんの規律もなく営まれているため、『詐欺が商売の本質だ』と見なされるようになっている[25]」

さら当時、日本の商業道徳に対する世界からの評価は、次のようだったという研究があります。

「一八九九年（引用者注：明治三十二年）発効の（日英通商航海）条約改正時、日本の商業道徳は『ヒンドゥー教徒やトルコ人』よりはるかに低いといわれ、アジアで最も高い商業道徳基準を持つといわれた中国より日本は劣っているとされることが多かった(26)」

残念ながら日本の商業道徳は、世界でも最低レベルと見なされていたのです。

しかし、これはちょっと待てよ、と言いたくなる話ではないでしょうか。江戸時代の日本といえば、有名なものだけを挙げても、

・近江商人の三方よし――売り手よし、買い手よし、世間よしという商売哲学
・石門心学――石田梅岩という儒者が広めた商業道徳
・商家の家訓――その多くが、信用をもとにした末永い商売の発展を説く

といった世界に誇れる商業道徳の存在が知られています。これらはどうなってしまったのでしょうか？

実は、こうした江戸時代の商業道徳は、やや一方的に持ち上げられ過ぎている嫌いがあるのです。

(25)『明治大正農政経済名著集1　興業意見』農山漁村文化協会、引用者訳。
(26)『グローバル資本主義の中の渋沢栄一　合本キャピタリズムとモラル』「公正な手段で富を得る」ジャネット・ハンター、東洋経済新報社。

現代でもビジネスの世界では、「企業は社会に貢献してこそ存在意義がある」といった主張が、手を変え品を変え繰り返されています。立派な社是や経営理念を掲げて、それをきちんと実践している素晴らしい会社も少なくありません。

しかし一方で、強欲な経営を続けたり、違法や脱法に手を染める会社、立派な理念とはうらはらに粉飾や偽装に手を染める会社もまた数多くあります。要は千差万別であり、それは今も江戸時代も同じだったのです。

明治になり、急速な近代化や資本主義化が進むと、このうちの悪い面が肥大化していきます。なぜなら、お金のインパクトが強すぎて「拝金主義」が蔓延してしまったから。要は、儲けたもの勝ちの風潮が社会で強くなってしまったのです。これは日本に限らず、急速な近代化や資本主義化が進んだ国では、往々にして起こる現象でした。

こうした大きな流れがあって、渋沢栄一は晩年、熱心に商業道徳の重要性を一般に説くようになり、「論語と算盤」「道徳経済合一説」「義利合一」などの有名なモットーを掲げるようになったのです。

・子貢《しこう》が孔子にたずねた。
「貧しくても卑屈にならない。豊かになっても傲慢にならない。こういう人物ならいかがでしょうか」

「うむ。それならなかなかのものだ。だが、貧しくても人生を楽しみ、豊かになっても礼を守る、こういう人物にはまだ及ばない」

「と言いますと、『詩経』のなかに《いやがうえにも磨きをかけよ》という一句がありますが、あれはそれを言っているのですね」

「そのとおりだよ。それでこそ詩について語り合えるというものだ。他のことを語っているうちに、連想がすぐに詩のほうへ行くのだからね」

（子貢曰く、貧にして諂《へつら》うことなく、富みて驕《おご》ることなくんば、如何《いかん》、と。子曰く、可なり。未だ貧にして楽しみ富みて礼を好む者には若《し》かざるなり、と。子貢曰く、詩に云う、切《せっ》するが如く、磋《さ》するが如く、琢《たく》するが如く、磨《ま》するが如し、と。それこれの謂いなるか、と。子曰く、賜《し》や、始めて与《とも》に詩を言う可きのみ。諸《これ》に往《おう》を告げて、来《らい》を知る者なり、と）『論語』

第六章　人格と修養

楽翁公（松平定信）の幼時

楽翁公《らくおうこう》（江戸時代の陸奥白河藩主《むつしらかわはんしゅ》で、寛政《かんせい》の改革を主導した松平定信《さだのぶ》（1））の生涯については、すでに広く世間に知れ渡っていることであるから、今あらためて述べるまでもないかもしれない。しかし、ここに述べようとしているのは、楽翁公の自筆で、松平家に秘蔵されている『撥雲筆録《はつうんひつろく》（「撥雲」とは、心にある雲〔不安〕を取り除くという意味）』という資料によって、いささか公の幼時における一端をうかがうと同時に、そのご人格や精神などが非凡であった理由について紹介しようと思うのである。まずは、こんな記述から。

「六歳のときに大病にかかった。生きられるかどうか心許《こころもと》なかったが、高嶋朔庵《たかしまさくあん》先生など多くの医師が集まって治してくれた。九月くらいに病は癒えた。

七歳くらいだろうか、『孝経《こうきょう》（2）』を読んで習い、仮名なども習った。

八歳か九歳の頃、人々がみな『記憶力もよく、才能もある』と褒め騒いだので、自分でも『そうかもしれない』と思ってしまったのは、幼稚なことであった」

これは「お利口だ、お利口だ」とみながお世辞を言うから、自分自身でも利口なつもりでいたのが恥ずかしいという、昔を振り返っての思いを述べられたもので、とても奥ゆかしい述懐である。さらに、

「その後、中国古典の『大学』などを読んで習ったころ、何回教えられても覚えることができず、人々が褒め騒いだのは、へつらっておもねっただけで、実は自分には才能があまりなく記憶力も悪いと、九歳の頃にふと覚《さと》った。こうしたことを思えば、幼いときに周囲が褒め騒ぐのは、とても悪いことではないか。

十歳を過ぎたあたりから、自分の名を歴史に連ね、日本や中国にも名声を響かせようと考えた。大志のようにも見えるが、とても愚かしいことであった」

これによると、十歳ぐらいの時から、海外にまで名が聞こえるほどの人物になりたい、と思われたのだ。実に非凡なことである。しかしご自身としては、それは大志のようであったけれども、愚かなことだと謙遜されているのである。

（1）一七五八〜一八二九　江戸時代、陸奥白河藩藩主。楽翁は号。
（2）儒家の古典の一つ。孝行の道について説いている。

「その頃から、大字《だいじ》（紙に漢字を一〜二文字大きく書いたもの）を数多く揮毫《きごう》して、人からの求めに応じた。みな先方から欲しいとお願いしてきたのだが、へつらいの種から生まれた態度であり、その求めに応じて書いたわたしの心はとても浅いものだった」

わたしどもも、ときどき漢字の揮毫をお願いされるが、あるいは楽翁公がここに言われたようなことがあるかもしれない。

「十二歳の頃、著述を好んで、通俗の書を集めた。そのなかで『大学』の記述に該当することなどを抜き書きして集め、人の教えやいましめの助けにしたいと思い立って、書いた。しかし、古典の文句を覚えていない上に、通俗の書はウソが多いと聞いてやめてしまった」

もう十一、十二歳の頃から著述して、人の教えになるであろうと思うことを書き始められたのだ。しかし古典の文句を覚えていない上に、通俗の書を参考にすると、事実を見失ってしまうことがあるから、読者を誤らせてはならないと思い返して、止められたのである。

「今思えば真西山《しんせいざん》（中国宋代の儒学者）の『大学衍義《えんぎ》』（『大学』という古典の内容にさまざまな注釈をつけたもの）(3)』に類似した内容だったため、集めなかったのが逆に幸いでもあった。また、この頃から和歌を詠むようになったが、みな下手くそで、今では覚えてもいない。また、添削を頼む人もいなかったので、自分で詠んでは捨てるだけだった。鈴鹿山《すずかやま》に桜が

咲く頃、旅人が行き交う様を描いた絵を見て、
鈴鹿山　旅路の宿は遠けれど　振り捨てがたき　花の木《こ》の下《もと》
と詠んだのも十一歳の頃だったろう」

十一歳のときにすでにこういう歌を詠まれたのは、文芸の面においても天才であったように思われる。

「十二歳のとき、『自教鑑《じきようかがみ》』という書物を書いた。儒学者の大塚孝綽《たかやす》氏(4)に添削をお願いしたので、似たような書物の中では読みやすいものとなった。今もある。清書したのは明和《めいわ》七（一七七〇）年だったが、書き始めたのは明和五年頃だった。父上はこれを見て喜び、歴史書の『史記』をくださった。今も蔵書のなかにある。

十一、二歳の頃から漢詩を作るようになったが、平仄《ひようそく》（韻《いん》）も完全には揃っていず、人には言えないようなものだった。

雨が降った後に作った詩として、
虹晴清夕気（虹がかかって晴れとなり、夕方の空気も澄んでいる）

（3）本書の原文は『大学術義』だが、真徳秀《とくしゆう》（号が西山、一一七八〜一二三五）の著書は『大学衍義』。おそらく「衍」を「術」とした誤植。
（4）一七一九〜一七九二　江戸時代中期の儒者。

雨歇散秋陰（雨がやみ、秋の影が広がっていく）
流水琴声響（水が流れ、琴の音色が響いている）
遠山黛色深（遠い山はもう眉墨のような黒色が深い）
また、七夕《たなばた》の詩に、
七夕雲霧散（七夕に雲や霧が晴れ）
織姫渡銀河（織姫《おりひめ》が銀河を渡る）
秋風鵲橋上（秋の風が吹き　かささぎが橋の上にとまる）
今夜莫揚波（今夜は、波は立たないでおくれ）
と詠んだ。多くの師に添削していただいたので、このような表現となった」
これを見ると楽翁公は生まれつき非常に多彩な才能に恵まれていて、少年の頃からとても優れた方だったようである。
『自教鑑』というのは、楽翁公の蔵書の中にあるが、自分の身を修めるということを、みずから戒めた書で、あまり長編ではなかったように記憶している。わたしも昔これを読んだことを覚えている。
楽翁公はまた、とてもやさしい人となりであったが、しかし老中《ろうじゅう》（徳川幕府の常任の最高職）だった田沼玄蕃頭《げんばのかみ》(5)の政治をひどく憂いていた。
「とてもこれでは徳川家は立ち行くことができない」

というくらいに憤慨して、

「ぜひこの悪政を除くには、田沼を殺すしかないから、身を捨てて田沼を刺そう」

ということを覚悟したということが、この書物のなかにも書いてある。元来いたって温和で、思慮深い方であったが、ある点では非常に精神の鋭いところのあった方のようである。なお続けて読んでいくと、怒りっぽいところがあって、それを侍臣《じしん》がきびしく諫《いさ》めたことが書いてある。

「明和八（一七七一）年、わたしは十四歳になった。（中略）この頃からわたしは短気で、わずかなことにも腹を立て、あるいは人を大声で叱りつけ、または肩をいからせ青筋を立てて理屈を言ったりした。みなが皆、『嘆かわしい』とだけ言った。特に大塚孝綽がよく諫めてくれた。水野為長《ためなが》(6)も常に諫めて、日々良かったこと悪かったことを指摘してくれた。

諫言を聞いたときは、『なるほど』と心に感じ入ったが、しかし腹立ちの感情を我慢できなくなり、画家の堀索道《ほりさくどう》の書いた、太公望《たいこうぼう》（中国古代の名政治家）が釣りをしている絵を、床の間にかけて、怒りの感情が湧き起こったら一人その絵と向きあって、その情をしずめようとしたが、我慢しきれなくなった。一日をまったく怒りの感情なく暮らしたいと思っ

（5）　田沼意次（一七一九〜一七八八）　江戸時代の老中。玄蕃頭は役職名。
（6）　一七五一〜一八二四　白河藩の家臣。

たが、そのころは最後までそんな日はなかった。こんなであったが、十八歳のころから、そんな感情が洗ってすすいだようになくなったことは稀有《けう》なことだが、すべて左右の家臣が直言してくれたおかげだろう」

この記述から見ると、この方は天から与えられた才能を持っておられ、しかもある点では非常に感情の激しい性質を持っておられた。しかし同時に、精神の修養にとても力を尽くされ、そして楽翁公の楽翁公たる人格を築き上げられたように見えるのである。

松平定信と渋沢栄一

実業と社会事業をあわせれば、一千を超える事業に関わった渋沢栄一ですが、その中で最も長く携わったのが、養育院（現在の東京都長寿医療センター）でした。これは身寄りのない子供や、病気で働けなくなった人を保護するための施設であり、亡くなるまで六十年弱にわたって、栄一はその責任者を務めたのです。

そして、この養育院を作るきっかけを与えてくれた人物が、松平定信でした。彼は陸奥白河藩（福島県白河市）の藩主であり、江戸時代中期に、老中として寛政の改革を主導したことで有名です。

彼が老中になる前、「天明の大飢饉」といわれる大凶作が日本を襲いました。各地で農民一揆が起こり、江戸や大坂でも大規模な打ちこわしが頻発しました。松平定信は、これを幕藩体制の危機と考え、さまざまな施策を打ったのですが、その一つが「七分積金《しちぶづみきん》」でした。

当時の江戸は、自治組織としての町内会が整備されていて、さまざまな活動をしていました。定信は、その町内会費の支出を節約させて、節約分の七割を将来の飢饉などの対策や、生活困窮者救済などに使おうとしたのです。

これを家計でたとえるなら、まずは家計支出の削減計画を立てます。「間食用のお菓子を今後は買わないようにする分、いくら」といったように具体的な数字を積み上げ、積み上がった分の七割の金額を将来のための投資や緊急用資金としてためておく、といった感じでしょうか。

この「七分積金」はずっと続けられ、相当なお金が備蓄されていたのですが、明治になってその使い道をどうしよう、という話になります。いろいろなアイデアが出されますが、もとが江戸の町内会会費なので、東京の整備のために使うべきだということになりました。

この「七分積金」の管理や運営は、江戸時代には「町会所」という組織が行っていましたが、明治五（一八七二）年に解散となり、代わりに有志の市民によって「営繕会議《えいぜん》所」が結成されました。栄一はこの会の取締役となり、「七分積金」を、

・銀座のガス灯

・青山霊園や雑司ヶ谷霊園などの墓地整備
・新しい学校制度によって創設された東京の小学校への経費
・商法講習所（今の一橋大学）の運営資金
などに使っていきます。そして、養育院もこの「七分積金」を使って設立されたのです。

養育院ができてしばらくたってから、栄一は、「七分積金」は誰が始めたのかについて興味を覚えて調査しました。そこで出てきたのが、東京の恩人ともいうべき松平定信の名前だったのです。

以後彼は、松平定信の事績を学び、尊敬の念を深くしていきます。特に、一身をなげうって、困窮した人々を救いたいという定信の政治姿勢に感銘を受け、以後、定信の顕彰に力を尽くしました。

昭和四（一九二九）年、松平定信の没後百年を記念して開かれた「楽翁公遺徳顕彰会」の式典を、栄一は会長として取り仕切りました。また、彼は二人の人物の伝記の執筆者（執筆は別の学者であったが、企画し、取り仕切った彼の名が付されている）となっていますが、それは大恩あった徳川慶喜と、もう一人が松平定信だったのです。

さらに、定信の命日が旧暦の五月十三日だったことにちなんで、明治四十三（一九一〇）年からは、毎月十三日を養育院への登院日とし、栄一は、板橋の本院や巣鴨の分院を訪れて子供たちに講話をするとともに、お菓子を配っていました。子供たちはこの日を心待ちにしていました。

――

人の品格の基準とは何か

人は「万物の霊長（すべてのなかで、最もすぐれた生き物）」というのは、人皆みずから信じているところである。同じ「霊長」ならば、人と人との間には何らの差もないはずなのに、世間多数の人々を見ると、

「上を見ても際限がなく、下を見ても際限がない」

と口にしている。現にわれわれが付き合っている人は、上は王様や華族から、下は市井《しせい》の人にいたるまで、その差がとても甚だしい。一つの郷土や村を見ても、すでに大きな差があり、一つの県や地方を見れば、その差はさらに大きく、これを一国で見れば、その差はますます開いて、ほとんど止《とど》まるところを知らないのである。

すでにその頭の良さや、地位の高低において、このような差が人についているとするならば、その価値を評価するのも容易なことではない。まして、評価のための明確な基準を与える難しさは言うまでもない。しかし、人が動物のなかで最も優れたものだと認めるなら、人と動物の間には、自然と優劣をつける何かが存在しているはずである。また、

「人は死後になって評価が定まる（人は棺を蓋《おお》うて後、論定まる）」という昔の言葉から見れば、人と人との違いを評価する基準も、きっとどこかにあるはずだ。

人を見て、「みな同じようなものだ」というのには一理ある。逆に、「一人ひとりみな違っている」とするのにもまた論拠がある。したがって人の真価を定めるのにも、この両者の論理を研究してふさわしい決断を下さなければならない。だからとても難しいのだ。しかし、この基準を立てる前に、いかなる者を人というのかを、まず定めておかなければならないと思う。

ところが、これもなかなか困難なことなのだ。人と動物とはどこが違うのかというような問題も、昔は簡単に説明されたかもしれないが、学問の進歩に従って、そんな単純なことすら次第に複雑な説明を要するにいたっている。

昔、ヨーロッパのある国王が、人類がもともと持っている言語はどのようなものであるかを知りたいと思って、二人の赤ん坊を一室に収容し、人間の言葉をまったく聞かせないようにして、何らの教育も与えないままにした。そして成長した後、連れ出してみたが、二人ともまったく人間らしい言語を発することができず、ただ動物のようなはっきりしない音を発するだけだったという。

これが事実かどうかはわからないが、人間と動物との違いは、きわめてわずかでしかないことは、この話によっても理解できるのである。頭が一つ、手足が二本ずつあって人間の形をしているからといって、われわれはそれをただちに人だと断言することはできない。人が動物と異なる点は、道徳を身につけ、知恵を磨き、世の中のためになる貢献ができるという点にある。これによって初めて真の人だと認められるのだ。一言でこれをまとめれば、

「動物のなかで最も優れた証としての能力を持つ者だけが、人としての真価を持っている」

と言いたいのである。したがって、人の真価を見極めるための基準も、この意味において論じたいと思う。

昔から歴史上の人々のなかで、いったい誰が人として価値ある生活をしていたのだろう。中国の古代、周の時代には、文王と武王という親子が世に出て、非道な殷王を懲らしめて天下を統一、道徳に基づく政治を行った。その結果、後世、文王と武王ともに道徳の高い聖王だとの評価を受けている。こう考えると、文王と武王のような人は、名誉と富、地位のいずれも手に入れたというべきであろう。

では、この文王と武王、それにその弟の周公という三人の偉人と並び称される孔子はどうであろう。当然、聖人としてあがめられているし、その弟子であった顔回[7]や曾子、子《し》思《し》[8]、孟子なども、聖人に次ぐものとして「四配《しはい》」（孔子廟に孔子とともに祭られている四人の聖

人）」と称せられている。しかし、それにもかかわらず、これらの人々は、すばらしい政治を実現するために天下を遊説して、その一生をささげたのに、戦国時代に一つの小国すら手に入れることができなかった。

もちろんそうはいっても、徳の面では文王や武王に劣らず、その名も高く称せられている。しかし、富や地位という面から即物的にこれを評価すれば、雲泥《うんでい》の差があって比較にもならなかったのだ。

つまり、もし富を基準として人の真価を論じれば、孔子は確かに劣等生に過ぎない。しかし、孔子は果たして自分を劣等生だと感じていたのだろうか。文王、武王、周公、孔子がみな、自分の身の丈に満足してその生涯を終えたとするなら、富を基準として人の真価を計り、孔子を劣等生とするのは、ふさわしい評価と言えるのだろうか。

この点から、人を評価する難しさを知るべきである。その人が何を実践しているのかを見、その動機を観察して、その結果が社会や人々の心にどのような影響を与えるのかを考えないと、人の評価などできないと思う。

わが国の歴史上の人物について見ても、同じ感想を持たざるを得ない面がある。藤原時《ふじわらのとき》平《ひら》(9)と菅原道真《すがわらのみちざね》(10)。楠木正成《くすのきまさしげ》(11)と、足利尊氏《あしかがたかうじ》(12)。このライバルのペアのうち、いずれを高く評価し、いずれを低く評価すべきなのか。時平も尊氏も、ともに富という点では成功者であった。

しかし今日から見ると、藤原時平の名は、菅原道真がいかに心からの忠誠を尽くしたのかを示すにあたっての比較対象として出てくるに過ぎない。しかしこれに反して菅原道真の名は、児童や賤しい者でさえ、その名を記憶している。では、どちらを果たして本当に価値ある者と考えるべきなのだろうか。

足利尊氏と楠木正成の二人についても同様である。だいたいにおいて、人を評価して優劣を論じることは、世間の人の好むところであるが、よくよく真相を見極める難しさは、さまざまな事例からも窺われるもの。人の真価というのは、簡単に判定されるべきものではないのだ。本当に人を評論しようと思うならば、その富や地位、名誉のもととなった

(7)　前五一四?〜前四八三?　字《あざな》は淵《えん》で、顔淵とも呼ばれる。孔子が学問上の後継者として期待していた高弟。しかし大成する前に逝去した。
(8)　前四八三?〜前四〇二?　本名は孔伋《こうきゅう》、字が子思《しし》。孔子の孫にあたり、その学問を受け継いだ。
(9)　八七一〜九〇九　平安時代の公卿《くぎょう》で、政治上のライバルだった菅原道真を左遷した中心人物といわれる。政治的に栄華を極めたが後世に悪名を残した。
(10)　八四五〜九〇三　平安時代の貴族、政治家。時平から政治的に失脚させられたが、今でも学問の神さまと称えられる。
(11)　一二九四?〜一三三六　鎌倉および南北朝時代の武将。後醍醐《ごだいご》天皇を助けたが、湊川の戦いで戦死。後世にその忠節を称えられた。
(12)　一三〇五〜一三五八　鎌倉および南北朝時代の武将、政治家。最初は後醍醐天皇を助けたが後に対立し、足利幕府を建てた。

「成功か失敗か」という結果を二の次にし、よくその人が社会のために尽くそうとした精神と効果とによって、行われるべきものなのだ。

誤解されやすい「元気」

「元気」とはどのようなものかというと、これを形に現して説明することはとても難しい。中国の学問から説明すれば、孟子のいう「浩然《こうぜん》の気」がこれに当たるものだろうと思う。世間ではよく「青年の元気」というけれども、青年にばかり元気があって、老人にはなくてよいというのではない。元気は老若に関係なく、さらに一歩進んでは男女ともになければならないと考える。大隈重信公は、高齢な私よりさらに二歳も年上だが、その元気はたいへんなものだ。

孟子のいう「浩然の気」については、彼自身が、

「元気というものは、いたって大きく、いたって頑丈。正しい道理によって養うので害になることがない(13)。それは広大な天地の間にも充満するほどのものだ(14)」

と言っている。この「いたって大きくいたって頑丈。正しい道理によって養う」という言葉がとても面白い。

世間ではよく「元気がない」とか「元気を出した」とかいう。場合によっては、かなり

酔っ払って途中で大声でも出すようになると、「彼は元気がいい」と言い、黙っていると「元気がない」と言う。しかし、「ポリス」に捕まって反省するような「元気」では、決して誇れるものではない。

また、人と争って自分が間違っていても強情を張り通す、これを「元気がよい」と思ったら大間違いだろう。それはつまり、元気を誤解したのである。

さらに、気位《きぐらい》が高い、ということも元気であろう。福沢諭吉《ふくざわゆきち》(15)先生がしきりに唱えていた独立自《じ》尊《そん》（独力で物事を行い、自分の尊厳を保つ）——この「自尊」などもある場合には元気といえよう。みずから助け、みずから守り、みずから治め、みずから活きる、といった言葉と同じ意味での「自尊」であればよい。みずから治め、みずから活きるといったことは、それに見合った効能があるからだ。しかし同時に、「自尊」は誤解してしまうと驕《おご》り高ぶりになる。あるいは道理に合わなくなる。すべて悪徳になってしまって、ちょっと道を通りかかっても、

---

(13)　本書の原文では「至大至剛、直を以て養いて害無し」と読み下している部分があるが、一般的には「至大至剛、以て直。養いて害無ければ（いたって大きくいたって頑丈で、しかも正しい。損なうこと無く養えば）」と読む。ここでは渋沢栄一の方の読みに従って訳をつけている。

(14)　『孟子』公孫丑章句上25。

(15)　一八三四〜一九〇一　幕末から明治にかけて活躍した啓蒙思想家、教育者。

「こちらは『自尊（自分の尊厳を保つ）』だから、俺は逃げない」

といって、自動車などに突き当たっては、とんだ間違いが起こる。このようなものは元気ではないと思う。

元気というのはそういうものではなく、すなわち孟子のいう「至大至剛」――きわめて大きくきわめて頑丈なものであり、しかも「直を以て養う」――道理正しさ、つまり誠実さの極みをもって養い、それがいつまでも継続する。ただその場限りちょっと酒を飲んで昨日は元気だったけれども、今日は疲れてしまった、そんな元気ではダメである。正しい道理によって養って、不足するところがなければ「広大な天地の間にも充満する」。これこそ正統な元気であると思う。

この元気を完全に養ったなら、「今の学生は軟弱だ」「風俗が乱れている」「優柔だ」というような誹《そし》りは決して受ける心配はないと思う。しかし今日のままでは、ちょっと悪くすると元気を失ってしまう場合がないとは言えない。これは老人でさえ当てはまることであるが、特に最も重い社会的役割を担っている現在の青年は、この元気を完全に蓄えることに、くれぐれも努めなければならない。中国の思想家、程伊川《ていいせん》の言葉であったと思うが、「思慮ある人は、微妙な兆しを知って、誠実に思いをめぐらせる。志士は決められたことをきちんと行って、やるべきことを実行する(16)」

というのがある。あるいは字句が間違っているかもしれないが、これはわたしが注目した言葉で、今も感心する。かの明治時代の先輩は「思慮ある人は、微妙な兆しを知って、誠実に思いをめぐらせる」ということを実践した人である。

大正時代の青年はどうしても「志士は決められたことをきちんと行って、やるべきことを実行する」という方であって、すべて巧みにまとめる時代であると思う。ゆえに青年は十分に元気を旺盛にして、明治時代の人々の恩に応える心がけがきわめて重要であると思う。

二宮尊徳と西郷隆盛

井上馨《かおる》侯爵が総責任者となって采配を振るい、その下でわたしや陸奥宗光《むつむねみつ》、(17)芳川顕正《よしかわけんせい》、(18)

(16)　ここの原文は「哲人見機、誠之思。志士厲行致之為」となっているが、本文でも言及しているように栄一の記憶違いがいくつかあり、出典である程伊川の『四箴《ししん》』では「哲人知幾、誠之於思。志士励行、守之於為」となっている。

(17)　一八四四〜一八九七　幕末は坂本竜馬と行動をともにし、維新後は外務大臣として海外との不平等条約を撤廃させたことで有名。

(18)　一八四二〜一九二〇　文部、司法、内務などの大臣を務めた明治の重臣。国学院大学の学長にもなった。

明治五（一八七二）年にイギリスに日本の国債購買を働きかけにいった吉田清成《よしだきよなり》(19)などが、ひたすら財政改革に取り組んでいた明治四（一八七一）年頃のことだった。

ある日の夕方、当時わたしが住んでいた神田猿楽町《さるがくちょう》の粗末な家に、西郷隆盛(20)公が突然訪ねて来られたのだ。その頃、西郷さんは参議《さんぎ》(21)という役職で、政府のなかでは最も高い地位にいた。わたしのような大蔵大丞《おおくらたいじょう》(22)という官職の低い小者のところへ、わざわざ訪問されるというのは、それだけでも普通の人ではできないことで、わたしはすっかり恐れ入ってしまった。

用向きというのは、相馬藩《そうま》（現在の福島県東部にあった江戸時代の藩、明治四年の廃藩置県にて消滅）の「興国安民法《こうこくあんみんほう》（国を豊かにし人々を安心させる仕組み）」についてであった。

この「興国安民法」というのは、二宮尊徳《にのみやそんとく》(23)先生が相馬藩に招かれたときに考え、遺されたもので、相馬藩繁栄の基盤になった財政や産業についての方策である。井上馨侯やわたしたちが財政改革を行うにあたっては、この二宮先生の遺された「興国安民法」の廃止についての議論があったのだ。

これを聞きつけた相馬藩では、藩の生き残りにかかわる大変な一大事だということで、富田久助《とみたきゅうすけ》、志賀直道《しがなおみち》の二人をわざわざ上京させた。二人は参議の西郷さんに面会し、

「どのような財政改革を行われるにあたっても、どうか相馬藩の『興国安民法』だけは廃止しないでください」

と、連れ立って頼み込んだ。西郷さんはその頼みを引き受けられたわけだ。しかし、この話を政府の高官である大久保利通さんや大隈重信さんに持って行っても、まず取り上げてくれそうにない。ましてや井上馨さんにでも話したら、井上さんはあの通りの性格のため、とうてい受け付けてはくれず、頭からガミガミと撥《は》ねつけられるにきまっている。そこでわたしを口説けば、もしかしたら廃止せずに続けられる、と思われたようだ。富田、志賀の二人に「やる」と言ったことを重んじて、わざわざ下っ端官僚のわたしの粗末な家に尋ねていらっしゃったのだ。

西郷さんはわたしに向って、

「かくかくしかじかの事情があるため、せっかくのよい法を廃止してしまうのも惜しいから、渋沢の取り計らいで、この法が続けられるよう、相馬藩のために力になってくれない

(19)　一八四五～一八九一　外交官として不平等条約の撤廃などに尽力した。
(20)　一八二八～一八七七　薩長の軍事責任者として明治維新の立役者となる。しかし新政府では意見の対立などから下野し、西南戦争で自刃する。
(21)　明治政府初期の重職で、立法、司法、行政を統括した。
(22)　大蔵省で四番目にあたる地位。
(23)　一七八七～一八五六　通称は金次《きんじ》郎《ろう》。貧しい生まれながら独学で学問を修め、全国各地の疲弊した農村六百余りを再建した。

か」

と言われた。そこでわたしは西郷さんに向かい、

「それならあなたは、二宮先生の『興国安民法』とはどんなものかご存じなのでしょうか」

とお尋ねすると、それはまったく知らないとのこと。まったく知らないものを廃止しないでくれとお願いするのも、よくわからない話だ。しかし、知らないのなら仕方ない、わたしから西郷さんにご説明申し上げることにした。その頃、すでにわたしは「興国安民法」について十分調べてあったのだ。

二宮先生は、相馬藩に招かれると、まず過去百八十年間における詳細な藩の収入統計をつくった。そのうえで、百八十年を六十年ずつ三つにわけ、それぞれ「天」「地」「人」と名前をつけた。その三つを比べてちょうど真ん中の平均収入額になった時期を、「平年の藩の収入」とされたのだ。

さらに、今度は百八十年を九十年間ずつ二つに分けて「乾《けん》」と「坤《こん》」と名づけ、二つを比べて平均収入の少ない時期の方を、相馬藩が支出してよい額の基準とした。この金額内で、藩にかかる一切の費用をやりくりする。もしその年の藩の収入が、この予想以上によかったら自然増収となるわけだ。この余ったお金ができた場合は、それを使って荒れた土地を開墾し、その開墾によって作られた新しい田畑は開墾した当事者に与える、という法

を定めたのだ。これが相馬藩の「興国安民法」だった。

西郷さんは、わたしがこのように細かく「興国安民法」について説明したのを聞かれると、

「それは『収入を把握して、支出を決める』という昔の教えにもかなっていて、とても結構なこと。ならば、廃止しなくてもよいではないか」

とおっしゃられた。わたしは、今こそ自分が普段から考えていた国家財政に対する意見を言っておくべきよい機会だと思い、

「いかにもおっしゃる通りです。二宮先生の遺された『興国安民法』を廃止しないで、引き続き行うようにすれば、それで相馬藩は必ずうまくいき、今度ともますます繁栄するでしょう。しかし今は、国家のために必要な『興国安民法』に頭をひねる方が、相馬藩の『興国安民法』をどうするのか考えるよりも先決なのではないでしょうか。

西郷参議におかれましては、相馬藩だけにかかわる『興国安民法』は大事なので、ぜひ廃止しないようにしたい、とおっしゃられます。しかし国家のために必要な『興国安民法』については何も取り組まないままでよいとお考えなのでしょうか。ぜひお伺いしたい。

一国をその双肩に担い、国政の采配をふるう大任にあたっているお身体で、国家のごく一部分でしかない相馬藩だけの『興国安民法』のためには努力しても、一国の『興国安民法』についてどうするのかというお考えがないのは、わけがわかりません。本末転倒もは

なはだしいのではないでしょうか」

と熱心に述べた。西郷さんは、これに対して別になにも言わず、静かにわたしの粗末な家から帰られていった。

とにかく明治維新の豪傑のなかで、知らないことは知らないと素直に言って、まったく飾り気のない人物が西郷さんだったのだ。心から尊敬する次第である。

自分を磨くのは、理屈ではない

「修養（自分を磨くこと）」は、どこまで続ければよいのかというと、これは際限がない。ただし、このときに気をつけなければならないのは、頭でっかちになってしまうことだ。自分を磨くことは理屈ではなく、実際に行うべきこと。だから、どこまでも現実と密接な関係を保って進まなくてはならない。

わたしは、この「現実と学問上の理論との調和」について、ここで特に述べておきたいと思う。

まず、理論と現実、学問と事業というものは、お互いに一緒になって成長していかないと、国家の本当の発展には結びついていかない。どれほど一方が成長しても、もう一方もこれに伴っていないと、その国は世界の強国のなかで張り合っていくことができなくなる。

現実だけ知っていても充分とは言えないし、かといって学問の理論だけ身につけていても社会に打って出ることはできない。この両者がよく調和して一つになるときこそ、国でいえば文明が開けて経済的にも発展できるし、人でいえば完全な人格を備えた者となるのだ。

このことに対する証拠はたくさんあるが、これを中国の学問に求めてみると、こんな例がある。

孔子や孟子といった思想家を源泉とする儒教は、中国において最も尊重されていて、これを「経学《けいがく》（時代を貫く学問）」とか、「実学（実用的な学問）」とか呼んでいる。詩人や文人がもてあそぶような文学とは、まったく別に見られていた。

そして、この儒教を最もよく研究して、発達させたのが中国宋王朝の末期に活躍した朱子という思想家だった。彼はとても博学で、熱心にこの学問を広めようとした。ところが、朱子の活躍した当時の中国の国情はどうだったのかというと、ちょうどその頃は宋王朝末期で、政治も乱れ、兵力も弱く、実用的な学問がまったく効果を発揮していなかった。つまり、学問の方はとても発達していたのに、現実の政治は混乱するという、学問と現実との完全な分裂が起こってしまっていた。結局、本場中国の儒教は、宋王朝においてとても盛んになったにもかかわらず、これを採用した効果は実際には現れなかったのだ。

ところが日本では、その頭でっかちで魂の入ってない宋時代の儒教を利用して、かえって実用的な成果をあげていった。これをうまく活用したのが徳川家康だったのだ。元亀《げんき》や天正《てんしょう》といった戦国時代、日本は「天下が二十八に分かれている」と呼ばれるほど、国内が激しく乱れていた。このとき、諸侯はみな武力を使うことばかり考えていた。

そのなかで家康はとても広い視野を持ち、武力だけではとても天下に平和をもたらすことはできないと悟ったのだ。そこで、文化面にも心を注ぎ、中国では頭でっかちな存在でしかなかった朱子の儒学を採用した。

当初は、藤原惺窩《ふじわらせいか》(24)という学者を招き、続いては林羅山《はやしらざん》(25)という学者を採用して、学問を現実に応用すべく努力を重ねた。理論と現実とを調和し、接近させたのだ。現に家康の遺訓の一つとして、よく知られたこんな一節がある。

「人の一生は、重い荷物を背負って、遠い道のりを歩んでいくようなもの、急いではならない。

不自由なのが当たり前だと思っていれば、足りないことなどない。心に欲望が芽ばえたなら、自分が苦しんでいた時を思い出すことだ。耐え忍ぶことこそ、無事に長らえるための基本、怒りは自分にとって敵だと思わなければならない。

勝つことばかり知っていて、うまく負けることを知らなければ、そのマイナス面はやがて自分の身に及ぶ。自分を責めて、他人を責めるな。足りない方が、やり過ぎよりまだましなのだ」

考えてみると、内容自体はみな儒教からとったものであるし、その多くは『論語』のなかの名言からきている。

当時、戦乱続きでささくれ立った人々の心を癒して、徳川幕府が三百年続くもとをつくったのは、おそらく学問の活用――つまり、現実と理論を調和して、融合させた結果ではないかと思っている。

ところが、このように家康が朱子の儒教を採用して現実にうまく応用したのに、江戸中期の元禄《げんろく》や享保《きょうほう》年間になると、次第にいろいろな学派が生まれて頭でっかちの理論がもてあそばれるようになった。有名な儒教の学者は多いけれど、理論と現実を融合させた人物は少なく、わずかに熊沢蕃山《くまざわばんざん》、(26)野中兼山《のなかけんざん》、(27)新井白石《あらいはくせき》、(28)貝原益軒《かいばらえきけん》(29)など数人に過ぎない。徳川

(24)　一五六一～一六一九　戦国時代から江戸時代初期に活躍した儒者。

(25)　一五八三～一六五七　朱子学を修めて藤原惺窩の弟子となると、その推薦で徳川家に仕える。五代将軍綱吉《つなよし》の時代に、その子孫である林家《はやしけ》が代々幕府の儒官を務めることとなった。

(26)　一六一九～一六九一　岡山藩に仕え、土木政策や農業政策で治績をあげた。陽明学を信奉したこともあり、朱子学を基本とする江戸幕府とはしばしば対立した。

(27)　一六一五～一六六三　朱子学者であり、土佐高知藩の家老として治水や農業政策に治績をあげた。

(28)　一六五七～一七二五　名は君美《きんみ》。号が白石。一七〇四年に幕府に仕えると重職を歴任、儒教にもとづくその政治は「正徳《しょうとく》の治」と称えられた。

(29)　一六三〇～一七一四　朱子学を修めた儒者だったが、同時に薬草などを研究する本草学《ほんぞうがく》を日本で拓いたことで有名。

幕府が末期になって元気がなくなってしまったのも、やはりこの調和が失われてしまった結果ではないだろうか。

以上は、昔にあった事例だが、今日でも両者の調和や不調和が物事の盛衰を示しているのは、みなさんご存じの通りだと思う。世界の二流国や三流国を見るとそれは明らかだし、いまの一流国のなかにも、このバランスを失いそうになっている国もあるように思われる。

では、わが日本はどうかと言うと、まだまだ十分に調和しているとはとても言えない。それどころか、下手をすると分裂しそうな傾向さえ見える。このことを考えると、国家の将来が心配になってくるのだ。

だからこそ、自分を磨こうとする者は、この点をよく心にとめてほしい。決して極端に走らず、中庸を失わず、つねに穏やかな志を持って進んでいくことを、心より希望する。

言葉を換えれば、現代において自分を磨くこととは、現実のなかでの努力と勤勉によって、知恵や道徳を完璧にしていくことなのだ。つまり、精神面の鍛練に力を入れつつ、知識や見識を磨きあげていくわけだ。しかも、それは自分一人のためばかりでなく、一村一町、大きい範囲まで広げるなら国家の興隆に貢献するものでなくてはならない。

普段からの心がけが大切

なべて世の中のことは、心のままにならないことが多い。単に形の上に表れている物事ばかりでなく、心に属することも、ままそういうことがある。

たとえば一度「こう」と心の中に固く決心したことでも、何かフトしたことから突然変わってしまう。人から勧められて、最終的にはその気になるといったようなこともある。それが必ずしも悪意からの誘惑でないにしても、心の変化から起こってしまうことであり、これでは意志が弱いと言わなければならないだろう。みずから決心して「動かない」と覚悟していながら、人の言葉によって心を変えてしまうようでは、もちろん意志の鍛錬ができているとは言えない。

何にせよ普段からの心がけが大切である。平素、自分の気持ちの中に「こうせよ」とか「こうしなければならない」といった、物事に対する心がけが的確に定まっているなら、いかに他人が巧妙に言葉を操っても、うかうかとそれに乗せられるようなことはないわけだ。

だからこそ、どんな人でも問題のまだ起こっていないときにこそ、その心がけを磨いておき、そのうえで何か対処すべき物事に当たったとき、それを順序よく処理していくのが肝心なのだ。

ところが、人の心は何かと変化を生じがちなもの。いつもは「こうあるべきだ」「こうすべきだ」と固く決心していた者も、急に心変わりして、知らず知らずにみずからの本心を惑わしてしまい、普段の心がけとはまったく別のところに気持ちを誘ってしまうような結果をもたらしてしまったりする。こうしたことは常日頃の精神修養に不十分なところがあり、意志の鍛錬が足りないことから生じたことだ。

このようなことは、かなりの修養を積んで、鍛錬を経験した者であっても惑わされないとは言えないものだ。ましてや社会的な経験の少ない青年時代などには、いやが上にも注意を怠ってはならない。

もし普段から自分の主義主張としていたことが、何か対処すべき物事に当たって変化を迫られることがあったなら、ぜひとも再三再四、熟慮するのがよい。急激に何かを決断することなく、慎重な態度で何度も深く考えるなら、おのずから心眼《しんがん》（物事の本質を見通す心の働き）が開いたりして、ついに自分の本当の気持ちがあった場所に立ち返ることができる。この自省や熟考を怠るのは、意志の鍛錬にとって最も大敵であることを忘れてはならない。

以上は、みずからの意志の鍛錬に関する理屈であり、またわたしがそう感じたところであるが、ついでにわたしが実際に経験した話をここに付け加えておきたい。

わたしは明治六（一八七三）年、思うところがあって官僚を辞めて以来、商工業を自分の天職としている。たとえどのような変化が起こっても、政界には断じてふたたび携《たずさ》わらないと決心した。

もともと政治と実業とは互いに関わり合い、もつれ合ったりするものである。だから、見識があって非凡な人は、この二つの道の上に立って、その中間を巧妙に歩めればとても面白いだろう。しかし、わたしのような凡人がそのようなやり方を採ると、あるいはその歩みを間違って失敗に終わるかもしれない。だからわたしは最初から、政界は自分の力量が及ばないものとして断念し、もっぱら実業界に身を投じようと覚悟したわけであった。

そして当時、わたしがこの決心を断行するに当たっても、自分の考えを多々頼りにしていたのはもちろんのことだった。時には知人や友人からの助言や忠告もある程度まではこれを斥け、断固として心を一つにして実業界に向かって猛烈に進んでいこうとした。

ところが、最初の決心がそれほど雄々しいものであったにもかかわらず、さて実際にやってみるとなかなか思惑通りにはいかないものだった。それから四十年あまり、しばしば初心を動かされようとしては危うく踏みとどまり、かろうじて今の姿であることができた。今から思い起こせば、最初に決心したときに想像したよりも、この間の苦心と変化とははるかに多かった。

もしわたしの意志が薄弱で、それら数多くの変化や誘惑に遭遇したさいに、うかうかと一歩を踏み誤っていたならば、今日あるいは取り返しのつかない結果になっていたかもしれない。

たとえば、過去四十年間に起こった小さな変化のうち、東に行くべきところを西に行くようなことがあったならば、ことの大小は別として、初心はここに挫折することになる。かりに一つでも挫折してしまって、方向が錯綜《さくそう》することになれば、もはや自己の決心に自分が傷つけられたことになるので、それから先は五十歩百歩、もう何をしても構うものかという気になるのが人情だから、止《と》め処《ど》がなくなってしまう。

かの「大きな堤《つつみ》も蟻《あり》の穴から崩れる」のたとえのようで、そうなると右に行くはずだったのが、途中から引き返して左へ行くようなことになり、ついには一生を破壊してしまわなければならなくなる。しかしわたしは幸いにもそのような局面に対処するたびに、熟慮し考察して、あやうく心が動きかけたことがあっても、途中から引き返して本心に立ち戻ったので、四十年あまり、まずまず無事に過ごすことができた。

このことから考えるに、意志の鍛錬の難しさについては、いまさら驚嘆する他ないが、しかしそれらの経験から習得した教訓の価値も、また決して少なくないものだと思う。その上で、得たところの教訓を要約するなら、だいたい次のようになるだろう。

つまり、ごく取るに足らないことの細部に至るまでも、初心を貫くことを忘れてはならない。自分の意志に反することなら、ことの大小にかかわらず、断固として誘惑をはねつけなければならない。最初は些細なことと侮ってやったことが、ついにはそれが原因となって総崩れになるような結果を生み出すものであるから、何事に対してもよく考えなければならない。

ぜひともその原因を探求すべきだ

乃木希典《のぎまれすけ》大将(30)が、明治天皇の崩御《ほうぎょ》に連なって殉死したことについて、世間の論ずるところを観ると、ある主張では、

「殉死については多少批難すべき点もあるが、殉死という行為は乃木大将だからこそできたことだ。他の人が真似をしてはならない」

と論じていた。また、

「絶対的に感嘆すべき武士としての行為であり、世の中を揺り動かした見事な最期である」

と限りない尊敬の心をもって論評するものもあった。当時の新聞や雑誌のほとんどが、このことについて埋め尽くされたほどであるから、大将の行為は今の社会に大きな影響を与えたと言えるだろう。

わたしの観るところも、ほぼ後者と同様であるが、乃木大将の死における教訓が尊いというよりは、むしろ生前の行為こそ、本当に尊敬すべきものがあると思う。言葉を換えれ

(30)　一八四九〜一九一二　戊辰《ぼしん》戦争や西南戦争、日清、日露戦争などで活躍した軍人。

ば、大正元(一九一二)年九月十三日までの乃木大将の行為が、けがれなく清らかで、また優れていたからこそ、そのただ一つの死が、あまりに突然のこととして、世間に「たいしたことだ」という感想を抱かせたのである。

乃木大将の殉死がどのような動機から起こったにせよ、その死という行為だけが、このように世間に対して激しい影響を与えたのではないだろう。だから、わたしは前に述べた点について少し意見を敷衍《ふえん》してみようと思う。

ただしわたしは乃木大将とは、それほど親しくしていたわけではなかったから、その生まれつきの性質や行動について詳細には存じ上げない。しかし殉死の後、各方面からの論評を観察すると、こんな感じだった。

「本当に比べようのない忠誠の人である」

「心や行いがきれいな人である」

「その心はただ、公に尽くすという思いに満ちた人である」

しかも何かに対処するさい、常に集中していい加減なことはしない人であるということは、すべての乃木大将の行為において察知することができるのである。

特に軍務を果たすための行動は、何者をも犠牲にして君主のため、国のために尽くすという精神に満ちていた。現に二人の令息《れいそく》が日露戦争において相次いで戦死されたさいにも、乃木将軍は君主や国のために、堪え忍んで感情を抑え、涙一つ人に見せなかったという一事を取り上げても明らかである。

乃木将軍はおおよそ青年の頃より、軍人として常に上官の命令に服従して、水や火の中でも避けないという堅固な服従の気風を持っておられた。それと同時に、事の「正しい／正しくない」「善い／悪い」についての議論では、いささかも権勢に屈しないという毅然《きぜん》とした意志や考えを持っておられたように見受けられる。そのためかどうか、ある時には先輩の意見に逆らって休職になったなどということもある。おそらくその強固な意志が原因だと想像される。

それならば、とても度量が狭く過激な、ただ感情まかせの人かというと、そうした中に穏やかな君子《くんし》（徳ある人）の気風もあった、あるいはおどけたり、あるいは温かみのある言動によって、人を懐かせた。自分が率いた兵隊などに対しても、それこそ心からその人の痛みや苦しみを感じ取った。またその戦死については、故郷の父母や妻子に対して深く哀情を示された。

昔の軍人の美談として世に伝えられている、中国の呉起《ごき》(31)将軍の話がある。彼が、部下の兵士の傷の膿《うみ》を口で吸い出して治してやったとき、その兵士は大いに喜んで、「この傷が癒えたら、将軍のために命を捨てなければならない」

(31)　?～前三八一　中国戦国時代の武将。『孫子』と並び称される兵法書『呉子』の著者とされる。

と言って、感じ入った。するとその兵士の母が言うには、

「人の情として恩に報いようというのは当然のことだが、お前の兄に対しても呉起将軍は同じことをし、兄はついに討ち死にしてしまった」

と嘆いたという話がある。「呉起が兵士の膿を吸ったのは、真心から出たものか、いや、あるいは一つのテクニックではないのか」と、その母は疑って嘆いたのではないかと思う。

一方で乃木将軍の場合、まったく天真爛漫《てんしんらんまん》な真心から兵士をねぎらわれたのである。単に軍隊におられた時だけそうだったわけではなく、学習院（華族の子弟向けの教育機関）に院長としておられた時にも、手ですくい取って味わいたくなるような情愛がすべての方面にあらわれている。


ではその普段の姿はどうかというと、単に武勇ばかりを誇りにする人ではなく、詩文の才能も豊かだった。いかに忠誠の人でも、風流を理解できず、「花を見ても面白くない」「月を見ても心に感じない」という人では困ってしまう。「強いばかりが武士なのか」ということは、何かの本にも書いてある。

かの薩摩守忠度《さつまのかみただのり》[32]が、討ち死にのさいに和歌をかきつけた紙を懐にひそませていたことや、あるいは八幡太郎義家《はちまんたろうよしいえ》[33]が、勿来《なこそ》の関（現在の福島県いわき市にあった古代の関所）で和歌を詠った[34]ことなどが、美談として知られている。昔の武士が武勇と風雅の道とを兼ね備えたのは、実におくゆかしい感じがする。

この点で乃木将軍も詩歌の道に長けていて、しかも高尚な内容を、わかりやすい言葉で述べることが本当に上手だった。かの日露戦争の激戦地であった二百三高地における七言絶句や、あるいはまた故郷に帰って老人たちに会うのが心苦しいという詩、または辞世の歌など、いずれも真心があふれ出ていて、少しも技巧を弄《ろう》せずに、とても滑《なめ》らかに詠まれている。

このように公に尽くすという気持ちが強かったので、不幸にも明治天皇の崩御にさいして、もはやこの世に生き甲斐はないと思われたのだろう。

もちろん将来の軍事についても、学習院の仕事についても、また当時のイギリス皇族に対する応接（一九一一年、イギリスのジョージ五世戴冠式に随行員として出席した）のことも、いろいろと気にかかることはあっただろう。しかし事の軽重を考えれば、明治天皇の崩御《ほうぎょ》には代えがたいというところから、忍びがたきを忍んで殉死を決めた。だからこそ、その心情が発露《はつろ》したからこそ、将軍の気持ちが世間に広まり、世界さえも揺り動かしたのだ。だから私は思う。ただその命を捨てたのが偉いのではなくて、六十歳過ぎまでのすべての行

(32) 平《たいらの》忠度《ただのり》（一一四四～一一八四）平安末期の武将。
(33) 源《みなもとの》義家《よしいえ》（一〇三九～一一〇六）平安末期の武将。
(34)「吹く風を　なこその関と　思へども　道もせに散る　山桜かな」『千載和歌集』所収。

動、すべての考え方が偉かった。これを賞賛しなくてはならない。

とかく世の中の青年は、人の最終的な結果だけを見てこれを褒めたり、うらやんだりし、その結果を得るための原因がどういうものであったかに眼が及ばないという弊害が多くて困る。「ある人が栄達した」「ある人が富を得た」とか言って、うらやましがるが、その栄達もしくは富を得るまでの勤勉さは生やさしいものではない。知識はもちろん、努力とか忍耐とか、普通の人では及ばない苦労を重ねた結果であるに違いない。その知識、その努力、その忍耐というものに思い至らないで、ただその結果だけを見てうらやましがることに、正当な理由などあるはずもない。

乃木将軍に関しても、ただその壮烈な死という行為だけに感嘆して、その人間性や行いに思いが及ばないのは、まるで人の富貴や栄達を見て、その結果だけをうらやましがることと、同じになってしまう。

だからわたしは、乃木将軍に対して、殉死という行為自体を軽視するという意味ではないけれども、このように天下を感動させた原動力とは、並ぶものがないほど壮烈な殉死にあるというよりは、むしろ乃木将軍の普段からの心の持ちよう、普段からの行いが、そうさせたと解釈するのである。

東照公《とうしょうこう》（徳川家康）の修養

東照公について驚くべきことは、神道や仏教、儒教などにたいそう力を入れられたことである。これらに対していろいろな調査をされて、その興隆を図ったのは簡単にできることではなかった。

また、この点は歴史家たちからのふさわしい論評があるだろうが、東照公が特に政治において文治《ぶんち》（武力によらず、教化・法令などによって世を治めること）のやり方を身につけたことについて、わたしは深く敬服する。

仏教の世界には梵舜《ぼんしゅん》(35)という人がいたが、これはあまり立派な学者ではなかったために東照公もあまり感心なさらなかった。後に南光坊天海《なんこうぼうてんかい》(36)を通じて仏教をお調べになり、儒教に関しては藤原惺窩《ふじわらせいか》を最初に招き、ついでその弟子の林羅山《はやしらざん》に、儒教の学者として一家を構えさせた。

この儒教を東照公が尊んだことは、とても重要だったようであった。特に東照公が『論語』や『中庸』をよくお読みになったことは歴史に明記してある。みなさんもご記憶だろ

(35)　一五五三～一六三二　江戸前期の神道家、僧侶。
(36)　一五三六～一六四三　安土桃山～江戸初期の天台宗《てんだいしゅう》の僧侶で、徳川三代の政治顧問を務めた。

うが、「神君の遺訓（徳川家康の遺訓）」と称するひらがな交じりの文章がある。すなわち、

「人の一生は重荷を背負って、遠い道のりを行くようなもの、急いではならない……」

わたしはこのように、内容をよく覚えている。この遺訓はすべて『論語』から出ている。東照公がよく『論語』をお読みになった証拠である。

「指導的立場にある人物は、広い視野と強い意志力を持たなければならない。なぜなら、責任が重く、道も遠いからである。なにしろ、仁の実現をわが仕事とするのだ。重い責任と言わざるを得ないではないか。さらに、そういう責任を背負って死ぬまで歩き続けるのだ。遠い道と言わざるを得ないではないか」

これは孔子の弟子の曾子《そうし》という人の言葉で、『論語』の泰伯《たいはく》篇にある。「人の一生は重荷を背負って、遠い道のりを行くようなもの」とまったく同じ意味だ。また、遺訓の後の方にある、

「足りないことは、多すぎることより優れている」

は、孔子の言葉から出ている。ただし孔子は、

「行きすぎも不足も似ようなものだ[37]」

と言ったのを、東照公は「まされり」と、より強く表現している。これらに対する論評は、これだけで止めておくが、とにかくこの遺訓が『論語』より出たということは、諸君にも明瞭におわかりになっただろう。その他にもこの道徳については、よほどお心を用い

られたものとみえる。

戦国時代の末期である元亀、天正の頃は、あの通り乱世が続いて、世の中に学問を愛好する風潮などはほとんどなくなった。社会正義のための道徳とは一体どのようなものかが、わらなくなっている時に、誰が申し上げたわけでもないのに、早く学問を盛んにしなければならないということについて、お心を労された。しかもそれは、根本的な学問であって、社会正義のための道徳を心から重んじる信条で、朱子学を用いられたように思う。

それ以来、おいおいと四書五経[38]を研究する学問にも流派が生まれたが、林家《はやしけ》（先述の林羅山を祖とする学問家系）では、終始、朱子学を中心としていた。東照公のこれらに対する深い心づかいは、なんという手際のよさなのか。わたしは深く敬服する。

さらにまた注目すべきは仏教だ。仏教についても、大変に深い心配りをして、綿密《めんみつ》に調査されたようだ。はじめは三河《みかわ》（今の愛知県東部）の大樹寺《だいじゅじ》で仏教を信仰され、僧侶とも親交があったようだ。大樹寺は浄土宗《じょうどしゅう》だった。その後、芝の増上寺《ぞうじょうじ》の住職をも召されて、晩年に駿河《するが》（今の静岡県中央部）にお移りになってからは金地院《こんちいん》の崇伝《すうでん》[39]や承兌《じょうだ》[40]などを用いられ、

(37)『論語』先進篇16。

(38) 宋代になって儒教を学ぶ重要な経典と位置づけられた『大学』『中庸』『論語』『孟子』の四書と、『易経』『書経』『詩経』『礼記』『春秋』の五経のこと。

(39) 一五六九〜一六三三　江戸初期の臨済宗《りんざいしゅう》の僧。

後には東叡山《とうえいざん》を開いた南光坊天海《なんこうぼうてんかい》――死後、慈眼大師《じげんだいし》と諡《おくりな》された人物を用いられた。

この天海は僧侶の中の英雄である。いや、英雄と言ってはちょっと大袈裟な形容になるが、僧侶のなかの傑出した人であった。特にエネルギーに満ちあふれて、しかも百二十六歳まで生きたという人で、大隈重信公が唱えた「人は百二十五歳まで生きられる」という説より一年余計に生存した。東照公は深くこの天海に帰依し、しばしばその教えをお聞きになったように見受けられる。

最近、南光坊天海の伝記を調べているが、駿河において東照公はしばしば彼の法談《ほうだん》（仏の教えを説く談話）をお聴きになった。長い年月の間にどれほどであったかは、はっきりわからないが、天海の伝記に書いてあったところでは、ある年の九十日間に六百七十回の法談があったとある。たとえ東照公が隠居の身分であっても、幕府のあった江戸との間でしょっちゅう文章が往復するし、天皇のいた京都からの文章の往復もあっただろう。だから、東照公にはかなりの時間的な余裕があって、能楽《のうがく》とか茶事《さじ》（茶道）三昧で一日を過ごしたわけではなかったはずだ。つまり、わずかなヒマを惜しんでその間に法談に出席なされたのだろう。徳川幕府が編纂した史書『徳川実紀《じつき》』には詳しく書いていないが、南光坊天海が東照公の顧問となって、常にいろいろな話を申し上げたということである。

自分を磨くことに対しての誤解に反論する

「修養（自分を磨く）」ということについて、わたしはある人から攻撃をされたことがある。

その内容は、だいたい二つの意味に分かれていた。

まず一つは、

「自分を磨くことは、その人の『ありのままの生き生きした自分』を傷つけるからよくない」

というものであった。もう一つは、

「自分を磨くと、人は卑屈になってしまう」

というものであった。わたしとは異なるこれらの見解に対して、反論しておいた内容をここでは述べてみたいと思う。

まず、「自分を磨くことは、ありのままの生き生きした自分の発達を邪魔するのでよくない」というのは、自分を磨くことと、自分を飾り立てることを取り違えているのではないかと思う。

(40)　一五四八～一六〇七　安土桃山から江戸初期の臨済宗の僧。「しょうだ」「せいしょう」「じょうたい」「しょうたい」などの読み方もある。

自分を磨くというのは、自分の行いを正して、徳を養うということだ。言葉でいえば「練習」「研究」「克己《こっき》（己に克つ）」「忍耐」といった熟語の内容すべてを含み、理想の人物や、立派な人間に近づけるよう少しずつ努力することを意味している。だから、自分を磨いたからといって「ありのままの生き生きした自分」が損なわれてしまうようなことはない。人が自分磨きに本当に努力したならば、一日一日とあやまちを直して、良い方向に進んで、理想の人物に近づいていけるのである。

もし自分を磨いたために「ありのままの生き生きした自分」が損なわれてしまうというのなら、理想の人物や立派な人物は、人が成長しきった姿ではないことになってしまう。また、自分を磨いたために見せかけだけ立派になったり、逆に卑屈になってしまったりしたとするなら、それは間違った自分磨きであり、われわれが常に口にする自分磨きとは別のものなのだ。

もちろん「ありのままの生き生きした自分」こそ、人の最も輝いている部分だというのは、わたしも賛成するところだ。しかし、人の喜び、怒り、哀しみ、楽しみ、愛、憎しみ、欲望といった、ありのままの七つの感情の動きが、どんな場合でも問題ないとは言えないだろう。理想の人物や立派な人物は、感情が動くときにさえ、ケジメがあるものだ。だから、自分を磨いたからといって卑屈になって、「ありのままの生き生きした自分」を傷つけると見るのは、大変な間違いだと言い切れるのである。

　また自分を磨くと、卑屈になってしまうというのは、礼儀やケジメ、敬意といった要素を無視した、愚かな考えから来ていると思う。親や年配者をうやまったり、良心的でありかつ信頼感があり、社会の基本的な道徳を持ったりすることは、すべて日頃から自分を磨くことで得られるものだ。愚かで卑屈な心では、決して手にできるものではない。

『大学』という古典にある、「格物致知《かくぶつちち》（モノの本質をつかんで理解する）」という教えや、王陽明《おうようめい》という思想家の説いた、「致良知《ちりようち》（心の素の正しさを発揮する）」といった考え方は、すべて自分を磨くことを意味している。自分磨きは、土人形《つちにんぎよう》を造るのとはわけが違う。自分の心を正しくして、魂の輝きを解き放つことなのだ。自分を磨けば磨くほど、その人は何かを判断するさいに善悪がはっきりわかるようになる。だから、さまざまな選択の場で迷うことなく、しかも、ごく自然に決断できるようになるのである。自分を磨くことで、人の心を卑屈にしたり、愚かにしてしまうというのは誤解もいいところで、極端なことを言えば、それは人の知恵を増すのにも必要なことなのだ。

　もちろん、だからといって自分を磨くさいに、知恵や知識は重視しなくてよいというわけではない。ただし今の教育は、知識を身につけることばかりに走ってしまい、精神力を鍛える機会が乏しくなっている。だから、それを補うために自分磨きが必要なのだ。自分を磨くことと、学問を修めることが相容れないと思うのは、これも大いなる誤解でしかない。

おそらく自分を磨くというのには、広い意味がある。精神も、知恵や知識も、身体も、行いもみな向上するよう鍛錬することなのだ。これは青年も老人も、ともにやらなければならない。これが挫折せずにうまく続けられれば、ついには理想の人物のレベルに達することができるのである。

以上は、わたしが二つの反対意見——つまり自分磨きなどいらないという人物に対して反論した中身だが、若いみなさんも、ぜひこの考え方で自分を大いに磨いてほしいと切望するのである。

権威ある人格養成法

現代の青年が、いま最も切実に必要としているのは、人格を磨くことだ。明治維新の前までは、社会における道徳教育が比較的盛んな状態だった。ところが西洋の文化を輸入するにつれ、思想界には少なからず変革の波が起こって、今日では、道徳がひどく混沌《こんとん》とする時代状況になってしまった。

今日、儒教は古いとして退けられてしまったので、現代の青年たちには十分には理解されなくなっている。かといって、キリスト教が一般の道徳の規範になっているわけでは、なおさらない。また、明治時代になってから何か新しい道徳が生まれたわけでもない。だから思想界はまったくの混乱状態で、国民はどれを信じてよいのか判断に苦しんでいるくらいだ。このため一般の青年たちも、人格を磨くことを忘れ去っているように見える。これはとても憂うべき傾向である。世界の大国がいずれも宗教を持って道徳の規範を樹立しているのに比べ、わが日本だけがこのありさまでは、大国の国民としてとても恥ずかしいことではないか。

たとえば、社会の現状を見てみよう。人は往々にして利己主義に極端に走り、利益のためにはどんなことにも耐え忍んでいくといった傾向を持ち始めている。昨今では、国を豊かにしようとするより、自分を豊かにする方に重きを置こうとするくらいだ。もちろん、自分が豊かになることが大切なのは言うまでもない。

「顔回《がんかい》は見上げたやつだ。食べるものといったら一膳飯《いちぜんめし》に一杯の汁、住むところといえば路地裏のあばら屋。並の人間なら貧しさに音をあげるところだが、顔回ときたら気にせず楽しそうにしている。まったく大したやつだよ、あの男は[41]」

という一節が『論語』にあるが、何も好んでこうした価値観を至上のものとせよ、と言いたいのではない。孔子が「顔回は見上げたやつだ」と、清貧に満足しているのを褒めた

（41）　原文「箪食瓢飲陋巷に在って」。ここは明らかに『論語』雍也篇9の引用部分を縮めたものであり、後の文章との絡みから、『論語』の該当する節全体の訳を載せている。

言葉は、

「何がみんなのためになるのかを考えもせず、豊かで高い地位にいるのは、わたしにとっては浮雲のようだ(42)」

という言葉の裏面を述べただけのこと、必ずしも豊かさを貶めたものではないのだ。しかし、自分さえ豊かになれば満足だとして、国家や社会を眼中におかないというのは、きわめて嘆くべきことだ。

話が豊かさの方に流れてしまったが、何にせよ、社会に生きる人々の気持ちが、利益重視の方向に流れるようになった原因は、およそ世間一般から、人格を磨くことが失われてしまったからである。

もしかりに国民の頼りとするべき道徳の規範が確立し、人々がこれを信じながら社会のなかで自立したとしよう。そうすれば、人格はおのずから磨かれるようになる。その結果、社会が「自分の利益だけを追求すれば善い」といった風潮一辺倒になることもないわけである。

だからわたしは、青年に対してひたすら人格を磨くことを勧めるのだ。青年というのはまじめで素直なものだし、しかも活力が体中にあふれて、それが外にまで盛んに漏れ出している。そんな力を活かして、どんな脅《おど》しや圧力にも負けないような人格を養成し、やがては自分を経済的に豊かにするとともに、国家の力や豊かさを増すよう努力しなければならない。信じる対象が定まらない今の社会で生きていかなければならない青年は、きわめて危険な分、自分も慎重に振る舞わなければならない。

さて、人格を磨くための方法や工夫はいろいろとあるだろう。仏教に信仰を求めるのもいいだろうし、キリスト教から信念を汲みだすのも一つの方法だろう。この点わたしは、青年時代から儒教に志してきた。その始祖にあたる孔子や孟子といった思想家はわたしにとって生涯の師である。だから、彼らのとなえた、「忠（良心的であること）」「信（信頼されること）」「孝弟《こうてい》（親や年長者をうやまうこと）」などを重視するのは、とても権威のある人格養成法だと信じている。要するに、忠信孝弟を重視するのは、「仁（愛を広げる）」という最高の道徳を身につけるために、また、社会で生きていくうえでも一日も欠かせない条件なのだ。

この忠信孝弟を、自分を磨くうえでの基本にすえたなら、さらに進んで知恵や能力を発展させていくための工夫をしなければならない。知恵や能力の発展が不十分だと、社会で何かをやろうという場合、完全な形でやり遂げられなくなってしまう。これでは忠信孝弟さえ、うまく実践していけなくなってしまうだろう。

なぜならば、知恵や能力がきちんと発達しているからこそ、物事に対処するにあたって

(42)『論語』述而篇15　不義にして富み且《か》つ貴きは、我に於《お》いて浮雲の如し。

善し悪しの判断ができ、生活を豊かにしていけるからだ。この結果、忠信孝弟のような根本的な教えと一致した形で、世を渡るうえでの誤りや失敗もなく、成功した人として人生を全うできるようになる。

成功は、人生の最後にはぜひ勝ち取りたいものであり、これを近頃はさまざまに論じる人がいる。なかには、「目的を達するためには手段を選ばない」といったように成功の意義を誤解する人もいる。さらには、どんな手段を使っても豊かになって地位を得られれば、それが成功だと信じている者すらいるが、わたしはこのような考え方を決して認めることができない。素晴らしい人格をもとに正義を行い、正しい人生の道を歩み、その結果手にした豊かさや地位でなければ、完全な成功とは言えないのだ。

商業に国境なし

明治三十九（一九〇六）年、(43) サンフランシスコにおいて日本人の生徒だけを、公立学校から東洋人学校に隔離するという「学童問題」というものが勃発した。

それ以後も、次第に日米間の国交が疎遠になっていく傾向が生じた。これは日本人が疎遠にしたのではなく、アメリカのある方面の人が、だんだん日本を嫌い始めてしまったからだ。

　さて、いったんこういう状況が生まれると、明治三十五年にわたしが渡米したさい、サンフランシスコのゴールデンゲートパークで見た看板、

「日本人は泳いではならない」

　といった差別に類した事柄がだんだんエスカレートしてしまうようになった。

　アメリカに対して特別の印象をもともと持っていたわたしは、特に実業界の一人として、また日本全体の実業界に対して心血を注いでいる身であるから、日米の国交のうえで大きな不安を抱いた。

　その後、サンフランシスコ在住の日本人の間で「在米日本人会」が組織された。

　その会長の牛島謹爾《うしじまきんじ》(44)氏が、渡辺金蔵《わたなべきんぞう》という人を日本に使者として派遣し、わたしにこう求めてきた。

「カリフォルニア州において、アメリカ人が何かと日本人を嫌うという感情を改善してもらうために、在米日本人会を作った。ついては本国の日本でも、その意図を理解して賛同してほしい」

　そのもくろみが、とても時宜《じぎ》にかなっているとわたしは思い、

(43)　原文「明治三十六年」。これは誤植か栄一の言い間違いで、「学童隔離問題」は明治三十九年。
(44)　一八六四～一九二六　明治三十年に渡米して「馬鈴薯《ばれいしょ》（じゃがいも）王」と呼ばれた。

「われわれも充分に助力をするから、在米のみなさんも大いに努力してほしい」
と言って、明治三十五（一九〇二）年にゴールデンゲートパークにおいてわたしが感じたことなどを渡辺金蔵氏に話した。そして、会長である牛島氏をはじめ、その他の会員にもよく気を配ってほしいということを伝言した。それは明治四十一（一九〇八）年であったと思う。

その年の秋、アメリカから太平洋沿岸の商業会議所の議員たちが、多数日本へ来遊することになった。この来遊は、わが東京商業会議所、および日本各地の商業会議所が共同して、アメリカの太平洋沿岸の商業会議所のみなさんに「団体で、日本に旅行してほしい」と、同じ商業会議所という立場からお誘いしたことによるものだ。これは第一に、日米両国間の国交親善に努力するため、すべての誤解を除きたいという意味をもっていた。

そのときに日本に来遊されたのは、サンフランシスコのF・W・ドールマン[45]、シアトルのJ・D・ローマン[46]、ポートランドのO・M・クラーク[47]などの方だった。わたしはさまざまな会合でこれからの方と会談して、日米の関係について今までの推移を詳しく説明し、

「みなさんの力で誤解を解くようにしていただきたい」

と希望するとともに、さらに、

「一方の当事者である日本からアメリカに移住している人々についても、『欧米の習慣に慣れないために、社会での道徳が身につかない』『容貌や服装などがみすぼらしい』『アメ

リカ文化に同化しない』というような欠点があれば、その欠点は日本側も改善していって、努力して本人たちに直させ、アメリカ人から嫌われないような人間になろうと心がけるのが肝要だと思う。

今の時代であれば、人種とか宗教とかの違いを理由にして日本人を嫌う、というようなことは、文明的なアメリカ人としては、まさかあり得ないと思う。もしこれがあるとすれば、それはアメリカ人の間違いである。いやそれだけではない、自由と平等を謳ったアメリカ建国の最初の意志にも悖《もと》るわけである。

わが日本を世界に紹介してくれたのはアメリカである。日本はそれを恩として考えて、今日まで日米の親善に努力している。そのアメリカが人種的な偏見、宗教の違いからくる偏狭な心から、日本人を嫌って差別的な待遇をするというのは、アメリカとしてはするべきことではない。もしそうなってしまうと、アメリカは最初は正義だったのに、後から非

(45)　フレデリック・ウィリアム・ドールマン Frederick William Dohrmann（一八四二～一九一四）　小売商、ネサン・ドールマン社を設立。
(46)　ジェームス・D・ローマン James D. Lowman（一八五六～一九四七）　書籍販売や印刷などを行うローマン・アンド・ハンフォード・ステーショナリー・アンド・プリンティング・カンパニーを設立。
(47)　オレンジ・マーカス・クラーク Orange Marcus Clark（一八五一～一九二九）　製材商、クラーク&ウィルソン製材会社を設立。

道になったと言わなければならない」
そんなことを懇々と述べた。当時、日本に来遊されたアメリカの商業会議所のみなさんも「本当にそれが正しい道理だ」と言って、深く喜んでくれた。

渋沢栄一と日米関係

渋沢栄一は一九二六（昭和元）年と二七（昭和二）年の二回、ノーベル平和賞の候補になりました。これは実業や社会事業への関与が理由ではなく、当時悪化していた日米関係の改善に、民間の立場から尽力した業績を評価されてのものでした。

ペリーの来航に端を発する日本の開国以降、日米関係は特にビジネスの面で年々結びつきを強くしていきました。明治期以降、日本にとって最大の貿易国はアメリカであり、マンハッタンにある日本企業の支店数は、明治の末にはすでに百を超えていました。

ところが当時のアメリカは、西海岸を中心に日本人移民排斥の動きが高まっていました。この節で描かれているように、一九〇六（明治三十九）年にはサンフランシスコ市で日本人学童隔離が決議されています（翌年、大統領の干渉により撤回）。

アメリカは実は一八九〇年代以降、深刻な不景気の続発に苦しんでいました。西部開拓にともなう鉄道や都市インフラへの投資が、それまでのアメリカ経済を支えていたのですが、西部の開拓が一段落し、国内のパイが飽和してしまったことが主たる原因でした。一八九三年からの不況では約五千の銀行、一万五千の企業が破綻しています。

同時に経済的な二極化が進み、一部の富裕層とそれ以外の貧しい人々に国内が固定化し始めていました。パイの拡大がない中では、新規参入が難しく、優勝劣敗の傾向がひたすら強くなってしまうからです。

ところが、そんな状況を知ってか知らずか、アメリカへの移民を飛躍的に増やしたのが日本でした。一八八〇年代には二千人ほどだったのが、一九〇〇年代には十万を超える日本人がアメリカの特に西海岸に押し寄せます。アメリカの、特に貧しい側に押しやられた労働者としては、

「今でも生活が苦しくなっているのに、自分たちよりも安い賃金で働く日本人が大量にやってきて、仕事を奪おうとしている」

と考えるのも無理からぬこと。彼らは社会的に上昇する夢が見にくくなったうえに、今の自分のわずかなポジションも奪われかねない立場に追いやられていました。

しかも、一九〇五（明治三十八）年に日本が日露戦争に勝利すると、白人の国ではない日本が勃興することへの警戒感が欧米に生まれ、「黄禍論《おうかろん》」が流行するようになります。

一方、日本の立場からすれば、これは差別問題そのもの。

アメリカにはもちろん先住民族がいましたが、合衆国建国以後、ほとんどの国民は移

民とその子供たち。なぜヨーロッパの人間はアメリカに移住できて、日本はダメなのか、これは人種差別であるというわけです。しかも、若いころに尊王攘夷の志士であった渋沢栄一にしてみれば、鎖国していた日本を無理やり開国させたのはアメリカ。そのアメリカが、逆に海外に対して国を閉じるなど、あってはならないことでした。

実際、一九一五（大正四）年、パナマ運河開通記念博覧会の見物を名目に渋沢栄一が渡米したさい、彼はセオドア・ルーズヴェルト元大統領と会見し、次のようなやりとりをしています。

「話は、カリフォルニア州における日本移民問題に及んだ。
『わたしは現在、日米両国政府の間で協定を結んでいる紳士協約（日本人移民の制限）は、世界人類平等の考え方からすれば、国際上とても喜ばしくないことと思う』

と意見を述べた。するとルーズヴェルト氏は、これに対しては同意されなかった。氏の意見としては、

『風俗や習慣を異にし、その振る舞いがとても乱暴で、しかも低廉な賃金で労働に従事し、しかも少しの貯蓄ができればすぐに故国に帰ろうとする日本人は、一般的な国際関係から見ても、はっきり言えばアメリカにとって歓迎できるものではない。したがって移民制限が必要になるのも、やむを得ないことである。しかし、この移民制限は決して宗教や人種が異なることによる差別的な処置ではないから、この点は諒解されたい』

という ものであり、紳士協約のやむを得ない事情の理由について説かれた」[48]

渋沢栄一は、この日米のすれ違いを解消すべく、一九〇九（明治四十二）年、一九一五（大正四）年、一九二一（大正十）年とアメリカにわたり、実業家や大統領と交流を重ね、民間の立場から日米関係改善に邁進します。それぞれ六十九歳、七十五歳、八十一歳のとき。今とは違い、過酷な旅路を乗り越えての民間交流の努力を続けたのです。

しかし彼の努力とは裏腹に、両国の関係は悪化の一途をたどり、一九二四（大正十三）年に、日本人移民の制限に主眼がおかれた移民法（いわゆる排日移民法）がアメリカ議会で可決されます。そして一九四一（昭和十六）年、渋沢栄一の没後十年をへて、両国は開戦へと至ってしまうのです。

（48）『青淵回顧録』青淵回顧録刊行会、引用者訳。

・君子は言行を慎重にしてわざわいを避け、応対を丁重にして他人からつけ込まれないようにし、態度をうやうやしくして侮辱を受けないようにする。（君子は慎みて以て禍を辟《さ》け、篤くして以て揜《おお》われず、恭《うやうや》しくして以て恥に遠ざかる）『礼記』

・求めるのにきちんとした道筋が必要で、しかも天命次第なものは、求めても無益なものだ。自分の外部にあるものを求めているからだ。（これを求むるに道あり、これを得るに命あり。これ求むとも得るに益なし。外に在る者を求むればなり）『孟子』

第七章　算盤と権利

仁を実践するにあたっては、自分の師匠にも遠慮しない

世の中には、ややもすれば、

「『論語』を信条とする考え方には権利思想（自分が正しいと思うことを自由に主張できること）が欠けている。この思想がなくては、文明国の完全な教えとするには足りない」

と論ずる者がいるようだ。しかし、これはそう語る人の誤りと言わなければならない。

確かに、孔子の教えの表面だけを観察すれば、あるいは権利思想は欠けているように見えるかもしれない。また、キリスト教を中心とするヨーロッパの思想に比較すれば、どうしても権利思想が薄弱だと思ってしまうだろう。しかしながら、このようなことを言う人は、わたしは、まだまだ本当に孔子を理解した人ではないと思う。

キリストや釈迦《しゃか》は、最初から宗教家として世に立った人であった。これに対して、孔子

は宗教を背負って社会に関わろうとした人ではないように思われるのだ。キリストや釈迦とは、その成立事情が違っているわけだ。

特に、孔子が生きていた時代の中国の風習として、とにかく義務を先にして権利を後にする傾向があった。このような空気のなかで成長した孔子を取り上げて、二千年後の今日に、まったく思想背景の違うキリストと比べるのは、本来は比較すべきでないものを比較してはいないだろうか。これでは議論自体最初からその根本を間違えていると言うべきで、キリストと孔子の教えに違いが出るのは、当然の結果にならざるを得ないのである。

では、孔子の教えには、権利思想がまったくないのであろうか。以下、わたしが思うところを披露して、世の中の誤解を解いていきたいと思う。

『論語』を信条とする考え方は、自分を律するのが主眼であって、「人はこうありなさい」「こうありたい」というように、どちらかといえば消極的に人の道を説いたものである。そして、この信条を押し広げていけば、ついには天下に頭角をあらわすこともできるようになる、というのだ。

しかし、孔子の真意を推し量《はか》ってみると、孔子は宗教という形で、人に教えるための説を立てようとは考えていなかったようだ。ただし、誤解のないように言っておくと、孔子には人を教育しようという思いがまったくなかったわけではない。もし孔子が政治上の権力を握ったなら、善い政治を行って国を豊かにし、人々を安心させ、道徳による統治を満足いくまで押し広めるつもりであっただろう。

　言葉を換えれば、孔子は最初、一人の政治家だった。しかし政治家として活躍する前に、門人からさまざまな質問を受け、答えていった。門人といっても、いろいろな背景を持った人たちの集まりなので、自然とその質問も多方面にわたり、政治を聞かれたり、主君や親に仕えることを聞かれたり、文学や礼、音楽などについて聞かれた。この問答を集めたものがやがて『論語』二十篇になったのだ。

　また、孔子は『詩経《しきょう》』(1)を整理し、『書経《しょきょう》』(2)に注釈をつけ、『易経《えききょう》』(3)を編纂し、『春秋《しゅんじゅう》』(4)を作ったという言い伝えがあるが、これは孔子晩年のことだ。作家の福地桜痴《ふくちおうち》(5)が指摘した

(1)　儒教の原典である「五経《ごきょう》」の一つで、古代の歌謡集。
(2)　「五経」の一つ。伝説の聖天子である堯・舜・禹から周の文王・武王、春秋時代の秦の穆公《ぼく》までの為政者たちと、その補佐役の言辞をまとめたもの。
(3)　「五経」の一つで、占いの書として有名。あらゆる事象を六十四の卦《け》に分けて、それを説明する「経」と、その解釈学である「十翼《じゅうよく》」からなる。
(4)　魯の国の史官が記した編年体の記録で、隠《いん》公元（前七二二）年から哀《あい》公十四（前四八一）年までが記述されている。
(5)　一八四一～一九〇六　本名は源一郎《げんいちろう》。官僚としては大蔵省の書記官として岩倉使節団《いわくらしせつだん》に随行、ジャーナリストとしては東京日日新聞《とうきょうにちにちしんぶん》（後に毎日新聞に吸収）の主筆《しゅひつ》や社長を務め、歌舞伎座の建設や脚本の執筆にも関わるなど、幅広いジャンルで活躍した。

ように、六十八歳以後の五年間だけを、布教を主体にした学問に取り組んだように思えるのだ。そうであるなら、孔子は権利という考え方の薄い社会で成長し、しかも他人を導く宗教家として社会で活躍したわけではないから、その教えに権利がはっきりうちだされていないのは、仕方のないことだろう。

一方でキリストはこれと反対に、権利思想にあふれた教えを立てた。もともとユダヤやエジプトなどの国々は、預言者《よげんしゃ》の言葉を信じる風潮があったため、それに染まった人も多かった。キリストの祖先であるアブラハムから、キリストに至る二千年の間に、モーゼやヨハネといったたくさんの預言者が出た。そして、

「聖王が出て世を治める」

「王さまと同じようにこの世を率いてくれる神が出る」

といった言い伝えを残していった。

こうした時代にキリストは生まれたのだ。ところが当時の国王は、預言者の言葉を信じて、「自分に代わって、この世を統治する者が生まれては大変だ」ということから、近所の子供を皆殺しにさせた。しかしキリストは、母マリアに連れられてよそへ行ったために難を免れた。キリスト教は、このように誤った夢想の色濃い時代に生まれた宗教なので、その教えが命令的で、また権利思想も強くなったのである。

しかしキリスト教の説く「愛」と、『論語』の教えである「仁」とは、ほとんど一致し

ているのではないだろうか。ただし、そこにも「自分からする」と「他人からされる」という違いはある。たとえばキリスト教の方では、

「自分がしてほしいことを、人にもしなさい」

と教えているが、孔子は、

「自分がしてほしくないことは、他人にもしない(6)」

と反対に説いている。だから、一見義務ばかりで、権利の考え方がないように見えるわけだ。しかし、「両極端は一致する(7)」という諺もあるように、キリストと孔子が目指したものも、最終的には一致するのであろうと考えている。


さらにわたし自身は、宗教や、その教義としてはキリスト教の方がよいかもしれないが、人間の守る道としては孔子の教えの方がよいと思っている。これはわたし独自の考え方かもしれないが、孔子の方が特に信頼を高めさせる点として、奇蹟《きせき》が一つもないことがある。キリストにせよ釈迦にせよ、奇蹟がたくさんある。キリストが磔《はりつけ》にされてから三日後に蘇生したというのは、明らかに奇蹟ではないか。

もちろんキリストは優れた人物だったわけで、必ずそういうことがなかったとは断言で

(6) 第五章注11。
(7) おそらく英語の「Extremes meet」という諺からとったもの。

きないだろう。それは凡人の知恵では測り知れないと言わなければならない。しかしこれを信じるなら、迷信に陥ってしまわないだろうか。このような事柄をいちいち事実だと認めてしまうと、まともな判断力を失い、その挙句《あげく》に一滴の水が薬品以上の効果を表すとか、皿の上からお灸をしても効き目があるといったことも、認めなくてはならなくなる。こうしたことを信じる弊害は、はなはだしいものなのだ。

日本も文明国だと言われていながら、祈願のために白い衣を着てお参りする寒参《かんまい》り[8]とか、不動尊《ふどうそん》（仏教の神の一人不動明王《ふどうみょうおう》を祀った寺）での豆まきの行事などが、今でも続けられている。これでは迷信の国だという批判を受けても仕方がないだろう。ところが孔子には、この遠ざけるべき迷信が何もない。この点こそ、わたしが最も深く信じる理由であり、またここから真の信仰も生まれてくるのであろうと思う。

最後に、『論語』にも明らかに権利思想の含まれていることは、孔子が、

「仁を実践するにあたっては、師匠にも譲らない[9]」

といった一句を述べていることでも、十分証明できると思う。「正しい道理に進むなら、あくまで自分の主張を通してよい」「師匠は尊敬すべき人だが、仁に対してはその師匠にすら譲らなくてもよい」といった内容の中には、権利思想がみなぎっているではないか。ただこの一句だけではなく、広く『論語』の各章を訪ねていけば、これに類した言葉はなおたくさん見出すことができるのである。

解説

権利とは

明治時代、近代化を進めるために、さまざまな外国語に対応した、新しい日本語が造られていきました。

福沢諭吉による「競争（competition）」「演説（speech）」「討論（debate）」、西周《にしあまね》による「哲学（philosophy）」「主観（subject）」「概念（concept）」などの新造語が有名ですが、翻訳にかなり手こずった言葉もありました。その一つが、ここに出てくる「権利」なのです。「法」や「秩序」「権利」に対する考え方は、もともと欧米と日本では大きく異なりました。単語の意味を見るとこれは明瞭です。

たとえば「権利」を意味する単語は、オランダ語では regt、ドイツ語では recht、フランス語では droit。ところがこの三つは、同時に「法」も意味します。つまり「法」と「権利」の意味内容が同じなのです。日本語のニュアンスとはかなり異なりますが、これは次のような考え方を基にするからです。

（8）冬に三十日間、白衣に鉢巻《はちまき》をしめて、鈴を振りながら毎夜神社や寺院に参拝する習わし。
（9）本書の原文は「仁に対してはその師に譲らず」だが、出典である『論語』衛霊公篇36の一般的な原文は「仁に当たっては師に譲らず」。

「よりよき法や秩序は、お互いが権利を主張し合う中から構成、更新されていくもの」

このよい例が、アメリカの訴訟社会。日本人からすると、何であんな訴訟ばかりしているのだろうと思えるのですが、アメリカ人からすると「社会貢献」という意識があるそうです。つまり、自分がわざわざ裁判に訴えて権利を主張することで、新たな法や秩序の構成、更新に役立っている、と。

実際アメリカでは、裁判で判決を勝ちとれば、それが新たな社会的な規範となる「判例法」という仕組みが存在します。

一方、日本の場合、江戸時代に儒教的な価値観が根づいたこともあり、

「法や秩序は、上（お上や政府）が与えてくれるもの」

と考えるのが一般的でした。いわゆる「お上意識」です。言葉自体を見ても、「法」は紀元前にすでに使われていますが、欧米的な意味での「権利」を表す言葉は、まったく存在していませんでした。冒頭に出てくる、

「『論語』を信条とする考え方には権利思想が欠けている。この思想がなくては、文明国の完全な教えとするには足りない」

という疑問は、こうした違いから出てくるわけです。

さらに時代背景として、大正時代は――84頁の「大正維新」の話に端的ですが――護憲運動や普通選挙運動が盛り上がり、個人を中心とした、下からの規範や秩序づくりが

大きな流れになっていました。欧米的な意味での「権利意識」が花開いた時期だったのです。

こうした指摘に対して渋沢栄一は、

「正しい道理に進むなら、あくまで自分の主張を通してよい」

「師匠は尊敬すべき人だが、仁に対してはその師匠にすら譲らなくてもよい」

といった例から『論語』にも権利思想はあると反論しています。確かに、『論語』の中の孔子は、弟子たちにかなり自由にものを言わせていて、時には手厳しいことを言われたりもしました。また、弟子の子路に対して、

「君主に対しては嘘はいけない。しかし言うべきことはあくまでも主張することだ」(10)

と述べたりしています。もし権利の意味を、「自分が正しいと思うことを自由に主張できること」に限るなら、渋沢栄一の主張はあながち間違ってはいないのです。渋沢栄一自身も、273頁の西郷さんの話に端的なように、相手が目上だろうと関係なく直言できるタイプでした。

ただし、欧米的な意味での「権利」は、もちろんそれだけでは定義づけられません。ここの一節には、近代的な実業を日本に定着させようとし、同時に封建的な『論語』を

(10)『論語』憲問篇23　欺くなかれ、而《しか》してこれを犯せ。

――商業道徳に落とし込もうとした栄一の苦渋が、垣間見えているのです。

ゴールデンゲートパークの掛札《かけふだ》

わたしがはじめてヨーロッパへ旅行したのは、徳川幕府の時代だった。慶応三（一八六七）年にフランスに行って、約一年いた。その他のヨーロッパの国もまわって、一通りの事情を知ることはできたけれども、残念ながらそのときはアメリカに旅行はしなかった。

明治三十五（一九〇二）年にはじめてアメリカに行った。それまで、その土地を踏むことはなかったが、十四、五歳のときからアメリカという存在を知り、その外交関係については特に注目していた。今まで日米の国交がとても順調に進んでいたので、「アメリカ」という音声は、常に自分の耳に心地よいものであった。

このとき、その土地をはじめて見たのであるから、あらゆる物や出来事が、わたしの心を喜ばせ、ほとんど自分の故郷へでも帰ったような感じを持った。

最初にサンフランシスコに上陸して、さまざまな事物に触れて、深い興味を抱いた。ところが、ただ一つ大いにわたしの心を波立たせたことがある。それはゴールデンゲートパークの海水浴場へ行った時、その海水浴場の掛札に、

「日本人は泳いではならない」

と書いてあったことだ。これはわたしのようなアメリカに対して好意的な思いを持っている身には、特に奇妙に思われたのだ。当時、サンフランシスコにいた日本の領事、上野季三郎《すえさぶろう》(11)という人に、「なぜこのような掛札があるのか」と尋ねたら、

「それはアメリカに来ている日本から移住した青年たちが、公園の海水浴場に行って、アメリカの婦人が泳いでいると、水にもぐってその足を引っ張るという悪戯をするのが多い。そのために、右のような掛札がかけられたのだ」

と説明した。そのとき、わたしはとても驚いて、

「それは日本の青年の問題行動が、原因になっている。しかし、このように些細なことでも、差別的な待遇を受けるというのは、日本としては心苦しい話だ。こういうことがだんだんエスカレートしていくと、最終的には日米両国のあいだで、憂慮すべきことが起こってしまうかもしれない。ただでさえ東洋と西洋の人々の間における、人種の関係、宗教の関係というものは――このようにお互いが親しむようになったとしても――いまだ完全に融和したとは言えないように思うのだ。この掛札のようなことが起きたのは、本当に憂うべきことである。領事という職にある者として、充分に気を配ってほしい」

(11)　一八六四～一九三三　サンフランシスコやシドニーの総領事、大膳頭《だいぜんとう》などを務める。304頁のサンフランシスコ学童隔離問題の対処にも当たった。

と言って別れたが、これが明治三十五年の六月の初めだった。

ついで、シカゴ、ニューヨーク、ボストン、フィラデルフィアをへてワシントンに行った。ここで、時の大統領セオドア・ルーズヴェルト氏(12)に謁見することができた。その他にも、旅の途中ではハリマン、(13)ロックフェラー、(14)スティルマン(15)などのアメリカで有名な人々にも面会した。

ルーズヴェルト氏に面会した時に、彼は最初しきりに日本の軍隊と美術とについて賞賛の言葉を述べられた。

「日本の軍隊は、勇敢で戦略にすぐれ、かつ人をあわれみ慈《いつく》しむ情に深く、節度があって、きわめて清廉潔白《せいれんけっぱく》である。義和団《ぎわだん》の乱(16)のときに、アメリカの軍隊が行動をともにしたさいに、日本の軍隊が善良であったのを見て、敬服したということであった。また美術も、欧米人がいかに羨望しても、どうにも及びもつかない一種の妙味を持っている」

と褒めた。わたしはこのときに、

「自分は銀行家であって美術家ではありません。また軍人ではないので、軍事も知りません。ところが閣下は、わたしに向かって軍事と美術だけをお褒めになりました。次回、私が閣下にお目に掛かるときには、日本の商工業に対してお褒めの言葉があるように、拙《つたな》いながらわたしは国民を率いて努力するつもりです」

と答えた。これに対してルーズヴェルト氏が言うには、

「わたしは日本の商工業が劣っているという意味で、他を褒めたわけではなかった。つまり軍事と美術とが先に自分の眼についたから、日本の重要人物に対しては、まず日本の長所を述べるのがよいと思ったのである。決して日本の商工業を軽蔑したのではない。わたしの言葉が悪かったのだから、悪い感じを持たないようにしてほしい」

「いや、悪い感じはまったく持っていません。閣下が日本の長所を褒めてくださったのはありがたいけれども、わたしは商工業が第三の日本の長所となるようにしたいと、しきりに苦心しているのです」

と言って、お互い心を開いて談話したことがある。その後アメリカの各地において、さ

(12)　セオドア・ルーズヴェルト Theodore Roosevelt Jr.（一八五八〜一九一九）　アメリカ合衆国二十六代大統領。ローズヴェルトとも。ポーツマス条約を斡旋した。
(13)　エドワード・ヘンリー・ハリマン Edward Henry Harriman（一八四八〜一九〇九）　アメリカの実業家、ユニオン・パシフィック鉄道社長などを務め、鉄道王と言われた。飛鳥山の渋沢邸を訪れたこともある。
(14)　ジョン・デイヴィソン・ロックフェラー John Davison Rockefeller（一八三九〜一九三七）　アメリカの実業家、スタンダードオイルを創業、石油王と言われた。
(15)　ジェームズ・スティルマン James Jewett Stillman（一八五〇〜一九一八）　アメリカの実業家、銀行家。ナショナル・シティバンク頭取などを務めた。
(16)　一八九九〜一九〇〇　反キリスト教運動を母体にした排外運動。清朝はこの運動を支持して、列強に宣戦布告したが、日米含む八カ国が出兵して鎮圧した。

まざまな人々にも会い、いろいろな物にも接して、とても愉快な旅行をした後、帰国したのである。

イギリスの商業会議所からの苦情

渋沢栄一は晩年、熱心に商業道徳の重要さや「論語と算盤」「道徳経済合一説」「義利合一」といったモットーを説いていました。

この背景には、252頁で触れたような、日本の商業道徳の混乱や退廃という現実がありました。そしてもう一つ、彼をさらに積極的な行動に駆り立てた事件が、この節に記されている欧米歴訪中に起こったのです。

一九〇二（明治三十五）年、六十二歳の栄一は兼子夫人とともにアメリカを訪れました。初めて訪れたアメリカ国土のスケールの大きさや、人々の活力に彼は圧倒されます。ただし同時に、残念な思いを抱くことにもなりました。この節で描かれているルーズヴェルト大統領の発言からもわかるように、日本の実業界に対するアメリカからの評価は、決して高くはなかったのです。日本の実業界を育ててきた自負のある栄一にとって、これはショックなことでした。

続いて二人はヨーロッパに渡り、イギリス、フランス、イタリア、ベルギー、ドイツを訪れました。そこで感じ取ったのが、世界の覇権国として君臨し、成熟はしているけれど、その分活力を失った老大国イギリスの姿でした。アメリカとイギリスの対比から、これから世界をけん引するのはアメリカだ、という思いを栄一は抱き、彼は以後アメリカとの関係づくりに注力していく面があるのです。

さらに、この旅行で訪れたロンドンで、商業道徳を説くきっかけとなった衝撃的な体験をします。ロンドン商業会議所が、栄一の訪英に合わせて臨時総会を開いたのですが、その席上で会員の一人からこんな苦情を受けたのです。

「どうも日本人は、他人に対しての約束をはなはだ守らない。いわゆる信用が堅固ではない。たとえば景気がよくて売れそうだと思うと注文品を早く引き取るが、これに反して売れそうもないと注文品をなかなか引き取らない。（中略）次には少し言うのが憚《はばか》られるが、領収証を二重に書けといわれる。事実の領収証と、それよりもっと安価の領収証とを書かせる。その原因は税金を免れようというのである。そんな偽りはイヤだというと、取引を断るというので、仕方なくその要求に応じる人もままあるけれども、これらの行為は誠に心苦しい[17]」

彼も以前から、信用という点で日本の商業が問題を抱えていたことは理解していました。しかし海外の実業家からの直接の苦情を聞いて、事態の深刻さを悟ります。自分が

（17）『論語講義』渋沢栄一述、明徳出版社、引用者訳。

思い描いた理想とは逆方向に走る、日本の実業家たちが少なからずいる——。

アメリカでの、日本の実業界の低い評価とも相まって、まず日本に商業道徳をきちんと根づかせ、これらの評価を挽回しなければならない、と栄一は考えます。その結果として、彼は日本に帰国後、本書に抄録されているような、実業と道徳をテーマとした講演を日本各地で行うようになった流れがあるのです。編集者の梶山彬が、そうした講演を抜粋、切り貼りして作ったのが本書なのです。

「王道（思いやりの道）」をただ歩むだけだ

思うに、社会問題とか労働問題といったものは、たんに法律の力ばかりで解決されるものではない。たとえば一家庭内においても、父子兄弟親戚にいたるまで、みな自分の権利や義務を主張して、何から何まで法律の裁きを仰ごうとすれば、どうなるだろう。みなの気持ちは険悪となり、人と人との間にカベが築かれて、事あるごとに争いがおこり、一家が仲良く一つにまとまることなど望めなくなってしまう。

わたしは、富豪と貧しい者との関係もまた、これにひとしい面があると思っている。資本家と労働者との間には、もともと家族的な関係が成立していた。ところが今、法を制定して、それのみによって取り締まっていこうとしている。これは一応もっともな思いつきではあるかもしれないが、これを実施した結果が果たして当局の理想通りにいくものであろうか。

資本家と労働者との間には、長年にわたって結ばれてきた一種の情愛の雰囲気があった。ところが法を設けて、両者の権利や義務を明らかに主張できるようにしてしまえば、自然の成り行きとして、せっかくの両者の関係にスキマを作ってしまうことにはならないだろうか。それでは政府側が骨を折った甲斐《かい》もなく、また目的にも反することになってしまう。ここは一番、深く研究しなければならないところではないかと思う。

試しにわたしの希望を述べるとするなら、法の制定はもちろんよいが、法が制定されているからといって、むやみにその裁きを仰《あお》がないようにしてほしいと思っている。もし富豪も貧しい者とともに「思いやりの道」を選び、そして「思いやりの道」こそ人の行いをはかる定規であると考えて社会を渡っていくなら、百の法律があろうと、千の規則があろうと、そちらの方がすぐれていると思うのだ。

言葉を換えれば、資本家は「思いやりの道」によって労働者と向き合い、労働者もまた「思いやりの道」によって資本家と向き合い、両者の関わる事業の損得は、そもそも共通の前提に立っていることを悟るべきなのだ。そして、お互いに相手を思いやる気持ちを持ち続ける心がけがあってこそ、初めて本当の調和が実現できるのである。実際に両者がこうなってしまえば、権利や義務といった考え方は、無意味に両者の感情にミゾをつくるばかりで、ほとんど何も効果を発揮しないと言ってよいだろう。

わたしが前に欧米に旅行したさい、実際に見たドイツのクルップ[18]や、アメリカのボストン近郊にあったウォルサム[19]という時計会社などは、その組織がきわめて家族的で、資本家と労働者の間に、和気あいあいとした雰囲気が流れていた。それを見て、わたしは驚きと称賛を禁じ得なかったことがある。これこそわたしのいう「思いやりの道」が円熟したものので、法の制定など幸いにも無意味にしてしまうことなのだ。こうなることができるなら、労働問題に気を煩わされることもないではないか。

ところが今の社会には、こういった点に深く注意を払おうともせず、貧富の格差を無闇やたらと是正しようと願う者がいる。しかし貧富の格差は、程度の差はあるにせよ、いつの世、いかなる時代にもまったく存在しないというわけにはいかないものだ。

もちろん、国民全部がみな富豪になれるのが望ましいのだが、人には賢さや能力という点でどうしても差がある。誰も彼もが一律に豊かになる、というのはちょっと無理な願いなのだ。だから、富を分配して差をなくしてしまうなどというのは、思いもよらない空想にすぎない。

要するに、

「金持ちがいるから、貧しい人々が生まれてしまうのだ」

などといった考え方で、世の中の人がみな、社会から金持ちを追い出そうとしたら、どうやって国に豊かさや力強さをもたらせばよいのだろう。個人の豊かさとは、すなわち国家の豊かさだ。個人が豊かになりたいと思わないで、どうして国が豊かになっていくだろう。国家を豊かにし、自分も地位や名誉を手に入れたいと思うから、人々は日夜努力するのだ。その結果として貧富の格差が生まれるのなら、それは自然の成り行きであって、人間社会の逃れられない決まり事と考え、あきらめるより他にない。

とはいえ、常に貧しい人と金持ちの関係を円満にし、両者の調和をはかろうと努力することは、もののわかった人間に課せられた絶えざる義務なのである。それなのに、

「自然の成り行きだし、人間社会の決まり事だから」

と、そのままに放置してしまえば、ついには取り返しのつかない事態を引き起こしてしまうのもまた、自然の結果なのだ。だから、わざわいを小さいうちに防ぐ手段として、ぜひとも「思いやりの道」を盛んにしていくよう切望する。

(18) フリードリヒ・クルップが一八一一年に設立した鋳鉄《ちゅうてつ》工場を手始めに、一族が鉄道や武器製造などに進出して一大財閥を築いた。幕府の軍艦開陽丸《かいようまる》の大砲も同社製だった。

(19) 一八五〇年にボストンの郊外ウォルサムで設立された時計会社。アメリカのブキャナン大統領から十四代将軍・徳川家茂《いえもち》に贈られたのが、ここの時計だった。

競争の善意と悪意

わたしと同じ実業家の立場の人、特に輸出貿易に従事する人に「商業道徳」などと言うと、もしかしたら商業だけに道徳があるように聞こえてしまうかもしれない。しかし、道徳というのは、世の中の人すべてが歩むべき正しい道であるから、たんに商人だけが持っていればよいというものではない。また、「商業の道徳はこうである」「武士の道徳はこうである」「政治家の道徳はこうである」と、まるで官僚の制服にある階級章が、飾りの線が三つある、四つあるという違いで立場を区分けするように、別々に区分けされるようなものでもない。人の歩むべき道であるからには、すべての人が守るべきものなのだ。

孔子の教えでいえば、

「親や目上の者を大切にすることは、仁という最高道徳を身につける根本である」[20]

という言葉がある。最初は親や目上を大切にする行いからはじめて、それが博愛（仁）や人がなすべき正しい道（義）へと大きく育っていったり、良心（忠）や思いやり（恕）に育っていったりするものなのだ。これを総称して道徳と呼ぶようになったのだろう。

ここでは、そうした広い意味での人の踏むべき道徳ではなく、商売において、特に輸出商売において注意すべき「競争の道徳」について述べておきたいと思う。わたしはこの点をみなさんとよく話し合って、商売の決めごとを道徳的に固めておきたいと深く希望するのだ。

そもそも何かを一所懸命やるためには、競うことが必要になってくる。競うからこそ励みも生まれてくる。いわゆる「競争」というものが、努力や進歩の母なのは事実だ。しかし一方で、「競争」には善意と悪意の二種類があるように思われる。踏みこんで述べてしまえば、毎日人よりも朝早く起きて、よい工夫をして、知恵と努力とで他人に打ち克っていくというのは、まさしく善い競争なのだ。しかし一方で、他人のやったことが評判がよいから、これを真似してかすめ取ってやろうと考え、横合いから成果を奪い取ろうとするのは悪い競争に他ならない。

ただし、善と悪とを簡単に述べることができるにせよ、そもそも事業にはさまざまあるので、競争の種類も限りなく分かれていく。そのなかで性質が善でない競争に携わった場合、状況によっては自分に利益が転がり込んでくることもあるだろう。しかし多くの場合は競争相手を妨害するのみならず、自分も損失をこうむることになる。

さらには自分と競争相手という関係ばかりでなく、その弊害が国家全体に及んでしまうこともある。「日本の商人は困ったものだ」と外国人にまで軽蔑されるようになれば、その弊害はとても大きいと言わざるを得ない。

(20)『論語』学而篇2（孔子の弟子・有若《ゆうじゃく》の言葉）孝弟は仁を為すの本。

ここにお集まりのみなさんは、もちろんそのようなことは決してないと思うが、万一のことを考えて、ここでは老婆心《ろうばしん》を述べさせていただいている。しかし、どうも世間には、押し並べてこのような弊害が多いとも聞く。特に雑貨輸出などの商売において、悪い意味での競争、つまり道徳に欠ける行いが他人を傷つけて、自分の損失ともなり、国家の品位まで落としてしまっている。商工業者の地位を高めようとしてお互いに努力してきたはずなのに、なぜか反対に低めることになっている。

では、どのような経営をすればよいのか。事実に立脚《りっきゃく》しないと、こういうことははっきりとは言えないものだが、わたしは善意の競争につとめて、悪意の競争をひたすら避けるのがよい、と思っている。

悪意の競争を避けるというのは、つまりお互いが商業道徳を尊重するという強い意志を持つことだ。そうすれば、どんなに商売に励もうが悪意の競争に陥ることはない。どの一線を越えてはならないかというのは、バイブルを読んだり、『論語』を暗誦《あんしょう》しなくとも、必ずわかるものだろう。

もともとこの道徳というものをあまり難しく考えてしまい、東洋の道徳でよく見られるように、格式ばった文字を並べ立てていると、道徳が茶の湯の儀式のような形骸化に陥りかねない。一種のお題目になって、道徳を説く人と、道徳を行う人とが別になってしまうのだ。これではははなはだ不都合ではないか。

そもそも道徳は、日常のなかにあるべきことで、ちょっと時間を約束して間違えないようにするのも道徳なのだ。また、人に対して譲るべきものは相応に譲るのも道徳である。またあるときは、人に先んじて人に安心感を与えるのも道徳になる。何かをするのに弱い者を助ける心を持たなくてはならないのも、一種の道徳なのだ。

もちろんちょっと品物を売るというだけでも、道徳はそのなかに含まれている。だから道徳というものは、朝から晩までついてまわってくるものなのだ。ところが、道徳をとても難しいもののように見なして、普段は道徳を隅の方に追いやっておきながら、「さて今日から道徳を行うぞ」「この時間が道徳の時間だ」といったように仰々《ぎょうぎょう》しくやろうとする場合がある。そんな億劫《おっくう》なものではないのだ。

商工業における「競争の道徳」というものがあるならば、何度も繰り返している通り、善意の競争と悪意の競争というものを考えなければならない。妨害によって人の利益を奪うという競争であるなら、それは悪意の競争というのだ。一方で、品物を徹底して選びぬき、他の人が儲けている領域に侵食しないのが、善意の競争なのだ。この二つの境界線は、どんな人でも自分の良心に照らし合わせてみれば、わかることだと思う。

要約すれば、どんな仕事にもかかわらず、商売には絶えざる努力が必要なのだ。また、気配りも続けなければならない。進歩はあくまでしていかなければならないが、それと同時に悪意の競争をしてはならないことを、強く心に留めておかなければならない。

合理的な経営

現代の実業界の傾向を見てみると、ときに悪徳重役のような人物が出て、多数の株主から託されている資産をまるで自分のもののように心得て、好き勝手に運用して自分の利益にしようとする者がいる。そのため会社内部は伏魔殿《ふくまでん》のようになってしまい、公私のケジメなく秘密の行動が盛んに行われるようになっていく。これは実業界にとって本当に嘆き悲しむべき現象ではあるまいか。

もともと商業は、政治と比較すれば、機密など持たなくても経営していけるはずのものであろうと思う。ただし銀行においては、事業の性質として、ある程度は秘密を守らなければならないことがある。たとえば、誰にどれくらいの貸付があるとか、それに対してどのような抵当《ていとう》が入っているといったことは、道徳上の義務から秘密にしておかなければならないことだろう。

また、一般の商売においても、いかに正直を旨としなければならないとはいえ、この品物はいくらで買い取ったものだとか、今この値段で売るからこれくらいの利益になる、といったことをわざわざ世間に公表する必要もあるまい。要するに、不当なことさえしなければ、道徳の上で必ずしも不都合な行為にはならないと思うのだ。しかしこのような事例以外で、今あるものをないといい、ないものをあるというような、単なる嘘をつくのは断じてよいことではない。だから、正真正銘の商売には、基本的には機密などといったものは、まずないと見てよいだろう。

ところが社会を実際に見てみると、会社になくてもよいはずの秘密があったり、あってはならないところに私的行為があるのは、どのような理由によるものだろう。わたしはこれを、「重役にふさわしい人材がいない結果だ」と言い切るのに躊躇しないのである。

だからこそ、このわざわいのもとは、重役に適任がつけば自然となくなっていくはずのものなのだ。ところが適材を適所に使うということは、なかなか容易ではない。現在でも重役としての腕前に欠けているのに、その地位についている人が少なくない[21]。

たとえば、会社の取締役や監査役といった名前を買いたくて、ひまつぶしの手段に名前を連ねる「虚栄心のための重役」とでもいうべき輩がいる。彼らの浅はかな考え方は軽蔑すべきものだが、それ自体たいした欲求ではないので、それほどの罪悪を重ねるという心配はない。

他には、好人物だけれども、その代わりに事業経営の手腕がない者もいる。そういう人

(21) 東亜堂版「少ない」。忠誠堂、角川、国書刊行会版はいずれも「少なくない」。これは文脈からいって「少なくない」でしか意味が通らないので、そちらで訳している。

が重役になっていると、部下の人物の善悪を見分ける能力もなく、帳簿を読み取る眼力もない。そのために、知らず知らずのうちに部下が過ちを重ね、自分から作った罪でなくても、結果として救うことのできない窮地に陥ってしまうことがある。これは前者に比べるとやや罪は重いが、しかしいずれも重役としてわざと悪いことをしたのではないのは明らかだ。

ところがこの二者より、一歩進んで悪に踏み込む者がいる。その会社を利用して、自分の出世のための踏み台にしようとか、私利私欲のための手段にしてしまおうと考えて重役になる者だ。これは、まったく許すことのできない罪悪だ。

こういった人間は、株式相場をつり上げておかないと都合が悪いといって、実際にはない利益をあるように見せかけ、虚偽の配当を行ったりする。また、実際には払い込んではいない株のお金を払い込んだように見せかけて、株主の目をくらまそうとしたりする。これらのやり方は明らかに詐欺行為だ。

さらに、彼らの悪事の手段はそれくらいでは終わらない。その極端な例では、会社の金を流用して投機をやったりとか、個人の事業に使ってしまったりする。これではもはや窃《せっ》盗《とう》と変わらない。結局このような悪事は、その職責を担う者が道徳を身につける努力をしていないために起こる弊害なのだ。もし、その重役が誠心誠意、その事業に忠実であるならば、そんな間違いは起こしたくても起こせないはずだ。

わたしは常に、事業の経営を任されるにあたっては、その仕事が国家に必要であって、しかも道理と一致するようにしていきたいと心がけてきた。たとえその事業がどんなに小規模であって、自分の利益が少なくても、国家に必要な事業を合理的に経営するなら、心は常に楽しんで仕事ができる。

だからわたしは、『論語』を商売するうえでの「バイブル」として、孔子の教えた道以外には一歩も外にでないように努力してきた。それによってわたしは、「一個人の利益になる仕事よりも、多くの人や社会全体の利益になる仕事をしていかなくてはならない」という考え方を、事業を行う上での見識としてきたのだ。そして「多くの人や社会全体の利益になる」ためには、その事業が着実に成長し、繁盛していかなければならないと常に心がけてきた。福沢諭吉さんの言葉に、

「書物を著したとしても、それを多数の人が読むようなものでなければ効率が薄い。著者は常に自分のことよりも、国家社会を利するという考えをもって筆をとらなければならない」

といった意味のことがあったと記憶している。実業界のこともまた、このことわりに他ならない。社会に多くの利益を与えるものでなければ、正しい道に則った事業とはいえないのだ。

かりに一個人だけが大富豪になっても、社会の多数がそのために貧困に陥るような事業

であったなら、どうだろうか。いかにその人が豊かになったとしても、その幸福は繫がっていかないではないか。だからこそ、国家多数の豊かさを実現できる方法でなければならないのである。

日糖事件

ここで渋沢栄一が言及した会社の形態は、現在の会社の形態とは、やや異なる面を持っていました。それは、誰が取締役を務めるか、という問題。

現代の会社では、取締役は従業員から選ばれるのが一般的でしょう。サラリーマン社長のような存在も当たり前ですし、オーナー社長以外の取締役は、みな従業員上がりという形もよく見るものです。

しかし二十世紀の初頭まで、多くの会社では取締役のすべて、ないしは過半数が大株主や投資家でした。会社は、カネを出した人間のもの、支配するのが当たり前だったのです。

もちろん、そういった取締役たちに現場の知識などなく、実際の経営を仕切れません。そのため、叩き上げや雇われの「支配人」や「技師長」といわれる人が会社を運営していました。彼らは、取締役たちからは下に見られ、使用人のような扱いを受けていました。

こういった背景があるので、株主の取締役たちの中には、「自分で経営するつもりはないが、大企業の取締役に名前が載っているのは気持ちいい」とか、「配当で自分がいま儲かればよい」「会社のカネは俺のカネ」と考えている人も少なくありませんでした。渋沢栄一は、こういった状況を問題視していたのです。

さらに、この一文が載せられた背景には、明治の実業界を揺るがした事件の存在がありました。

明治三十九（一九〇六）年、東京にあった日本精製糖と、大阪の日本精糖が合併して、大日本製糖という会社が誕生します。日清戦争後に日本領になった台湾などから原料糖を輸入し、それを精製、販売する当時の大企業の一つでした。渋沢栄一は、社長や取締役の人選に関わったのですが、この会社が乱脈経営を始めてしまうのです。粉飾決算によって実態のない配当をしてみたり、政治家にワイロを配って有利な法案作成を働きかけたり……。

乱脈経営を主導したのは二人の重役であり、他の重役たちもそれに巻き込まれていきました。一方、社長だった酒匂常明《さこうつねあき》は、もともと農学者であり、北海道での稲作の先鞭をつけて「米博士」と呼ばれたすぐれた研究者。彼自身、犯罪行為に関わってはいなかったのですが、残念ながら会計の知識に乏しく、重役たちの悪事を見抜けませんでした。

やがてこれが政界を巻き込んだ大疑獄事件へと発展し、最終的に十一名の代議士、七名の大日本製糖取締役が有罪判決を受けます。しかもその間、責任を感じた酒匂社長は自宅でピストル自殺を遂げたのです。

会社の大本の合併や取締役の人選に関わった渋沢栄一は、マスコミから非難の矢面に立たされます。それに対しての弁解として述べたものを抜粋したのが、ここに収録された文章なのです。

ただし、この大事件の収拾をつけられる人物も、渋沢栄一を置いて他にありませんでした。栄一が目を付けたのは。彼と因縁のあった藤山雷太《ふじやまらいた》という経営者。

渋沢栄一はたくさんの会社に関わりましたが、中でも気に入りだった会社の一つに抄紙会社（王子製紙）があります。栄一はそこで長らく会長を務めていたのですが、そんな彼を追い落とし、大株主だった三井の傘下とするために送り込まれたのが藤山雷太でした。

雷太は、社内で自分の子分を着々と増やし、頃合いを見て栄一に「会社を辞めろ、大株主の三井の考えだ」と辞任を迫ります。先述したように、会社は株主のものと思われていた時代、栄一は潔く手を引きました。

しかし、大日本製糖の事件が起こったとき、藤山雷太は不遇をかこっていました。本来なら、自分を追い落とした憎い相手のはずなのですが、栄一は雷太の手腕をかって、彼を大日本製糖の社長に据えます。雷太はそれを恩に感じ、必死の努力で会社を立て直したのです。

実は、この事件の渦中にマスコミから向けられた批判の一つが、

「渋沢栄一は関わっている会社が多すぎるから、目が行き届かなくなって、こういう事件が起きたんだ」

というもの。渋沢栄一は望んで多数に関わったというよりも、懇願されてやむを得ず役職を引き受けていた面がありました。しかし数が多かったのも、また事実でした。

渋沢栄一は、藤山雷太を社長に抜擢して、大日本製糖の後処理に目途をつけた後、数社の例外をのぞいて、会社の役職をすべて辞任します。この時点で引退した会社は六十一社ありました。

本人は、古希（数えで七十歳）になったから区切りをつけただけで、マスコミからの批判は関係ないと述べています。ただし、この大日本製糖事件が大きなきっかけとなったのは、確かなのでしょう。

・意図があって約束し、約束によって信を守り、信を守って約束の意図を達成する。この三つがあれば確かになる。（志以て言を発し、言以て信を出し、信以て志を立て、参以てこれを定む）『左伝』

第八章　実業と士道

武士道とはつまり実業道のことだ

武士道の最も重要な部分とは、「正義（人の踏むべき道にかなうこと）」「廉直《れんちょく》（心がきれいでまっすぐなこと）」「義俠《ぎきょう》（弱きを助ける心意気）」「敢為《かんい》（困難に負けない意志）」「礼譲（礼義と譲り合い）」といった美しい行動原理を足し合わせていったものに他ならない。一口に武士道といっても、その道徳の内容はなかなか複雑なのだ。

この武士道に関して、わたしがとても残念に思うことがある。それは武士道が日本の代表的な長所だったにもかかわらず、古来もっぱら武家社会だけで行われ、経済活動に従事する商工業者の間では、その行動原理がとても乏しかったことである。

昔の商工業者たちは、武士道に対する考え方をひどく誤解していて、「正義」「廉直」「義俠」「敢為」「礼譲」などを大事にしていては、商売は立ち行かないと考えていた。

「武士は喰わねど高楊枝《たかようじ》(1)」

というような行動様式は、商工業者にとってはあってはならないものでしかなかった。思うにこれは、当時の時代状況がそうさせた側面もあったのだろう。しかし武士には武士道が必要であったように、商工業者にも商業道徳がないとどうしようもなく、商工業者に道徳はいらないなどというのは、とんでもない間違いだったのである。

一般的に封建時代において、武士道と経済活動とは、お互い相容れないように解釈されてきた。これは、社会正義のための道徳と、経済活動の結果である富とが並び立たないと、儒学者たちが信じていたのと同じ誤りに他ならない。この二つが決して背を向けあうようなものではない理由については、今日みなさんにはおわかりのことと思う。

孔子にはこんな言葉がある。

「人間であるからには、誰でも富や地位のある生活を手に入れたいと思う。だが、正当な方法によって手に入れたものでないなら、しがみつくべきではない。逆に貧賤な生活は、誰しも嫌うところだ。だが、『正しいやり方をしても貧賤に落ち込んだ』という場合以外は、無理に這い上がろうとしてはならない(2)」

これは武士道の最も重要な部分である「正義」「廉直」「義侠」などにまさしく当てはまる教えではないだろうか。また、

「賢者は、貧賤な境遇にいても、自分の道を曲げない」

といった内容の孔子の教えは、まるで武士が、戦場において敵に後ろを見せない覚悟を決めるのとそっくりだと言ってよい。さらに、

「正当な方法によって手に入れたものでないなら、富や地位を得たとしても、しがみつかない」

といった内容は、昔の武士が、正しい道に合わないことはまったくやろうとしなかった心意気と、軌《き》を一にしていると言ってよいだろう。

そもそも地位や豊かさは、聖人や賢人も望むものだし、貧しさや賤しさは逆に望まないものであった。ただし彼らは、人としての道や社会道徳の方を根本的だとし、経済力や地位は枝葉末節《しようまつせつ》だと考えていた。ところが昔の商工業者たちは、この考えに反対し、経済力や地位の方を根本において、人としての道や社会道徳を枝葉末節に置いてしまった。これは誤解もはなはだしいのではないだろうか。

思うにこの武士道は、儒者や武士といった立場の人だけが実践すればよいというものではない。文明国における商工業者の立つべき道も含まれているものなのだ。ヨーロッパの

（1）「武士は貧乏で飯が食べられなくても、まるで食べたかのように楊枝をくわえる」という武士の高い気位や、やせ我慢ぶりを表した言葉。江戸時代の「上方いろはかるた」「尾張いろはかるた」に収録されている。

（2）第四章注17。

商工業者は、互いに個人でかわした約束を尊重し、損害や利益があったとしても、一度約束した以上は、必ずこれを実行して約束を破らない。これは彼らの固い道徳心に含まれる「正義」や「廉直」といった考え方が、そのまま実践された結果なのである。

ところが日本の商工業者は、いまだに昔の慣習から抜け出せずに、ややもすれば道徳という考え方を無視して、一時の利益に走ってしまう傾向がある。これでは困るのだ。欧米人も常に日本人がこの欠点を持っていることを非難し、商取引においては日本人を完全に信用しようとはしない。これはわが国の商工業者にとって大変な損失である。

およそ人として、その生き方の本筋を忘れ、まっとうでない行いで私利私欲を満たそうとしたり、権勢に媚びへつらって自分が出世しようとするのは、人の踏むべき道を無視したものでしかない。それでは、権勢や地位を長く維持できるわけもないのだ。

もし社会で身を立てようと志すなら、どんな職業においても、身分など気にせずに、最後まで自力を貫いて、人としての道から少しも背かないように気持ちを集中させることだ。そのうえで、自分が豊かになって力を蓄えるための知恵を駆使していくのが、本当の人間の意義ある生活、価値ある生活と言えるだろう。

いまや武士道は言い換えて、実業道とするのがよい。日本人はあくまで、ヤマト魂の生まれ変わりである武士道で世に立っていかなければならない。商業であれ工業であれ、この心を自分の心とするならば、戦争において日本が常に世界で優位な地位を占めているように、商工業においてもまた、世界においてその実行力を競うことになっていくだろう。

文明人の強欲さ

全ヨーロッパを巻き込んだ第一次世界大戦について、当初のわたしの予想は完全に外れた。すでに一回、見込みを誤ったわたしは、将来の予測もまた見込み違いをしてしまうのではないかと恐れている。

しかしながら、わたしが見込みを誤った理由とは、わたしの予想以上に暴虐《ぼうぎゃく》な人がいたからである。いわゆる、

「一人が欲深くて人の道から外れれば、一国が乱れる(3)」

という古い教訓が、現実として全ヨーロッパに現れてしまったからである。「文明が進んだ世の中にはありえないことだろう」というわたしの想像が、誤った見込みとなってしまったのである。もしそうであるなら、わたしの知恵が足りなかった点もあるだろうが、わたしはかえって文明人が強欲になってしまった結果ではないか、と冷笑《れいしょう》せざるを得ないのである。

(3)　第四章注31。

この大戦の終結はどうなるか、わたしのような大局の見通しが利かない者には予言することはできないけれども、結局はヨーロッパの強国がみなお互いに疲弊してしまうか、あるいは一方の力が衰えて、その結果としてある条件のもとに終結するかもしれない。

歴史家は、百年経つと地図の色が変わる、と言っているが、われわれもまた、これによって商工業の勢力が移りゆく様子を見なければならない。将来の商工業はどのように変化するであろうか。その変化について、われわれはどのような覚悟をもって応ずるべきなのであろうか――われわれが考慮すべきところ、準備すべき点はここにある。

わたしは政治について、もしくは軍事について述べることを好まない。また、その知識も持っていない。ゆえに、いまわたしの言おうとするところは、単に商工業に関わる分野に限られる。

今後、地図の変化にともなう商工業の勢力範囲の変化について、適切な準備と、実行の責任とは未来の当事者にある。そして、この未来の当事者なるものは、現時点における青年をおいて他ない。青年たる者は、今のうちからよくよく考えて、これに対する策を講ずるべきである。

いずれの国家においても、自国の商工業を発達させようとするには、海外に自国の産品の販路を求める。人口が増加するなら領土を広めることを画策する。それだけではなく、さまざまな策略を使って、自己の勢力の増大を図ろうとする。現にヨーロッパの列強が五大陸に雄飛しているのは、まったくこれらの理由によるのである。こうして優越なポジションを占めるものは、特別に「優越なる国家」と称されるのだ。

第一次世界大戦を起こした、かのドイツ皇帝の行動などは、この点より意図されたものであると思われる。もともと皇帝は、国内の産業育成や、海外への移民に対して、並々ならぬ心配りをしていた。もし少しでもその点について注意するならば、何人といえども、「皇帝はなにゆえこのように細心に配慮されたのか」ということを感じずにはいられないだろう。

たとえば、イギリスやフランスに対する商工業の競争はもちろん、日露戦争後に日本の雑貨が世界中で歓迎されたのを見ると、すぐにこれを模倣した。学術や技術全般に対しても、できる限りの保護と便益を与えた。商工業はつねに政治や軍事と連絡を取り合って、中央銀行に関しても力を尽くして商工業への便宜《べんぎ》、資金の融通をはかった。いかに彼らが国民一体となって富国に従事しているのかがうかがい知れるのである。

また、その学問においても、特に化学分野における発明や技術、精妙さ(4)などは、隅々まで行き届いている。それは今回の戦乱のために、遠いわが日本でも、薬品や染料などが欠乏してしまった事実を見ても、かのドイツの力が、世界の隅々にまで及んでいることがわかる。ゆえに自国の拡大だけを意図する貪欲さは忌《い》むべきではあるが、官と民とが一致してその国の富強にひたすら努力するのは、感服の他ないのである。

ひるがえって、わが日本の商工業を見るに、多くはバラバラで振るわず、特に戦乱の影響を受けて、輸出の主産品である生糸《きいと》の値段は下落し、綿糸《めんし》や綿布《めんぷ》の販売は滞《とどこお》り、全般的に取引は衰えている。有価証券などの価格も下落し、新たな事業が立ち上がらない状態にある。しかし、早晩これらは回復することも予想に難くないのであるから、この際、いっときの困難は耐えがたくとも、該当する事業家は大いに勇気を起こさなければならない。

また一方では、この世界大戦は大いに乗ずべき絶好の機会だと思う。今日、わが国の事業家は目の前の不景気に萎縮《いしゆく》してしまっているが、それは無気力な振る舞いでしかない。こうした戦争の最中には、その目の付け所だけは間違えないようにして、十分な研究を積み、少しずつ実際の効果が出るように努力していきたいのである。

特に中国に対する商工業においては、国境を接しているし、人情と風俗ともに、欧米人に比べれば日本人が最も縁が深い。ところがその関係となると、往々にして他の欧米列強に比べて、とても見劣りがするのは寂しい限りだ。

わたしとしては、ぜひとも進んで中国の経済開発に乗り出し、その産業を発展させ、その販路を拡げて、通商上の利益を増加するように心がけなければならないと思う。わが日本国民の今日までの中国に対する商工業者の経営を見ると、何かと個々《ここ》別々《べつべつ》であって、お互いにまったく連絡がない。ドイツの政治と経済の機関が一つとなって密接な関係を保っているのを見るにつけても、わが日本が、中国に対して歴史的にも、また人種的にも、多くの有利さを持っている国柄であるにもかかわらず、彼らの後で驚いて目を見開いているようではいけない。そしてこの覚悟は、特にわが国の青年に望まれるものなのだ。どうか今日の青年諸君は、このような点に注目して、力を入れてもらいたいのである。

愛と真心、思いやりの道を持って交わるべきだ

日本と中国の間は、使っている文字も人種も同じという関係にあり、国同士も隣接している位置関係にある。また古来の歴史から言っても、さらに思想、風俗、感受性に共通点があることに照らし合わせても、お互いに手を取り合わなければならない国柄だ。では、どのようにして提携の実利をあげるべきなのか。人情を理解し、自分が他人からやられたくないことは人にもしないことを実践する、いわゆる「相愛忠恕《そうあいちゅうじょ》（愛と真心、思いやり）の

（4）東亜堂、忠誠堂、角川版「化学、発明、技術、精妙、実に行き届く」、国書刊行会版「化学の発明、技術の精妙、実に行き届く」。おそらく国書刊行会版は、「化学、発明、技術、精妙」四つの単語が意味として並列にできるものとは言えないため、意味を通じさせるために「の」を補ったと考えられる。ただ、文章の後半に薬品や染料の話が出てくるので、ここはおそらく「化学、発明、技術、精妙」が意味として並列ではなく、「化学」でいったん文章が切れ、その後に「(その) 発明、技術、精妙」と来ると解釈して訳している。

道」によって、お互いに交際すること以外に方策はない。すなわち、その方策は『論語』の一章にあると言うべきである。

商業の本当の目的が、あるものとないものとを融通し合い、自分も他人も、ともに利することにあるように、経済活動を推進する事業も、道徳と連れ立って初めて本当に正しい目的を達するものである。これは私の普段からの持論だ。わが日本が、中国での事業に関係するさいも、「忠恕（真心と思いやり）」の気持ちを持ってこれに臨み、自国の利益を図るのはもちろん、あわせて中国をも利する方法を採るのであれば、日中間に本当の提携の実利をあげることは、けっして難しいことではない。

これについてまず試みるべきは、鉄道や土木、鉱山などの開拓事業である。すなわち中国の経済開発を進め、天から与えられた豊かな自然や土地を拓《ひら》き、国の富を増進させることにある。

そして、これらを経営する方法としては、日中両国民の共同出資による合弁事業とするのが最良の方法である。ただ単に開拓事業だけではなく、その他の事業においても、その形態は日中合弁事業とするのである。このようにすれば日中の間で、経済的に強く結びついたつながりが生まれ、これによって両国の間に本当の提携をなすことができるのである。私の関係した中日実業会社(5)は、この意味において発起設立されたもので、その成功を誓う理由も、ここにあるのである。

わたしが歴史書を通じて尊敬している中国は、主として堯、舜、禹という三代の聖王が治めていた時代の後に来た、殷王朝と周王朝の時代だ。当時は中国の文化が最も発達し、美しくきらめいていた時代である。ただし科学的な知識に関しては、当時の歴史書に載せられている天文の記事などは、現代の学理に合わないと言われている。しかし、多くの事柄を現代の中国に比較すれば、今が昔に及ばない感じがすることは当然のことである。

その後、西漢、東漢、六朝《りくちょう》、唐、五代《ごだい》、宋、元、明、清と続く、いわゆる二十一史《にじゅういちし》（二十一王朝の歴史書）を通覧してみても、各王朝に大人物が輩出するのは言わずもがな、秦王朝には万里の長城、隋には煬帝《ようだい》(6)の大運河などもある。当時、これらの大事業の目的がどこにあったのかは、しばらく脇に置くにしても、その規模の広大さは、とうてい今日の企ての及ぶところではない。

そうして、堯、舜、禹という三代の聖王から、殷、周王朝時代に至る、絢爛《けんらん》と咲き誇る文化を歴史書によってうかがい、想像をたくましくして、大正三（一九一四）年春に中国の地を踏んだ。そこで実際の民情を観察してみると、精緻で巧妙を極めた絵画から美人を

（5）　一九一三年、中国側代表を孫文、日本側代表を渋沢栄一として創立された中国興業を前身とする合弁会社。
（6）　五六九～六一八　隋王朝の二代皇帝。六一〇年に、長江と中国北部を結ぶ大運河を完成させる。

想像していたのに、実物を直接見てみると、想像にまるで及ばなかったという残念な気持ちを抱いた。それだけではなく、はじめの想像が高かった分、失望の度合いも深くなってしまった。それどころか、ものの道理とは逆になったと言うべきか、儒教の本場である中国のさまざまな場所で、しばしばわたしの方が『論語』について講義するという奇妙な現象さえ生まれてしまったのである。

とりわけわたしが興味を引いたことは、中国においては上流社会と下層社会はあるが、その中間をなす、国家の中心と言うべき中流社会が存在しなかったことだ。また、識見《しきけん》と人格がともに卓越している人物が少ないわけではないが、国民全体として観察するときは、個人主義や利己主義が発達していて、国家という観念に乏しく、本当に国家を憂うる心に欠けていた。一国中に中流社会がないことと、国民全般に国家という観念が乏しいことは、中国の今の大きな欠点と言うべきである。

天然の障害を克服せよ

世界の文明の進歩にともない、人類の英知によって天然の障害を克服し、海にも陸にも、さまざまな交通の便をはかって、その距離を短縮するさまは、本当に驚くばかりである。古代、中国においては「天円地方《てんえんちほう》（天は円く、地上は四角い）」と言われ、われわれの住むこの大地を四角形のものと考えただけでなく、自国以外には、ほとんど他の国の存在を認識していなかった。

わが日本も当初はこのような偏狭《へんきよう》なものの見方によって誘導され、教えられてきたので、日本以外の国といえば、すぐに中国とインドを連想するだけで、世界がどのようであるかを中国人以上に知らなかったのである。だから五大陸の存在などということは、夢想だにしなかった。実際、私が幼いときに聞いた童話の中にも、その左右の翼を広げるときは、長さ三千里にも達するという大鵬《たいほう》でさえも、なおかつ世界の果てを見ることができないのであると説いていたほどだった。(7)

さて、そのように世界は広大無辺のものなので、とてもわれわれ人の知恵では、簡単にこれを究めることができないものとしていたのである。ところが文明の進歩とともに交通機関が発達してきたために、地球の面積も少しずつ縮められ、特に最近の半世紀の変化は、ほとんど隔世《かくせい》の感がある。

振り返ってみると一八六七年、ナポレオン三世がフランス皇帝だったとき、パリで世界大博覧会が開かれた。このとき、わが徳川幕府からは将軍の実弟である徳川民部大輔《みんぶのたいふ》(8)が特

(7)『荘子』逍遥游篇。
(8) 第一章注49。

命使節として派遣された。わたしもその随行員の一人として、ヨーロッパに渡った。

当時、使節一行は、横浜からフランスの郵便船に乗って、インド洋および紅海《こうかい》をへて、スエズの地峡に到着した。フランス人レセップス(9)の経営によるスエズ運河建設の一大工事は、すでに着手されていたが、いまだ完成していなかった。このため一行は、船を降りてスエズ地峡にのぼり、鉄道によってエジプトを横断、カイロをへてアレキサンドリアに出て、再び船に乗って地中海を渡り、横浜を船で出てから五十五日目にして、はじめてフランスのマルセイユに到着したのであった。翌年の冬、日本に帰国するときにもスエズ地峡を通りすぎたが、まだ工事は完成していなかった。

その後、一八六九年十一月にスエズ運河が開通して、諸国の艦船が通行を許されるようになると、ヨーロッパとアジアの交通に新機軸をひらき、両者間の貿易、航海、軍事、外交に一大変革をもたらしたのである。

これと同時に各国の艦船は、以来ますます巨大化して、スピードもアップしたから大西洋はもちろんのこと、太平洋の面積もまた縮められた。それればかりか、さらに進んでシベリア横断鉄道が竣工《しゅんこう》したので、ヨーロッパとアジアの交通、東西の連絡に新しい時代を開き、「四海比隣《しかいひりん》(世界中がすぐ隣にある)」という内実がようやく実現しようとしている。

しかし、ここで残念なのは、南北アメリカ大陸の中腹部に帯のような地峡があることだ。うねうねとした長い蛇のように南北に走るこの地形のために、無駄に大西洋と太平洋とのつながりを遮断《しゃだん》してしまっていた。そして、この障害を取り除くことについては、スエズ運河を開鑿《かいさく》したレセップス氏をはじめ、多くの人が大変な苦労をしたが、不幸にしてどれもこれも失敗してしまった。

しかし、そのままで終わることはないはずだと思っていると、わが日本の東隣にある友邦アメリカの大規模な経営によって、ついにパナマ地峡に運河を作る一大工事が完成した。世界中の水域が通じて、東西の半球はまるで隣り合っているかのようになりつつある。東洋のことわざに、

「命長ければ恥多し(10)」

とあるが、最近五十年間における世界の交通の発達と、海運の面積の縮小とは、このように顕著であり、以前と以後とではほとんど別世界のような様子である。このことを思えば、栄えている時代にわが身が生まれたご褒美として、長寿がむしろ幸運であったと喜ぶのである。

(9)　フェルディナン・ヴィコント・ド・レセップス Ferdinand, Vicomte de Lesseps（一八〇五〜一八九四）フランスの外交官、実業家。スエズ運河を一八六九年に完成、パナマ運河開削にも取り組んだが、そちらは失敗に終わった。

(10)　『荘子』天地篇。

スエズ運河と合本主義

渋沢栄一は、「日本資本主義の父」と呼ばれていますが、実は自分の経済システムを資本主義と言ったことが一回もありません。常に「合本主義」と言っていました。

では「合本主義」とは何か。一言で説明すると、次のような感じです。

「カネ、ヒト、モノ、知恵などを多くの人が出し合い、事業を成功させ、しかもその成果をみなで分け合って豊かになることで、最終的に国や社会全体まで富ませていく仕組み」

いわゆる資本主義とは、何が違うのかと言えば、国や社会を富ますことまでを最終的な目的にしていること。つまり目指す先に公益の実現があるのです。

渋沢栄一記念財団の井上潤理事は、彼が「合本主義」を発想したきっかけには、幕藩体制に対する不満があったと指摘しています。

「彼が世の中の矛盾を一番感じたのは幕藩体制社会なんです。領主のところに権力が集まり、財力が集まっても、領地や世の中全体が潤っていることにはならないよね、というのが彼の発想なんです。

われわれが一生懸命汗水垂らして積み重ねてきたものを搾取されて、『御用金だ』といって簡単に持っていかれる。こういう話はおかしいじゃないかと。

むしろ領民に富が行き渡るような形を領主側が考えるのが、本当の良い領地支配ではないのか――わたしは、元々の原点はそこにあると思います。

この流れからすると、渋沢栄一の考え方として、『論語と算盤』もそうですし、『合本』という考え方も、一つの事業をするに当たっては、もうみんなの力で寄せ集めていく。国の資本だけではなく、人の力も寄せ集める。それで事業をしたら、みんなのものになるという意識を持っています。

逆に、独占を嫌うところも、まさにここにつながります。『論語と算盤』に書かれていますが、駅の改札を通るとき、われもわれもという、自分のことだけを思って、先を急ごうとして通ろうとしたら、逆に通れなくなってしまう（167頁）。相手に譲ることによって、整然に行き来すれば、それは通るだろう――そういう発想で渋沢は考えていました。そして、それを形にするのが自分であるという」

実はちょうど彼の「合本主義」と同じ発想の事業が、まさしく当時、世界レベルで展開されていたのです。その象徴が、この節で言及しているスエズ運河の建築でした。渋沢栄一と、やはり随行員だった杉浦譲（一八三五～一八七七）の当時の日記を足し合わせて作られた『航西日記』に、こんな記述があります。

「一八六五年ごろから、フランスの会社が、スエズから地中海までの水路建設をくわだてた。広大な土木工事がいま進行中ということで、汽車の左側遠くの方にテントなどがたくさん張り並べられ、もっこ（土砂を運ぶ道具）を運ぶ人夫たちが行き交うのが見える。

この竣工は三、四年で完成の予定で、成功の暁には東洋と西洋との間に直行の海路をひらき、西洋人が東洋の消息を知りやすくなり、商品も運べる。その便利さは昔に比べて何倍にもなるかもしれないという。西洋人が事業を興すのは、単に自分だけのためにするのではなく、その多くは国全体、ヨーロッパ全体の大きな利益をはかるためのものだ。その規模が遠大で、目的の広く立派なことは感心すべきことだ(11)」

スエズ運河の建設は、世界が恩恵を受ける大事業でしたが、それを担ったのは国という単位ではなく、会社組織でした。フランスの外交官だったレセップスがフランスとエジプト政府から出資を受けて、一八五八年にスエズ運河会社を設立、翌年着工し、十年の歳月をかけて完成させたのです。

この引用部分は、杉浦譲の日記がベースとなっていますが、当然、渋沢栄一も同じ感想を抱いていたことでしょう。

民間が主導する公益達成への努力が、渋沢栄一の目の前で繰り広げられていたのです。

模倣の時代に別れを告げよう

物のわかった人々がたびたび力説している通り、わが国民の考え方には、すぐにも止めるべき悪習がある。それは外国製品の偏重という悪習だ。外国製品をむやみに除《の》け者にする必要などないように、外国製品を偏重するあまり、国産品をダメだと感じる理由もまたないはずである。

ところが舶来品と言えばすべて優秀なものばかりだという思い込みが、国民すべてに深く浸透しているのは、本当に嘆かざるを得ない。ただし、日本の文明が発達したのは最近の話で、しかも欧米諸国から取り入れたものがとても多いのは事実だ。このため「欧米が一番良い」という価値観の流行にかつて苦しみ、今もその弊害が尾を引いていて、舶来品ばかり愛好する流れになっているのだろう。

しかし今日は、明治維新から早くも半世紀になろうとしている。しかも、東洋の盟主や世界の一等国だと自負している今の日本で、いつまで欧米心酔の夢を見ているのだろう。いつまで自国軽蔑という見識のなさを続けるつもりなのだろう。実に意気地のない話である。

「外国の『レッテル』が貼ってあるから、この石鹸は良いのだ」

と脅かされたり、

「外国で作られたのだから、この『ウィスキー』を飲まなければ、時代後れの人間に見られてしまう」

（11）『渋沢栄一滞仏日記』日本史籍協会叢書、東京大学出版会、引用者訳。

と怯えていたのでは、独立国の権威と、大国の国民の器量とは、どうして保たれていくのだろう。わたしは国民に、心からの大きな自覚を望みたい。われわれは今日ここから、欧米心酔の時代に別れを告げ、模倣の時代から立ち去って、自ら創造し満足するレベルに登らなければならないのだ。

「有無相通《うむそうつう》（あるものとないものを、お互いに融通し合うこと）」は、経済の原則の一つとして知られている。わたしは、ここでむやみに外国を排除しようなどと宣伝したいわけではない。何かを手に入れれば、逆に何かは失いがちなもの。先年、天皇が国民に下された戊申《ぼしん》詔書《しょうしょ》[12]に関しても、「極端で非合理的、内向きにこもるのが一番よい」という考え方だと勘違いした人が多く、政府担当者がその本当の意図を徹底するのに頭を悩ませたという経緯がある。

わたしがいま述べている国産奨励の宣伝も、同じように、

「日本に内向きにこもる」

「外国排除の信条」

などと取られては、この国産奨励会[13]の発起人の方々に迷惑がかかるだけでなく、国家にも大きな損失を招くおそれがある。あるものとないものとを、お互いに融通し合うのは、数千年前から理解されていた経済上の原則で、この大原則に反しては経済の発展を思い描くことなどできないのだ。

一県の単位で言えば、同じ新潟県内でも佐渡地方からは金が産出され、越後《えちご》地方からは米がとれる。一国の単位で言えば、台湾（当時は日本領）からは砂糖、日本の関東地方からは生糸がとれる。さらに国際間に拡大をしてみると、アメリカの小麦、インドの綿花のように、それぞれの土地によって産物は違ってくる。このような関係を考えれば、われわれはアメリカの小麦粉を食べ、インドの綿花を購買し、逆に日本は生糸や綿糸を売っていくべきなのだ。だからこそ、われわれはこの点に特に注意して、わが国に適するモノを作り、適さないモノを仕入れるという道筋を間違えないようにしなければならない。

次にわれわれは、国産奨励会でやるべき事業を選んでおく必要がある。奨励というのは、かけ声ばかりでは効果は少ない。せっかく会を作って組織にしたのだから、ぜひ目的を貫徹するために実際の事業に着手し、模範を天下に示すべきである。

目下のところは、会報を発行する以外に、具体的に決定したものはない。しかし会の規則書にもある通り、今後は国産品の調査研究、イベントの開催、講演会の開催、商品陳列スペースの整備、一般の方への相談窓口や輸出奨励策などを実施していくつもりである。

（12）一九〇八年に、日露戦争後の社会不安を払拭するために出された詔書。良き風俗を守り、耐乏生活に我慢することが謳われている。
（13）一九一四年に、国産品の使用奨励を目的として設立された。今の日本産業協会。

特に研究所の設立やコンサルティング、市場や製品の紹介、試験分析、各種証明の依頼に応ずることなどは、とても利益になるであろうと思う。そして、この事業の成否は、何よりも各人の双肩《そうけん》にかかっている。だから、お互いにこの会の発展と活用とに力を注がなくてはならない。

最後に一つ申しあげておきたいことは、国内産業の奨励にはもちろん努力しなければならないが、そこで不自然かつ不相応な奨励をすれば、結局は無理が出てしまうということだ。親切なやり方がかえって不親切な結果をもたらし、保護したつもりが干渉や束縛になる。特に商品を試験したり、宣伝するような場合は、自分の利益や私情を頭から捨て去って何よりも国のためを思い、公平さと親切さとを忘れないようにしてほしいと切望する。

さらにまた、日本製品愛用の機運が高まると、それをチャンスとばかり、つまらないモノを粗製乱造し、良心的で善良な国民を騙し、目先の私腹を肥やしてしまおうとする商売人も出てきてしまうだろう。こんな輩《やから》も日本製品の成長の大きな邪魔になってしまう。ぜひ気をつけて、このようなどうしようもない人間が出てくるのを防がなくてはならない。

グローバル化の中の明治

明治とは、開国によってグローバル競争の真っただ中に日本の実業界が放り出された時代でもありました。この競争に勝って、日本の実業界が輸出で稼げるようにならないと、日本は富を蓄積できず、近代化の進展など覚束きません。

　この頃、外国に輸出可能だった近代的な日本の生産品は、綿糸（もめん）や製糸（絹）、焼き物など。いずれも渋沢栄一や、他の実業家たちの努力によって整備されていきましたが、しかし圧倒的に機械化の進んだ欧米や、他にも中国、インドの製品との厳しい競争にさらされていました。

　この節のなかで、自国の得意な産業で稼ぐことや、国産品の奨励を栄一は説いていますが、いずれもグローバル競争という時代状況のなかでの、差し迫った問題だったのです。

　また、日本はすでに出来上がっているビジネス・グローバルネットワークに、後から入り込んでいった新参者でした。ですから、当然、取引において不利な条件を強いられます。それをはね返していくためには、各会社や業界が利害を超えて団結し、海外の既得権益者に対抗する必要が出てきます。そういった時に中心人物として担ぎ出されるのが渋沢栄一でもありました。

　このよい例が、インド―日本航路の海運競争。

　当時、日本の紡績業者たちは安いインド綿を輸入し加工、輸出することを望んでいました。このとき大きなネックになったのが、インド―日本航路の運賃でした。

　当時、イギリスのP&O、オーストリア・ロイド、イタリア郵船の三社が極東運賃同盟を結成してインド―日本航路を独占、しかも港の集荷代理店も極東運賃同盟の傘下にありました。当然、運賃はとても高く、暴利をむさぼられていたのです。

この状況を打破すべく、日本郵船はインドのタタ財閥と組んで、インド―日本航路を開きます。これを主導したのが栄一でした。彼のもとにはP&Oの使者が来て、こんな説得を試みます。

「競争はお互いの不利益になるものだ。当社は長年のあいだひどく苦労し、困難を経験してようやく今、日本航路を維持している。しかし現状、積荷は少ない。それなのに、こちらが開拓した既設の航路に他社の船が入って来ると、やむを得ずこれと競争にならざるを得ない。それで儲けるのはどこかといえば、インドのタタだけだ。日本郵船会社や、日本の紡績業者にとっては、まったく利益にならないだろう。ぜひとも今、賢い策として、この航路の開設を中止するのが当然だろう[14]」

これに対して栄一は、真っ向反論をします。

「この新航路の開設は、日本の産業を助成するという国家を第一にした考えに立脚している。単に紡績業者たちの利害を起点にしているものではない。だからこそ、もし本航路の開設によって紡績業者が不利に陥ることがあったとしても、国家の利益のためにはそれくらいの犠牲は決して惜しむ所でない[15]」

実際、日本の紡績会社たち――本来は利益が相反する間柄ですが――は、ヨーロッパ三社のダンピングや切り崩しにも耐えて、渋沢栄一を中心にして一つに結束、日本郵船を支え続けました。途中でタタが手を引くという一幕もありましたが、最終的に一八九六年に日本郵船は極東運賃同盟への加入が認められるのです。

このような例は他にも数多くありました。人望が極めて厚く、また私心のない渋沢栄一は、こうした「まとめ役」にはうってつけだったのです。

この「まとめ役」という意味では、渋沢栄一が実業界を引退した後、実業界や政界で何か問題が起こると、彼のもとに仲裁や問題解決のお願いが多々来るようになります。渋沢栄一の仲裁であれば、双方納得し妥結点を見つけられるのが大きな理由でした。彼自身、それが社会のお役に立つならば、と積極的に引き受け、晩年彼は「財界世話人」と呼ばれたりもしています。

(14)『渋沢栄一伝記資料』第八巻「綿業時報」第二巻・第三号「印度棉輸送の孟買線開始前後の経緯」引用者訳。
(15)『渋沢栄一伝記資料』第八巻「綿業時報」第二巻・第三号「印度棉輸送の孟買線開始前後の経緯」引用者訳。

ここにも能率を増進させる方法がある

われわれは、年がら年中――特にわたしなどは、それについて自分でも恥ずかしく思っていて、みなさんにもいつも迷惑をかけているのだが――物事の切り盛りがうまくできなくて、無駄な時間を費やしてしまう。これはどうも物事が進歩するほど注意しなければならないようだ。

だから、これが極端まで行くと、能率がとても悪くなる。「能率が悪い」というのは、職人や工員の世界で使う言葉だが、職人や工員ばかりではない。ふつうの事務処理をする人でも、ちゃんと締め切りを守ることができて、「この時間にこれだけのことをする」ということを遅延《ちえん》なく完全にやりとげられると、人を大量に雇って使わなくても、仕事がたくさんできるようになる。すなわち能率がよくなる。これは事務仕事でも同じことだと思う。

これはまさしく自分に当てはまっていることだ。では一方で、日本の他のみなさんが、わたしのように非能率的ではなく、みなバランスをうまくとって、一日何時間も働けているのだろうか。働いている時間のなかで、従事している仕事量を、時計が完璧に時を刻むようにやれているのだろうか。決してそんなことはないだろう。使わなくてもよい人を使ったり、一度ですむことなのに三度も人に使いに行かせ、しかも肝心の要件はたいしたことがなかったりする。

わたしが一九一五年にフィラデルフィアを訪れたとき、ワナメーカー(16)がわたしを接待してくれた。その時間の使い方などを見て、

「ああ、感心なものだ。なるほどこうやると、少ない時間にチャンと多くの事ができて、その日の仕事が完全に終わる」

と思って、心から敬服したのである。すでにテイラー(17)という人が、このような「手数《てかず》を省いて合理化する」ということについて理論を立てていて、池田藤四郎《とうしろう》(18)という人がこれをある雑誌に書いている。「能率を増進する」という理論についてはは、わたしは工場の職人や工員などについて語ったものだとばかり最初思っていた。ところがそうではない。日々の人々の暮らしのなか、至るところに当てはまるものがある。

ワナメーカーがわたしを接待してくれた様子を見ると、特に何も変わったことでもない

(16)　ジョン・ワナメーカー John Wanamaker（一八三八〜一九二二）　アメリカの実業家、百貨店王と呼ばれた。
(17)　フレデリック・ウィンスロー・テイラー Frederick Winslow Taylor（一八五六〜一九一五）　アメリカの経営学者、技術者。「科学的管理法の父」。
(18)　一八七二〜一九二九　編集者、翻訳家。一九一一年「東京魁新聞」に連載した「無益の手数を省く秘訣」でテイラーを紹介。

が、

「ちょうどピッツバーグを出た汽車が五時四十五分にフィラデルフィアに着く。着いたら、自動車を出しておくので、六時までに私の経営する百貨店に来られるから、ホテルには寄らずに来てくれ」

という案内だった。そこで指図《さしず》の通りにフィラデルフィアに着くと、宿にも寄らず、すぐ自動車で百貨店に行き、六時二分か三分に着いた。ワナメーカーは店で待っていて、すぐにわたしを案内して、まず店の様子を一通り見せた。本当に目を驚かすような大きな百貨店で、入り口には日本とアメリカの大きな国旗を立てて、立派な電飾を輝かせていた。しかも、その日に百貨店に来た多数の客が、まだ帰らずに残っていたから、何か大きな劇場で舞台がハネた後にでも出くわしたような感じで群衆をなしている。そこを主人が案内して、われわれを連れて歩く。

まず一階の方の陳列場をズッと通りながら観て、それからエレベーターで二階にあがると、まず第一に見せたのは料理場だった。すっかり掃除してきれいになっていたが、

「こちらは上等な客に料理を出すところ、その次は普通の客に料理を出すところ、コックの有り様はこうである」

と説明してくれた。その次に向かったのは、秘密室といって、何か店のことについて秘密の協議をする所で、四、五十人(19)の会議ができる程の広さである。それから教育する場所

——店の人にさしあたっての教育をするところ、これらの場所を見てまわって一時間くらい。それが終わって七時頃に私がホテルに帰るときに、ワナメーカーが、

「明朝は八時四十五分にお前を訪ねる、それなら朝飯は終わっているだろう」

「終わっています」

そして、ちょうど翌朝の八時四十五分にきちんと来た。ここから大分長い話をして、

「正午頃まで話してよいか」

「よろしい」

と言うのにはじまり、

「日曜学校に力を入れた理由はこうである」

「一体お前の経歴はどのようなものであるか」

といった内容から、だんだん話が込み入ってきて、そのために思っていたよりも一時間もつい余計に彼は話をしたと思う。

(19) 原文「四、五千人」。文脈からいって数が多すぎるうえ、『渋沢栄一伝記資料』五〇巻の「銀行通信録第六一巻第三六四号・第六一—六六頁大正五年二月〇銀行倶楽部新年晩餐会演説（大正五年一月二十五日帝国《(七)》「ホテル」に於て）渋沢男爵の演説」の中で同じ経験談を語っている箇所があり「それから其次には秘密室と云ふのがある何か店のことに就て秘密な協議をする所である、四・五十人の会議が出来ると云ふ程の広さであります」という記述なので、これは「千」が「十」の誤植と考えて訳している。

「昼飯になるからわたしは帰る。二時に来るから、それまでに支度をして待っててくれ」

そして、二時にきちんと来て、今度は日曜学校の会堂に案内される。その会堂はワナメーカーが建てたものかどうかわからないが、なかなか立派な会堂で、全部で二千人も入るという。

「大勢の会員がいる。いつもこの通り混み合っていて、別にあなたが来たから多くの人を集めたのではない」

と言っていた。牧師が聖書について話をし、それから賛美歌があった。それが終わると、ワナメーカーがわたしを紹介するような演説をした。それからわたしにも、

「日曜学校について感じたことを言え」

というので、わたしも演説した。さらに、それに対してワナメーカーが——この時にはわたしも少し弱った——、

「ぜひ孔子教をやめてキリスト教に宗旨《しゅうし》がえをしなさい」

と直接、大勢の前で迫られた。これにはわたしも返答に苦しんだ。それが終わると、すぐ隣でやっていた婦人たちの聖書研究会に行って演説した。続いて、百から二百メートル隔たったところに、労働者層の人たちが集まって聖書を研究している所があったので、そこに行った。ワナメーカーは、

「東洋から、こういう老人が来たから、ぜひ握手したらよいでしょう」

と言ったので、四百人ほどいた全員と握手した。しかも向こうは労働者であるから、強く握られるので、手が痛くなるほどだった。

やがて五時半頃になった。六時に出発して田舎[20]に行かなければならない約束があるので、一緒にホテルの前まで来て別れるときに、ぜひもういっぺん会いたいが、何とか方法はないだろうかという話になった。ワナメーカーが、

「ニューヨークにはいつ行く?」

「十一月三十日に行って、十二月二日まで滞在している」

「ではわたしは二日にニューヨークに行く用事があるので、その時もういっぺん会おう」

「何時がよいか」

「午後の三時にはニューヨークを発って、ここフィラデルフィアに戻らなければならない」

「では、二時から三時のあいだにニューヨークのあなたの店に行こう」

と約束して、二日の二時半、三時ちょっと前くらいに、ちょっとでも遅くなって会いそこなってはとても困ると思い、大急ぎで行くと、すぐに、

(20)　この後、渋沢栄一はニューヨークを経由してボストンに行った。ボストンのことを田舎と言っているのか、栄一の記憶違いで別の場所を言っているのかは定かではない。

「あなた、よく来てくれた、これで満足だ」

「わたしも満足だ」

「実は、あなたにご馳走している時間がないから、書物をあげたい」

と言って、リンカーンの伝記、グラント将軍[21]の伝記その他のものを渡され、かつ簡単に両氏の崇高なる人格を語ってくれた。わたしも、グラント将軍が来日したときの歓迎委員長であったことなどを語って別れた。その切り盛りには一つも無駄がなく、話もまた適切であり、わたしはとても敬服した。このように時間を無駄に使わないのであれば、前述した能率も間違いなく増進するだろう。


別に何かを作り上げるわけではないが、われわれが時間を空費しているのは、ちょうど物を制作するときに手を動かしていないのと同じことなのだ。これはお互いに注意して、他人を無駄に使わないのはもちろんのこと、自分自身も無駄に使わないように心がけたいと思う。

果たして誰の責任なのか

世の中の人は、どうかすると明治維新以後の商業道徳は、文明の進歩に肩を並べられず、かえって退歩してしまったと言う。

しかし、わたし自身は、「どうして道徳が退歩、ないしはすさんでしまったのだろう」とその理由がわからずに苦しんでいるのだ。たとえば昔の商工業者を、今日の商工業者と比較してみれば、一体どちらが道徳観念に富み、どちらが信用を重んずると言えるだろうか。わたしは、今日の方が昔よりもはるかに優っていると、ためらいなく断言できるのだ。

しかし一方で今日、他のモノが進歩したようには道徳が進歩していない、というのは前にも述べた通りだ。この点、わたしは世間の説に反論しようとは思わない。ただし、そんな社会で商業活動しようとするなら、「商業道徳が進歩していない」といった世間の評判がなぜ生まれてしまうのかの理由をよくよく考え、一日も早く道徳が、物質的な文明の進歩と肩を並べられるようにしなくてはならない。

そのためには、前にも述べたような「修身（自分を磨く）」という方法を使って、道徳を説いていくのが先決問題であろう。しかしそれも、特別な工夫や方法を必要とするわけではない。ただ日常の経営において、自分の身を磨くよう心がけていけば十分なのだから、それほど難しいものではない。

（21）　ユリシーズ・シンプソン・グラント Ulysses S. Grant（一八二二～一八八五）南北戦争時の北軍の将軍、第一八代アメリカ合衆国大統領。一八七九年の訪日時、東京商法会議所（後の東京商工会議所）会頭だった渋沢栄一が、東京接待委員総代を務めた。

この点に関しては、明治維新以来、物質的な文明が急激な発展をしたのに対して、道徳の進歩はそれに追いついてはこなかった。そこで人々は、この不釣り合いな現象に過度に注目して、商業道徳が退歩していると考えたと見ることもできるだろう。そうであるならば、社会正義のための道徳を身につけるように心を用い、物質的な進歩に匹敵するレベルまで向上するのが目下の急務には違いない。

しかしこれを違う一面から考えてみよう。単に外国の風習ばかりを見てすぐにそれをわが国に応用しようとすれば、無理なことも出てきてしまう。国が違えば、何が道徳的な振る舞いなのかに対する考え方は自然と違ってくるものだ。だから、その社会の組織や風習をよくよく観察し、そこに祖先以来の素養や慣習を照らし合わせて、その国、その社会に合うような道徳の考え方を育てるよう努力しなければならない。一例を挙げるなら、

「父親から呼ばれれば、返事をするまでもなく立ちあがり、君主から呼び出されれば、駕《か》籠《ご》が到着するのを待たずに出発する[22]」

といった言葉こそ、日本人の君主や父に対する道徳の考え方になる。父親に呼ばれればすぐに立ち上がり、君主に呼ばれれば状況に関係なくすぐに駆けつけるのが、古来日本の武士の間で自然に育まれた一種の習慣だった。ところが、これを個人本位の西洋の考え方と比較してみると、その違いは大変なものになってしまう。西洋人が最も尊重する個人の約束も、君主や父の関係の前では、捨てて顧みなくてよいことになってしまうのだ。

日本人は、君主に忠実で、国を愛する気持ちに富んだ国民として称賛されている。その一方で、個人の間での約束を尊重しないという批判を受けてもいる。要するにその国独自の習慣がそうさせているのだ。つまり日本と西洋とでは、重要だと考えているものが違っている。

それなのに、その原因をよく考えようともせず、表面的な観察ばかりに走り、「一般的に日本人の契約概念は不確実だ」「商業道徳は劣っている」などと非難するのは、理屈が通っていないように思われる。

このように論ずるからといって、わたしはもちろん日本の商業道徳の現状に満足しているわけではない。いずれにせよ、近頃の商工業者に対して「道徳の考え方が薄い」とか「自己本位に過ぎる」といった論評がなされるのは、商売に携わる者がお互いに気をつけなければならないことだ。

功利学（利益を追求する学問）のマイナス面をなくしていくべきだ

ヤマト魂や武士道を誇りとするわが日本で、その商工業者が道徳の考え方に乏しいとい

（22）『孟子』公孫丑章句下34　父召《め》せば諾《だく》なし、君命じて召せば駕《が》を待たずして行く。

うのはとても悲しむべきことだ。しかし、その原因は何だろうと探っていくと、昔から続いてきた教育の弊害ではないかと思うのだ。

わたしは歴史家でもないし、学者でもないので、遠くその根源を究めるということはできない。ただ、

「人民というものは、政策に従わせればよいのであって、その理由まで知らせる必要はない」(23)

という『論語』の教えを、朱子学が重視していたのは事実だ。そして明治維新の前まで、学問による教化の権限を一手に握っていた林家《はやしけ》も、(24)その考え方を濃厚に持っていた。このため当時、治められる側にいた農業や工業、商売に従事する生産者たちは、道徳的な営みとは無関係に置かれ続けた。そして、自分たち自身でも正義や踏むべき道に縛られる必要などないと思うようになってしまった。

この学派をつくった朱子という人物が、大学者というだけの存在で、自分自身で実践するというタイプではなかった。口で道徳を説いたうえに、自分自身でも社会正義のために現場で苦労しようとはしなかったのだ。だから林家の学風も、儒者は聖人の学問を説く立場、一般の人々はそれを実践するべき立場と、説く者と行う者とを区別してしまった。

この結果として、孔子や孟子が言うところの民、つまり治められる側の一般民衆は、上からの命令を素直に聞いて、村や町から課せられた仕事や行事をサボらなければそれでい

い、というじけた根性に馴染んでしまった。言葉を換えると、社会の基本的な道徳など、治める側の武士が身につければよいもので、農民は政府から与えられた田畑を耕し、商人はソロバンでもちまちまやっていれば何も問題ないという考え方が染みついてしまったのだ。国家を愛するとか、道徳を重視するといった考え方は、どこかにいってしまったのである。

「魚の干物《ひもの》を売っている市場にいる人間は、臭いになれてしまって、自分でいかに臭いが染み付いてしまっているのかわからない（鮑魚《ほうぎょ》の市に入るものは、自らその臭《しゅう》を知らず）」

ということわざがある。これと同じように、昔からの悪習に数百年も染まり続け、もはや糞尿《ふんにょう》の臭いすら気にしなくなった者がいたとしよう。彼を心変わりさせ、自ら成長するように仕向けたうえ、人の踏むべき道を歩む立派な人間に見事仕立てあげるのはもちろん簡単なことではない。しかも欧米から入ってくる新しい文明は、日本の商工業者に道徳や人の踏むべき道がないのをいいことに、みなを利益追求の科学にばかり向かわせている。その結果、悪風はいよいよ助長されることになったのだ。

（23）『論語』泰伯篇9　民はこれを由《よ》らしむべく、これを知らしむべからず。「人民というものは、政策に従わせればよいのであって、その理由まで知らせることはできない」という解釈もある。
（24）林羅山《はやしらざん》を嚆矢とし、幕府の学問を世襲で司った学派。「りんけ」とも読む。

欧米でも、倫理の学問が盛んである。品性を磨きあげよという主張も盛んにされている。しかし、その出発点は宗教なのだ。この点、日本人の心情とは一致し難い面があった。一方で、利益を増大させ、産業を興すのに覿面《てきめん》に効果のある科学的知識、つまり利益追求の学問は最も広く歓迎され、最も大きな勢力となっていった。豊かさと地位とは「人類の性欲」とでも言うべきものだが、はじめから道徳や社会正義の考え方がない者に向かって、利益追求の学問を教えてしまえば、薪《たきぎ》に油を注いでその性欲を煽《あお》るようなもの。結果は初めからわかっていたのだ。

昔は単純労働から這い上がって、見事に自立して会社を興し、一躍あこがれの地位に上った人も少なくなかった。ではこれらの人々が、社会正義のための道徳を常に守り、正しい道、公の道を進んで、誰にも恥ずかしくない気持ちで今日に至ったのかというと、そんなことは全くなかった。

また、自分が関わっている会社や銀行などの事業を繁栄させようと、昼夜休むことのない努力をするのは、実業家としてまことに立派なことだ。株主に忠実な者と言ってもよいだろう。

しかし、もし会社や銀行のために尽くそうという気持ちが、実は自分の利益を図ろうとする利己心でしかなく、しかも株主の配当を多くするのは、自分も株主であるために己の金庫を重くしたいためであるなら、これは問題だ。もし会社や銀行を破産させ、株主に被害を与えた方が、実は自分の利益になるという状況に遭遇したなら、彼がその誘惑に勝てるかどうかきわめて怪しくなる。孟子という思想家のいう、

「人から欲しいものを奪い取らないと、満足できなくなってしまう(25)」

という言葉は、これを意味している。

また、富豪や大商人に仕えて、ひたすら主人のために身を削るような者も、その成し遂げたことを見れば、一所懸命仕える忠実な者と言えるだろう。しかし、その忠義の行いは、実はすべて自分の利益になるか否かの打算から出ているとしよう。主人を豊かにするのは、自分を豊かにしたいがためで、「番頭《ばんとう》（雇われマネージャー）」や「手代《てだい》（一般社員）」と周囲から見下げられるのは面白くないが、実際の収入を考えて、「普通の実業家よりたくさんもらえているから、名を捨てて利益を取ろう」という気持ちだったらどうだろうか。その忠義ぶりも、結局は「利益問題」という四字にとどまり、同じように道徳とは無関係としか言えないのだ。

ところが世間の人々は、このような人物を成功者として尊敬し、また、憧れのまなざしを向けている。若い人たちも彼を目標として、何とか近づこうとあれこれ考え、その悪い風習はどこまでも続きかねない勢いだ。

(25)　第四章注3。

このように言うと、商工業者のすべてはみな信頼できない背徳者のように聞こえるかもしれない。しかし孟子が「人間の本性は善なのだ」と主張したように、人には善悪の心がともに備わっている。なかには立派な人間もいて、商工業者の道徳の退廃を嘆き、これを救おうと努力している者も少なくない。とは言うものの、何せ数百年来の習慣が染みつき、利益追求の学問によって悪知恵ばかり発達している者を一朝一夕に立派な人間にするというのは、そう簡単にかなえられるものではない。

ただし、だからといってそのまま放任して事態の改善を望んでも、根のない枝に葉を繁らし、幹のない樹木に花を咲かそうとするようになってしまう。国の根本を培ったり、商業の権利拡張などとうてい望めなくなってしまうのだ。

そこで、商業道徳の核心部分であり、国家においても、世界においても直接的に大きな影響のある「信用」の威力を宣伝していかなければならない。日本の商業に携わる者すべてに、「信用こそすべてのもと。わずか一つの信用も、その力はすべてに匹敵する」ということを理解させ、経済界の基盤を固めていくことこそ、最も急いで取り組まなければならない事柄なのだ。

こんな誤解がある

もともと競争は、何事にも付きものだ。その最も激しいものを挙げれば、競馬とかボートレースとかになるだろう。

他にも、朝起きるのにも競争があり、読書するにも競争があり、徳の高い人が低い人から尊敬されるのにも競争がある。しかし、こちらの方の競争は、あまり激しいものはない。一方で、競馬やボートレースとなると、命をかけても構わないというほど熱狂的になる。自分の財産を増やすというのもこれと同じで、激しい競争の気持ちを引き起こし、「あいつより、俺の方が財産を多く持ちたい」と願うようになる。

それが極端になると、人として踏むべき正しい道筋という考え方も忘れてしまい、いわゆる「目的のために手段を選ばない」というようにもなる。つまり同僚をだまし、他人を傷つけ、あるいは自分自身を腐らせてしまう。昔の言葉に、

「財産をつくれば、仁の徳から背いてしまう(26)」

とあるが、結局そういうところからきた言葉なのだろう。アリストテレスは、

「すべての商売は罪悪なのだ」

と言ったそうだが、それはまだ文明の開けぬ時代のことであり、いかに大哲学者の言葉だとは言っても、真面目に受け取るわけにはいかない。しかし孟子も、

(26)『孟子』滕文公章句上49　富を為せば仁ならず。

「財産をつくれば、仁の徳から背いてしまう。仁の徳を行えば、財産はできない」[27]と言っているくらいだから、同じようによく味わうべきなのだろう。

思うに、このように正しい理屈を間違えるようになったのは、一般の習慣がそうさせた結果と言わなければならない。元和元（一六一五）年[28]に大坂の豊臣家が滅ぶと、徳川家康が天下を統一、武力を止めて使わない時代となった。それ以来、政治の方針はまず孔子の教えから出るようになったようである。

それ以前の日本は、中国や西洋にもかなりの接触を図ったが、たまたまイエズス会士[29]が、日本に対して恐るべき企てを持っているかのように見えたことがあった。また、キリスト教によって国自体を乗っ取ることを目的とする、といった書面がオランダから来たりもした。このため、海外との接触をまったく絶って、わずか長崎の一部分においてのみ貿易を許す一方で、国内を武力で完全に守り、統治したのだ。そして、その武力によって国を治めようとした人が守ろうとしたのが、孔子の教えだった。

だから儒教の教えにある、

「自分を磨き、よき家庭をつくり、国を治め、天下を平和にする」[30]

という段取りで統治していくというのが幕府の方針であった。このため武士たる者は、「仁（愛を広げる）」「義（みんなのためを考える）」「孝（親に尽くす）」「悌《てい》（目上に尽くす）」「忠（良心的である）」「信（信頼を得る）」といった道徳の基本を身につけていった。さらには、

社会正義のための道徳を掲げて人を治める者は、経済活動などに関係するものではない――言葉を換えれば、

「財産をつくれば、仁の徳から背いてしまう。仁の徳を行えば、財産はできない」

という孟子の指摘を武士たちは現実に実行していったのだ。しかも人を治める側はあくまで消費者なので、生産には従事しないし、人を治め、教え導く者が経済活動を行うのは、その本来の役割に反することだと考えた。いわゆる、

「武士は喰わねど高楊枝」

という風潮はここを土台に続いていったのだ。さらに、人を治める者は人々から養われる存在だと武士たちは信じ、ここから、

「人に食べさせてもらうからには、その人のために命を投げ出す。人の楽しみをみずからの楽しみにする者は、人の憂いをみずからの憂いにする(31)」

(27)『孟子』滕文公章句上49　富を為せば仁ならず。仁を為せば富まず。
(28)実際に豊臣家が滅んだのは慶長二十年。後《ご》水尾《みずのお》天皇によって同年、改元《かいげん》された。
(29)イグナティウス・ロヨラが一五三四年に創立した修道会の司祭。積極的な海外布教で知られ、日本にもフランシスコ・ザビエルが訪れた。
(30)『大学』経一章　修身斉家治国平天下。『大学』の原文は、「身修めて后《のち》に家斉《ととの》う。家斉って后に国治まる。国治まって后に天下平らかなり」。

といった行動が、彼らの果たすべき義務だとも考えられていた。

結局、経済活動は、社会正義のための道徳と無関係な人が携わるとされたため、まるで「すべての商業は罪悪だ」と言われた大昔と同じような状態が続いてしまったのだ。これが三百年にわたる風潮を作り出していった。

しかも、武士も商人も、最初は単純な本質だけ守っていればよかったのだが、次第に知識はすり減り、気力も衰え、形式のみ繁雑になっていった。この結果、武士の精神が廃れてしまい、商人も卑屈になって、うそが横行する世の中となってしまったのだ。

(31) 句の前後が入れ替わるが、渋沢栄一の従兄弟で、見立て養子となった渋沢平九《へいく》郎《ろう》が書き残した文章に同じ言葉がある。この句の前半は『史記』淮陰侯列伝の言葉。後半は『孟子』に似た表現がある。

第九章　教育と情誼

孝行は強制するものではない

『論語』の為政篇のなかに、こんな言葉がある。

「孟武伯《もうぶはく》という貴族が、孔子に孝の徳について尋ねた。孔子はこう答えた。『父や母の身に、病気がないかどうかを心配しなさい』[1]」

「弟子の子游が、孝について孔子に尋ねた。孔子は言った。『近頃の親孝行というのは、暮らしの上で不自由な思いをさせないことを指しているらしい。だが、それだけなら、犬や馬を飼うのと同じことである。敬愛の心がこもっていなかったら、区別のつけようがな

（1）『論語』為政篇6　『　』部分は、他にも解釈があるが、これは、渋沢栄一の『論語講義』に書かれている解釈に従った。

いではないか[2]』」

このような孝行の道について、孔子はこの他にもしばしば説かれている。

わたしはこの「孝」の徳に関して、親から子に対して「孝行しなさい」と強制するのは、かえって子供を親不孝に追い込んでしまうものだと思っている。

わたしにも子供が何人かいるが、彼ら彼女らが果たして将来どうなるのかわからない。わたしも子供たちに、先ほどの、

「父や母の身に、病気がないかどうかを心配しなさい」

といった『論語』の言葉をときどき言って聞かせたりする。それでもけっして親孝行を要求したり、強制したりはしないようにしている。

親は自分の気持ち一つで、子供を親孝行にもできるが、逆に親不孝にもしてしまう。自分の思い通りにならない子供をすべて親不孝だと思ったなら、それは大きな間違いなのだ。親を単に養うというだけなら、犬や馬のような獣を飼って養ってやる場合と、変わらなくなってしまう。人の子としての孝行の道は、このように簡単ではないと思う。親の思うようにならず、絶えず親もとにいながら、親を養うことをしない子供だからといって、それは必ずしも親不孝ではないのだ。

こんなことを述べると、いかにもわたしの自慢話のようになって恐縮ではあるが、実際のことなので遠慮なくお話ししよう。確かわたしが二十三歳のときであったろうと思うが、

父がわたしに向ってこんな話をされた。

「お前の十八歳頃からの様子を見ていると、どうもお前にはわたしと違ったところがある。読書をさせれば理解力にすぐれ、また何事にもよく頭がまわる。わたしの希望から言えば、いつまでもお前を手元に置いて、わたしの言う通りにさせたい。しかし、それではかえってお前を親不孝にしてしまうから、わたしは今後お前をわたしから自由にし、思う通りにさせたいと思う」

いかにも父がおっしゃった通り、そのころわたしは読書の理解力からいえば、若輩者ながらすでに父より上だったかもしれない。また、父と比べると、多くの点で優ったところもあったろう。それなのに、父が無理にわたしを父の思う通りにさせようとし、「これが孝行の道なのだ」と孝行を強制していたら、わたしはかえって父に反抗したりなぞして親不孝の子供になってしまったかもしれない。

幸いにもそんな事態にはならず、未熟ながらも親不孝にならずに済んだのは、父がわたしに孝行を強制せず、広い心でわたしに臨み、わたしの思うままの志に向かって進ませてくれた賜物《たまもの》なのだ。孝行は親がさせてくれて初めて子供ができるもの。子供が孝行をするのではなく、親が子に孝行させるのである。

（2）『論語』為政篇7。

父が、今述べたような考え方でわたしに臨んでくれたため、自然にその感化を受けたのだろう、わたしも自分の子供に対しては父と同じような態度で臨むようにしている。わたしがこんなことを言うと、ちょっと身の程知らずだが、わたし自身、父よりも多少優れたところがあった。だから父とはまったく違った行動をとったのだ。父と違うところがあったために、わたしは父のようにはなり得なかった。

わたしの子供たちの将来はどうなるものか、神様ではないわたしにはとても断言などできない。しかし今のところ、とにかくわたしとは違ったところがある。ただし違うと言っても、わたしと父との違いとは反対で、どちらかといえば劣った方のそれだ。しかし、この違いを責めて「わたしの思う通りになれ」と子供たちに強制してみたらどうだろう。そんな注文を強制するわたしの方が無理というものだ。「わたしの思う通りになれ」と強制されても、子供たちはどうしてもわたしのようにはなれない。それなのに、なおも強制して、すべてわたしの思い通りにしようとすれば、子供たちは「わたしの思う通りにならない」というだけで、親不孝の子供にならざるを得ない。わたしの思う通りにならないからといって、子供たちを親不孝に追い込んでしまうのは、耐えがたいことではないか。

だからこそわたしは、「子供に孝行させるのではない、子供が孝行できるように親がしてやるべきだ」という基本的な考え方で子供たちに臨んでいる。子供たちがすべてわたしの思うようにならないからといって、親不孝の子供だとは思わないようにしている。

解説

論語の孝行観

渋沢栄一は、『論語』の教えを人生やビジネスの中核に据えていました。42頁で、「わたしは『論語』で一生を貫いてみせる」と高らかに宣言していることに象徴的です。ただし一方で、39頁で、「『論語』は最も欠点の少ない教訓」と述べたように、『論語』にも欠点があることを認めていました。普通、「論語で一生を貫く」と言うなら、「論語は絶対であり、すべて正しい」となりそうですが、そうはならないところに栄一らしさがあります。

さらに彼は、『論語』の欠点に対しては、大胆に解釈するところは解釈し直し（176頁）、それでも補えなければ別のあり方を提示しました。その象徴的な例が、この節の「孝行」の捉え方なのです。

もともと『論語』やそこから派生した儒教において、親は絶対的な存在でした。だからこそ、『礼記』という古典にこんな言葉があります。

「子供が親に仕える場合、三度諫言して聞き入れられなければ、号泣して親に従う[3]」

極端な話ですが、親が「泥棒に行く」と言って、それを三回止めても聞き入れないなら、一緒に泥棒に行けという教えなのです。それくらい親は絶対でした。『論語』には子の成すべきことは書かれていますが、親の成すべきことは一切記されていません。

さらに、『孝経《こうきょう》』(4)という古典には、こんな教えもあります。

「この体は髪や皮膚のたぐいまで、すべて父母から授かったもの。それを傷つけないようにつとめるのが、孝の出発点である」(5)

なぜ身体はもちろん、肌や髪まで損なってはいけないのか(当時、髪は人のエネルギーが宿ると信じられ、切らずに伸ばしていました。それを留めておくためにダンゴにして冠を被ったのです)。それは、この身体は自分のものではなく、親からの預かり物と考えるからです。確かに、われわれの身体は、親の身体から物理的に派生し、その延長にあるとも言えます。だからこそ、それは大切に傷つけないようにしなければならない、と。

しかし、こんな「孝行」の教えをまるっと無視したのが、幕末の志士たち。

江戸時代以降、多くの人たちが『論語』や、そこから派生した儒教の教えから行動指針を汲み出してきました。しかし、その汲み出し方はさまざま。

もともと「儒教」という言葉で括られる教えは、内容の幅がとても広く、しかもその主要な教えは——朱子学や陽明学なども含めて——江戸時代までにはすべて出揃っていました。

言葉を換えれば、江戸時代の人々は、そうしたある種、確立されてパッケージ化された幅広い教えのなかから、自分の立場に都合のよい部分をピックアップして使うことができたのです。徳川幕府であれば、自分たちの統治や秩序維持に都合のよい部分を使い、逆に幕末の志士たちは、孟子の「革命思想」や、陽明学の「知行合一」などを抜き出して行動原理としました。

志士たちは、新しい時代を築こうと、自分の命を張っていた人々。渋沢栄一も、この点では同じ面を持っていました。それなのに、「親が昔のままがいいと言うから」「身体を傷つけてはいけないから」などと言っていては、何も前に進まなくなります。渋沢栄一には、

「新しき時代には新しき人物を養成して新しき事物を処理せねばならない」(6)

という言葉もありますが、新しい時代を作るための価値観やあり方はどうあるべきかを、あえて『論語』の教えに逆らう形で提示しているのです。

---

(3)『礼記』曲礼下篇　子の親に事《つか》うるや、三諫して聴からざれば、号泣してこれに随《したが》う。
(4)「孝」の重要性を説いた儒教経典の一つ。
(5)『孝経』開宗明誼　身体髪膚《はっぷ》これを父母に受く、あえて毀傷せざるは孝の始めなり。
(6)『渋沢栄一訓言集』渋沢青淵記念財団竜門社編、国書刊行会。

現代教育の得たもの、失ったもの

昔の青年といまの青年とは、昔の社会といまの社会が異なっているように、異なっている。わたしが二十四、五歳のころ、ちょうど明治維新前の青年と、現代の青年では、その境遇や教育がまったく違っているので、どちらが優ってどちらが劣っているといったことは一口には言えないと思うのだ。ところが一部の人たちは、

「昔の青年は意気もあり、抱負もあって、今の青年より遥かに立派だった。今の青年は軽薄で元気がない」

などと言っている。わたしは、一概にそうとばかりは言えないだろうと考えている。なぜかといえば、昔の数少ない偉い青年と、いまの一般の青年とを比べてあれこれ言うのは少し間違っているからだ。今の青年のなかにも立派な者もいれば、昔の青年のなかにも立派でない者もいた。

明治維新前の「士農工商」の階級は極めて厳格なものだった。まず武士のなかにも、「上士《じょうし》（身分の高い武士）」と「下士《かし》（身分の低い武士）」という階級があった。さらに百姓や町人の間でも、代々その土地の資産家で村のまとめ役だったような家柄と、そうでない普通の百姓や町人とでは、自然とその気風や教育に異なる点があった。このような状況だったので、昔の青年といっても、武士や上流の百姓町人と一般の百姓町人とでは教育も違っ

ていたのだ。

昔の武士や上流の百姓町人は、多くの場合その青年時代に、中国古典の教育を受けたものだった。初めは『小学《しょうがく》』[7]とか『孝経』『近思録《きんしろく》』[8]、さらに進むと『論語』『大学』『孟子』などを勉強した。また一方で体を鍛えて、武士的な精神を奮い立たせたものである。

では、一般の百姓町人はどんな教育を受けていたのかというと、きわめて身近でわかりやすい『実語教《じつごきょう》』[9]とか『庭訓往来《ていきんおうらい》』[10]、それに加減乗除《かげんじょうじょ》の九九などを学んだに過ぎなかった。

こうした違いがあったため、レベルの高い中国古典の教育を受けた武士は、理想も高く見識も持っていた。一方で百姓や町人の方は日常生活に必要な習いごとを身につけたに過ぎず、無学な者がだいたいにおいて多かったのである。

ところが今は階級のない平等な社会で、地位や収入などに関係なく、みな教育を受けることとなった。つまり岩崎家（三菱の創始者）や三井家の息子も、狭苦しい長屋《ながや》住まいの息子も、みな同じ教育を受けるという状況になったのだ。だから、その多くの青年のなかに、品性が下劣で、学問のできない青年が混じるのは、おそらくやむを得ないことなのだろう。

（7）子供向けの儒学の教科書。南宋の朱熹《しゅき》（朱子）の門人である劉子澄《りゅうしちょう》の編述。

（8）宋代に興った新しい儒学の教えを、南宋の朱熹と友人の呂祖謙《りょそけん》が初心者向けに編んだもの。

（9）中国古典の格言を日本で初心者向けに編んだもの。平安時代頃に成立。

（10）二十五通の手紙の文例からなる初学者向けの文章規範。室町時代頃に成立。

だからこそ、今の一般の青年と昔の少数の武士階級の青年とを比べて、あれこれ非難するのは、当を得ないことなのである。

今でも、高等教育を受けた青年のなかには、昔の青年と比較してまったく遜色《そんしょく》のない者がたくさんいる。昔は少数でもよいから偉い者を出すという天才教育であった。今は多数の者を平均して教え導いていくという、常識人をつくる教育になっている。昔の青年は良い師匠を選ぶということにも、とても苦心していた。有名な熊沢蕃山《くまざわばんざん》(11)は、中江藤樹《なかえとうじゅ》(12)のもとへ行って、

「門人にして下さい」

とお願いしたが許されず、三日間その軒先《のきさき》から動こうとしなかった。藤樹もその熱意と真心に負けて、ついに門人にしたというほどだった。他にも、新井白石《あらいはくせき》(13)と木下順庵《きのしたじゅんあん》(14)、林羅山《はやしらざん》と藤原惺窩《ふじわらせいか》の関係など、みな良き師匠を選んでその学問を習い、徳を磨いたものだった。

ところが現代の若い人の師弟関係はまったく乱れてしまって、うるわしい師弟の交流があまり見られないのはとても憂うべきことだ。今の青年は師匠を尊敬しない。学校の生徒など、その教師をまるで落語家か講談師《こうだんし》（歴史物語などを調子をつけておもしろく読んで聞かせる芸人）のように見ている。「講義が下手だ」とか「解釈が劣っている」とか、生徒としてあってはならないような口を利いている。これを違う側面からみれば、学科の制度が昔とは違い、多くの教師に接するためもあるのだろう。しかしそれにしても今の師弟関係は乱

れている。同時に、教師の方も自分の教え子を愛していないという良くない傾向もあるのだ。

要するに、青年は良い師匠に接して、自分の品性を磨いていかなければならない。昔の学問と今の学問とを比較してみると、昔は心の学問ばかりだった。一方、今は知識を身につけることばかりに力を注いでいる。また、昔は読む書籍がどれも「自分の心を磨くこと」を説いていた。だから、自然とこれを実践するようになったのである。さらに自分を磨いたら、家族をまとめ、国をまとめ、天下を安定させるという、人の踏むべき道の意味を教えたものだった。『論語』にも、こんな言葉がある。

「親を大切にして目上を敬う人間が、上の者に逆らうことはめったにない。上の者に逆らわない人間が組織の秩序を乱すことはありえない[15]」

「君主に仕えてはその身をよく捧げる[16]」

(11)　第六章注26。
(12)　一六〇八～一六四八　江戸初期の陽明学者。近江聖人《おうみせいじん》と呼ばれた。
(13)　第六章注28。
(14)　一六二一～一六九九　江戸時代前期の儒学者。五代将軍綱吉《つなよし》の侍講《じこう》（お付きの学者）となった。
(15)　『論語』学而篇2（孔子の弟子の有若《ゆうじゃく》の言葉）その人となり孝弟、上を犯すを好む者鮮《すく》なし。上を犯すを好まずして乱を作《な》すを好む者は、未だこれあらざるなり。

つまり、親や目上をまず大切にすることを教えたのだ。さらに、「仁（愛を広げる）」「義（みんなのためを考える）」「礼（礼儀を身につける）」「智（ものごとの内実を見通す）」「信（信頼される）」という五つの道徳を押し広げていくことで、同情する心や恥の気持ちを人に抱かせ、礼儀やケジメ、勤勉で質素な生活を尊重するよう教えたものだった。だから、昔の青年は自然と自分を磨いていったし、常に天下国家のことを心配していた。また、かざりけがなく真面目で恥を知り、信用や正義を重んじるという気風が盛んだった。

これに対して、今の教育は知識を身につけることを重視した結果、すでに小学校の時代から多くの学科を学び、さらに中学や大学に進んで、ますますたくさんの知識を積むようになった。ところが精神を磨くことをなおざりにして、心の学問に力を尽くさないから、青年の品性を憂慮すべき事態になってしまった。

そもそも現代の青年は、学問を修める目的を間違っている。『論語』にも、

「昔の人間は、自分を向上させるために学問をした。今の人間は、名前を売るために学問をする(17)」

という嘆きが収録されている。これはそのまま今の時代に当てはまるものだ。今の青年は、ただ学問のための学問をしている。初めから確固たる目的がなく、何となく学問をした結果、実際に社会に出てから、「自分は何のために学問してきたのだろう」というような疑問に襲われる青年が少なくない。「学問をすれば誰でもみな偉い人物になれる」とい

う一種の迷信のために、自分の境遇や生活の状態も顧みず、分不相応《ぶんふそうおう》の学問をしてしまう。その結果、後悔するようなことになるのだ。

だからこそ、ごく一般の若い人であれば、自分の経済力に応じて、小学校を卒業したらそれぞれの専門教育に飛び込み、実際に役立つ技術を習得するべきなのだ。また、高等教育を受ける者でも、中学時代に「将来は、どのような専門学科を修めるべきか」という確かな目的を決めておくことが必要になってくる。

底の浅い虚栄心のために、学問を修める方法を間違ってしまうと、その青年自身の身の振り方を誤ってしまうだけではなく、国家の活力衰退を招くもとになってしまうのである。

偉人とその母

女性は、昔の封建時代のように無教育のままにおいて、馬鹿にしたような扱い方をしていればよいのだろうか。それとも、ふさわしい教育を受けてもらい、自分を磨き、家庭をまとめるといった人としての道を教えなければならないのだろうか。

---

(16)『論語』学而篇7　君に事《つか》えてよくその身を致《いた》す。
(17)『論語』憲問篇25　古の学者は己のためにし、今の学者は人のためにす。

これはいちいち口に出さなくてもよい、わかりきった問題であって、女性だからといって教育をおろそかにすることなどできない。この点について、わたしはまず女性の天職とも言える、子供の育成という観点から、少し考えてみる必要があると思っている。

一般に、女性とその子供とは、どのような関係を持っているのだろう。これを統計的に研究してみるなら、多くの場合、善良な女性からは善良な子供が生まれ、優れた婦人の教育によって優秀な人材ができるものである。その最も適切な例は、中国の思想家・孟子の母（子供の教育のために引っ越しを繰り返した）や、アメリカ初代大統領ジョージ・ワシントンの母（教育熱心だったことで知られる）などがまさしくそれに当たる。わが日本でも、楠木正《くすのきまさ》行《つら》[18]の母や中江藤樹《なかえとうじゅ》の母なども、みな賢母として知られている。最近でいえば、伊藤博文《ひろぶみ》[19]公や、桂太郎《かつらたろう》[20]公のご母堂なども、賢母であったと聞いている。

とにかく優秀な人材は、その家庭において賢明なる母親に教育された例が非常に多い。偉人が生まれ、賢人や哲人が世に出るにあたって、女性の力によるところが大きいということは、わたし一人の言葉ではないのである。

そうだとするなら、女性を教育してその知恵や能力を花開かせ、女性としての道徳を育んでいくことは、教育された女性本人のためばかりでなく、間接的には善良な国民を育てるもととなるのだ。だから、女性教育はけっしていい加減にできない、ということになる。いや、女性教育を重視すべき理由はそれだけではない。わたしはさらに、女性教育が必要な理由を次に述べてみようと思う。

明治以前の日本の女性教育は、もっぱらその教育を中国思想に取ったものであった。中国の女性に対する考え方は消極的で、女性は純潔を守れ、従順であれ、細かい目配りを利かせろ、優しく美しくあれ、耐え忍べと教えていた。このように精神的な教育を施すことに重点を置いたにもかかわらず、知恵とか学問とか、理論とかいった方面についての知識を奨めたり、教えたりしようとはしなかった。

日本の江戸幕府の時代の女性も、主にこの考え方のもとに教育されたもので、貝原益軒《かいばらえきけん》の『女大学《おんなだいがく》』(21)はその時代における唯一最上の教科書であった。その内容といえば、知恵の方はすっかりなおざりで、消極的でつつましくいることばかり重視されていた。そして、こんな教育をされてきた女性が今日の社会の大部分を占めているのだ。

明治時代になってから女性への教育も進歩したとはいえ、まだこうした教育を受けた女性の勢力はわずかでしかない。社会における女性の実態は、『女大学』を超えていないと

(18)　?〜一三四八　南北朝《なんぼくちょう》時代の武将。楠木正成の子。
(19)　一八四一〜一九〇九　内閣総理大臣や貴族院議長などを務めた。
(20)　一八四八〜一九一三　陸軍大将や内閣総理大臣などを務めた。
(21)　『女大学』は、貝原益軒が書いた『和俗童子訓《わぞくどうじくん》』をもとに、より一般化して、後世の人が作った女性に対する教訓書。貝原益軒については第六章注29。

言ってても過言ではないだろうと思う。だから、今日の社会で女性教育が盛んだと言っても、その効果をいまだ社会に十分に認めさせることができていないのだ。いわば女性教育の過渡期であるから、その仕事に携わる者は、何が善くて何が悪いのかよくよく議論のうえ判断し、かつ研究しなければならない。ましてや、昔言われていた「腹は借りもの（子供さえ生んでしまえば女性に用はない）」といったことは口にできず、してはならない今日、女性を昔のように馬鹿にしたり、あざ笑ったりすることはできないと考えるのだ。

キリスト教的な女性に対する態度はさて置いても、人間の踏むべき正しい道に訴えるなら、女性を道具視してよいはずがない。人類社会において男性が重んじられているのであるならば、女性も社会を組織する上でその半面を負って立つ者として、男性と同様に重んじられるべきではないだろうか。中国の昔の哲学者たちも、

「男女が同じ部屋にいて家族となるのは、人としての基本的な義務である[22]」

と指摘している。言うまでもなく、女性も社会の一員であり、国家の構成要素なのだ。だからこそ、女性に対する昔からの馬鹿にした考え方を取り除き、女性にも男性と同じ国民としての才能や知恵、道徳を与え、ともに助け合っていかなければならない。そうすれば、今までは五千万の国民のうち二千五百万しか役に立たなかったのが、さらに二千五百万を活用できることになるではないか。これこそ、大いに女性への教育を活発化させなければならない根源的な理屈なのだ。

解説

成瀬仁蔵と渋沢栄一

渋沢栄一は、儒教教育を幼少の頃から受けたこともあり、女性は家で男性に尽くすべしといった古典的な女性観をずっと抱いていました。それを変えたのが、日本女子大学の創始者である成瀬仁蔵（一八五八～一九一九）という人物でした。

大隈重信から成瀬仁蔵を紹介された栄一は、実際に会ったときのことを、こう述懐しています。

「わたしが成瀬君とお目にかかった最初の印象は、とても珍しく『気力のある人』という感じでした。けれども、どことなく人間が練れていないような感じがして、このまま世間へ出て、果たして人が相手にするのだろうかと思いました。

しかし、女性教育に対する持説を聞くと、なかなかしっかりしたものでした。ただ、私はどちらかといえば漢籍で修養してきた人間であるから、どうしても、『女性とつまらない人間は扱いにくい(23)』

(22)　本文原文は「男女室に居るは大倫なり」となっているが、出典元の『孟子』萬章章句上では「男女室に居るは、人の大倫なり」となっている。

(23)　『論語』陽貨篇25　唯《た》だ女子と小人とは養い難しとなす。

といった考えを持っていました。私がたまたま成瀬君と論議すると、『貴方までがそんなことを言われては、とても困る』とほとんど泣きそうになりながら、訴えてきました。

成瀬君の説は、みなさんもご存じの通り『女性を国民として、人として教育する』というものでした。昔からの頭で考えると、大きな違いがありましたが、よくよく考えて見ると『なるほど』と自分でも合点が行くようになりました。孔子も、もしかしてここまでは考えが及ばなかったのかな、と少しずつ考えが成瀬君の方へ惹かれて行きました(24)」


こうして栄一は古い女性観を転換、日本女子大学の創立委員、資金募集、会計監査、評議員を歴任、一九〇七年には「晩香寮《ばんこうりょう》」という寮を寄付、さらに一九三一年四月には校長に就任して、亡くなる同年十一月までその任を全うしました。日本女子大学の生徒からは「わたしたちの優しいお祖父様」として慕われていたそうです。

彼は生涯にわたってさまざまなところに寄付をしていて、その総額は現代のおカネに換算すると約十八億円と言われています。そして、そのうちの十一・四パーセントは日本女子大学に当てたものだったのです（『渋沢栄一と人づくり』「女子高等教育による新しい社会と家庭の実現」山内雄気、有斐閣）。

また、この節で栄一は、「さらに二千五百万を活用できる」と述べるように経済合理性の観点から男女平等を訴えていますが、彼は単に「経済発展に役立つから」といった観点だけで女性を見ていたわけではありません。実際、彼はすでに明治時代後半から、女性にも参政権を与えるべきだ、といった主張をしているのです。

　この節の趣旨は、儒教文化の影響の強い中で、経済合理性という反論しにくいロジックを持ち出して、男尊女卑の染みついた人々を説得しようとしていた、という点にあります。

その罪の原因は、一体どこにあるのか

わたしは、師弟における信頼関係を篤くし、お互いに親しもうとする気持ちを強くしたいと思っている。

地方の学校がどんな様子かわからないが、(25)わたしの聞き及ぶ東京の普通レベルの学校においては、この師弟の関係がとても薄くなっている。悪い例を使うならば、師と弟子がま

(24)『渋沢栄一伝記資料』四四巻「成瀬先生追懐録　日本女子大学校第二十五回生編」引用者訳。
(25)東亜堂版「師弟間の関係をして、情誼を厚くし、相親しむの念慮を強くあらせたいと思ふ、地方の学校に於ては何うか知らぬが」。忠誠堂、角川、国書刊行版は「あらせたいと思ふ」の後の句点がとれていて、後の文と繋がっている。おそらく忠誠堂版の誤植を他がそのまま引き継いでいる。

るで寄席に出る落語家と、それを聴きに行った多数の聴衆のように見受けられるのだ。「あの人の講義は面白くない」とか「あの人は時間が長い」とか、ひどいのになると師の悪いクセを見つけて、これを批評するとも聞く。

もちろん昔であっても、師弟の間の情愛がすべて緊密だったとはいえない。しかし、たとえば孔子には三千人の弟子があった。もちろんこの全員について、孔子がよく顔を見知っていて、よく語り合ったわけではないだろう。

しかし、そんな中でも六芸《りくげい》(26)に熟達した者が七十二人あった。これらの人々は常に孔子と語り合っているように見える。この七十二人は、完全に孔子の人格に感化されているように見えるのだ。

このような師弟関係を、例として論ずるのはちょっと行き過ぎかもしれない。また、今日の中国を見ると、そこまで他から模範ともされていない。しかし、今日の中国が善くないからといって、孔子の徳に何か変わりがあるわけではない。中国が後世になって悪くなってしまったからといって、孔子を軽んじなくてもよいはずだ。逆に、中国が善いからといって、桀《けつ》(27)や紂《ちゅう》(28)（暴君として知られた王）を重んじるわけにもいかないだろう。

このようなことから、孔子がもっぱら弟子たちを導いたありさまは、師であり弟子であるという間柄の手本として、とても善いものだと思う。

このような理想的な関係を今日求めるわけにはいかないけれども、日本でも徳川時代には、師の弟子に対する感化力は強かった。その気持ちが切実であったことについて、一例を試みにあげるなら、熊沢蕃山が中江藤樹に師事した有り様などがそうだ。

熊沢蕃山はとても気位《きぐらい》が高かった。いわゆる権威や武力に屈することなく、富や地位におぼれることもなく、天下の大名たちにも、ひるむことがなかった。備前《びぜん》岡山藩の池田光政《みつまさ》侯に仕え、師として尊敬され、政治にもかかわったくらい見識のあった人だったが、師の中江藤樹に対しては、本当に子供のようだった。蕃山は三日も辛抱して、ようやく弟子になることができた。その師弟間の情愛が深かったのは、中江藤樹の徳の高さや人望が、蕃山を感化させたからだと思う。

また、新井白石という人も剛情であり、智略といい、才能といい、また生まれつきの性質といい、本当に稀有な人である。それが、師の木下順庵には生涯にわたって服従していたという。最近でいえば、佐藤一斎《いっさい》(29)という人も、弟子をよく感化していた。広瀬淡窓《たんそう》(30)も同様である。

(26)　貴族が学ぶべき基本的な六つの技芸。礼儀作法、音楽、弓術、読み書き、馬術、計算。
(27)　夏王朝の最後の王。
(28)　殷王朝の最後の王。
(29)　一七七二～一八五九　江戸時代後期の儒学者。昌平坂《しょうへいざか》学問所教授などを歴任。
(30)　一七八二～一八五六　江戸時代後期の儒学者。

わたしの知っているのは漢学の先生だけだけれども、師弟という関係が、昔であれば自分のことはさておいて師に親しむことだった。ところが今の師弟関係は、ほとんど寄席を聴きに行ったような有り様であることは、わたしは不完全な風習ではないかと恐れている。つまるところ、これは師匠の立場にいる人間が悪いと言わなければならない。徳の高さや人望、才能、学問、人格がもう一層レベルアップしなければ、その弟子たちに敬う気持ちを起こさせることはできない。それができない原因には、師である人の側に欠点があると言わなければならない。

しかし弟子の方の考え方も、とても悪いと思う。一般の風習として、その師に対して敬うという気持ちが少ない。他の国々の事情はよくわからないが、かのイギリスなどは、師弟関係が、今の日本のようではないとわたしは思っている。

ただし、日本でも優れた教育を行うような人が、なお今述べたような有り様だとは、わたしも言わない。どこかには中江藤樹や木下順庵のような人もいるだろう。しかし、とても少ない。

「現代は過渡期であるため、不幸にして急ごしらえの先生がたくさん作られたので、みずからこのような弊害を引き起こしてしまった」などと弁解する、言い訳の言葉もあるが、かりにも人に何かを教える以上は、その人自身が自分を省みて、できるだけ注意を向けてもらいたい。それと同時に、また弟子の方からも師を十分に敬うという心を持って、師弟の間に情愛を持つようにしてほしいと思う。みなさんが働いている学校の教員の方々も、生徒との触れ合いにおいて、常にこのように心がけたなら、その行儀をよくすることが——すべてにおいてでないにせよ、悪いのを防ぐというくらいだけなら——必ずできるであろうと思うのである。

理論より実際

世間一般に、教育のやり方を見てみると——特に今の中等教育が、その弊害がはげしいと思うが——単に知識を授けるということだけに、重点を置き過ぎている。言葉を換えれば、道徳を育む側面が欠けている。確かに欠乏しているのだ。

一方で学生の気風を見ると、昔の青年の気風と違って、後ちょっとの勇気と努力、そして自覚が欠けている。もちろんこのように言って、自分のような老人が驕《おご》り高ぶった自慢を聞かせたいわけではない。何しろ今の教育は学科の科目が多い。あれもこれもといった有り様で、その数多い科目の修得ばかりに追われ、時間が足りないといった様子なのだ。このため他に目を向けるヒマもなく、人格や常識などを身につける努力などできないのは自然の流れだろう。これは返す返すも残念なことだ。現に社会に出ている人はともかく、これから社会に出て大いに努力し、国家のために尽くそうと思われる方々は、こうした事情によくよく注意してもらいたい。

　ところで、自分に最も関係の深い実業界での教育について見てみると、昔は実業教育と名乗れるようなものは存在していなかった。明治維新の後でも、明治十四、五（一八八一〜八二）年頃までは、この方面で少しの進展もなかったのだ。商業学校のようなものも、その発達はたかだかこの二十年の間のことなのだ。

　だいたい文明の進歩ということは、政治、経済、軍事、商工業、学芸などがことごとく進歩して、そこに初めて見ることができる。その中のいずれか一つが欠けても、完全な発達、文明の進歩とはいかないのだ。ところが日本では、その文明の大きな要素であるはずの商工業が、久しくなおざりにされて顧みられなかった。

　一方で欧州の列強国を見ると、他の方面ももちろん進歩しているが、なかでもとりわけ進んでいるのが実業、つまり商工業なのだ。わが国においても近頃は実業教育に対する世間の関心が高まり、進歩発展をしてきた。しかし惜しいことに、その教育方法はと言えば、前に述べたような教育方法と同じで、あせるがまま、急ぐがままに、理論や知識一辺倒になりがちになっている。規律であるとか、人格であるとか、道徳や正義といったことはまったく顧みられないのだ。大勢の流れのなかでは、これは仕方がないことだと言えるかもしれないが、とても嘆かわしいことだ。

　このことを軍人社会で見てみよう。軍隊での教育方法の結果なのか、あるいは軍事という職務自体がすでにそうした性質を育むものなのか、その辺のところはわからないが、全体に統一がとれ、規律、服務、命令などのことが整然と、厳格に行われているのは、とても素晴らしいことだ。軍人に立派な人格を持つ人物が見受けられるのも、とても頼もしいことである。

実業界でやっていこうという者は、こうしたもろもろの性質を十分に備えたうえで、もう一つ尊重しなければならない大きなポイントが残っている。それは「自由（この場合の意味は、自分を頼ること）」ということだ。実業の世界では、たとえば軍事における事務のように、いちいち上官の命令を待っていてはとにかくチャンスを逃しやすい。だから、何事も命令を受けてやるのでは、仕事を発展させることがちょっと難しいのだ。

ただしその結果として実業が発展しても、ただ知識ばかりへと傾いていって、自分の利益ばかり追うようになってしまっては、孟子のいう、

「上に立つ人間も、下の人間もともに利益追求に走ってしまえば、国は危うくなる(31)」

という状態に陥ってしまうのではないかと、とても気がかりだ。だから、何とかそのような事態にならないよう、わたしにとっては身近な実務教育においても、知育と徳育とを一緒に行っていきたいと及ばずながら長年努力している次第である。

(31)　第四章注2。

親孝行らしからぬ親孝行

「心学」というものがある。これは、徳川幕府の中頃より行われはじめ、神道と儒教、仏教という三つの考え方を合わせてわかりやすい言葉を使い、とても身近でしかも一般的な比喩を使って、実践的な道徳の普及に努力したものだ。

八代将軍徳川吉宗公の頃に石田《いしだ》梅岩《ばいがん》[32]がこれを唱えた。かの有名な『鳩翁道話《きゅうおうどうわ》』[33]という本も、この学派の手になったものである。石田梅岩の門下からは手島堵庵《てじまとあん》[34]や中沢道二《なかざわどうに》[35]などの著名人が出て、この二人の力によって、心学は普及するようになった。

わたしはかつてこの二人のうち、中沢道二の書いた『道二《どうに》翁道話《おうどうわ》』と題された本を読んだことがある。その中に載っている近江《おうみ》の国（今の滋賀《しが》県）の孝行息子と、信濃《しなの》の国（今の長野県）の孝行息子についての話が、いまだ忘れられないほど意味深く面白いものだった。確か「孝子修行《こうししゅぎょう》（孝行な子供の修行）」という題であったように記憶している。

その名前は何といったか今は明確に覚えていないが、近江の国に一人の有名な孝行息子がいた。「親孝行は天下の大本であり、すべての行いが生ずるところだ[36]」とよく理解していて、日夜、自分の行いがそのレベルに達しないことを心配していた。信濃の国に、有名な孝行息子がいると聞いて、

「直接その孝行息子に面会して、どうすれば最善の孝行を親に尽くすことができるのか、ちょっと質問してみて、自分でもやってみたいものだ」

という志を抱いて、はるばる野を越え山を越え、夏でも涼しい信濃の国まで、わざわざ近江の国から孝行の修行に出かけたのである。

ようやく孝行息子の家を探して見つけ出し、その家を訪問できたのは昼過ぎであった。家の中にはただ一人の老母がいるだけで、実に寂しい感じだった。

「ご子息は」

と尋ねると、

(32)　一六八五～一七四四　江戸中期の思想家。一般庶民、特に町人たちが持つべき道徳を説く「心学《しんがく》（石《せき》門心学《もんしんがく》）」を創始した。

(33)　江戸時代後期の石門心学者である柴田鳩翁《しばたきゅうおう》の言葉をまとめたもの。江戸時代から明治時代にかけてベストセラーになった。

(34)　一七一八～一七八六　江戸中期の石門心学者。石門心学の普及につとめた。

(35)　一七二五～一八〇三　江戸中期の石門心学者。手島堵庵の弟子。以下で紹介されている「孝子修行」は、現行の『道二翁道話』には収録されていない。異本があって、それを読んだか、ないしは別のものと勘違いをした可能性がある。この話自体は、徳川幕府から孝子として顕彰された駿河国の中村五郎右衛門という人物の逸話に、ほぼ同じ内容のものがある（『今泉村誌』所収）。

(36)　本文原文は「夫《そ》れ孝は天下の大本なり、百行の依《よ》て生ずる所」。『孝経』に「夫れ孝は徳の本なり」、『白虎通《びゃっこつう》』に「孝は百行の本」とあり、それらを組み合わせた言葉だと考えられる。

「山へ仕事に行っているから」

とのことだった。そこで近江の孝行息子は、留守番をしていた老母に、ここまで訪ねてきた理由を細かく述べた。すると老母から、

「夕方には必ず帰ってくるだろうから、とにかく家に上がってお待ちください」

と勧められたので、遠慮なく座敷に上がって待った。はたして夕暮れ頃に、信濃で親孝行だと評判の高い息子が、山で採った薪《たきぎ》をたくさん背負って帰ってきた。そこで近江の孝行息子は、「参考のために、ここぞ大いに見ておくべきところだろう」と考えて、奥の部屋から様子をうかがった。

すると信濃の孝行息子は、薪を背負ったままで縁側《えんがわ》にどかっと腰をかけ、

「荷物が重くて仕方ないから、おろすのを手伝ってくれ」

と言って、老母に手伝わせているようである。近江の孝行息子は、まずとても意外に思った。

さらに、こちらがこっそり見ていることも知らず、今度は、

「足が汚れているから、注ぐ水を持ってきてくれ」

とか、

「足をぬぐってくれ」

と、いろいろと自分勝手な注文ばかりを老母にする。すると老母はいかにも嬉しそうに、

喜々として信濃の孝行息子の言うままに、よく息子の世話をする。

近江の孝行息子は、「とても不思議なこともあればあるものだ」と驚いているうちに、信濃の孝行息子は足もきれいになったので、いろり端《ばた》に座ったが、今度はまたあろうことかあるまいことか、足を伸ばして、

「とても疲れたから揉んでくれ」

と老母に頼んでいるようだった。

それでも老母は、イヤな顔をせず足を揉んでやっているうちに、

「はるばる近江からお客様があって、奥の部屋にお通ししている」

と信濃の孝行息子に述べると、

「それならばお会いしましょう」

といって席を立ち、近江の孝行息子が待っている部屋に、何も気づかないままやって来た。

近江の孝行息子は一礼した後、信濃の孝行息子に、訪ねてきた理由を細かく述べた。孝行修行のためにやってきた一部始終を説明し、かれこれ話し込むうちに、はや夕飯の時刻になった。そこで信濃の孝行息子は、

「晩飯の支度をして客人に出すように」

と老母に頼んだ。ただし、いよいよできあがった料理が出てくるまで、信濃の孝行息子

は別に母の手伝いをしてやる様子はなかった。料理が出てからも、平然と母に給仕させるだけでなく、やれ、

「汁が塩からくて困る」

とか、

「ご飯の炊き加減がどうである」

とか、老母に小言ばかりいう。そこで近江の孝行息子もついに見かねて、

「わたしはあなたが天下に名高い孝行息子だと聞いて、はるばる近江から孝行修行のためにやって来ましたが、先ほどから様子をうかがっていると、本当に意外なことばかり。少しもご老母をいたわる様子がないばかりか、あまつさえ老母を叱るとは何事でしょうか。あなたのような人は孝行息子どころか、親不孝のはなはだしきものではないでしょうか」

と大声を出して、態度を急変させて責めた。これに対する信濃の孝行息子の答えが、またとても面白い。

「孝行孝行と、確かに孝行はすべての行いの基本であることは間違いないが、孝行しようとしての孝行は、本物の孝行とは言えない。孝行しようとしない孝行が、本物の孝行である。

わたしが年老いた母にいろいろと頼んで、足まで揉ませたり、汁やご飯に対する小言を言ったりするのも、母は息子が山仕事から帰ってくるのを見れば、『きっと疲れているだ

ろう』と思い、『さぞ疲れたろう』と親切に優しくしてくださるので、その親切を無にしないようにと、足を伸ばして揉んでもらう。また、客人をもてなすに当たっては、『きっと行き届かないところがあって、息子は満足していないだろう』と思ってくださっていると察するからこそ、その親切を無にしないために、ご飯や汁の小言まで言ったりする。何でも自然のままにまかせて、母の思いどおりにしてもらうところが、あるいは世間で、私のことを『孝行息子、孝行息子』と言いはやしてくださる理由だろうか」

と、信濃の孝行息子は答えたのだ。これを聞いて近江の孝行息子も突然のように悟るところがあり、「孝行の大本は、何事にも強いて無理をせず、自然のままに任せるところにある。孝行のために孝行を努力してきた自分自身は、まだまだ至らぬ点があった」と気づくに至った――こう説いたところに、『道二翁道話』の孝行修行の教訓があるのである。

人材余りになる大きな原因

経済の世界には「需要」と「供給」の原則がある。同じように、実社会に身を投じて活動しようとする人間にも、この原則が適用されるのではないだろうか。

言うまでもなく、社会で行われているビジネスの規模には一定の限界があって、使えるだけの人材を雇い入れると、それ以上はいらなくなってしまう。ところが、人材の方は年々たくさんの学校で養成が行われている。このため、いまだ成長の途上にあるわが実業界は、それらの人々を十分満足させるべく使い切ることができないのだ。

特に、今日の時代は高度な教育を受けた人物の供給が多すぎる傾向が見受けられる。学生は一般的に、程度の高い教育を受けて、高度な事業に従事したいとの希望を持って行動する。だから、たちまちそういうところに人が集まり、供給過剰を生まずにはいられなくなる。

学生がこのような希望を抱くのは、個人としてはもちろん祝福すべき心がけだろう。しかしこれを一般社会の立場から見たり、国家の観点から見積もったらどうだろう。わたしには必ずしも喜ぶべき現象として捉えられないように思われる。

つまり、社会はどこも同じというわけではない。だから、社会が必要とする人材にはさまざまなタイプが必要なのだ。高い地位という観点からいえば、会社には社長になる人物がいるし、低い地位でいえば小間使いさんから運転手になる人まで必要になる。人を使う側は数が少なくなる一方で、使われる側には無限の需要がある。これを踏まえて、需要の多い、人に使われる側の人物になろうと学生が志すならば、今日の社会であっても人材が余るということはないであろうと考える。

ところが今日の学生のほとんどは、その少数しか必要とされない、人を使う側の人物になりたいと志している。つまり学問をしてきて、高度な理屈も知っているので、人の下で使われるなんて馬鹿らしいと思うようになってしまったのだ。

同時に、教育の方針もやや意義を取り違えてしまったところがある。むやみに詰め込む知識教育で、すべて善しとしているから、似たりよったりの人材ばかり生まれるようになったのだ。しかも悲しいことに、精神を磨くことをなおざりにしたため、人に頭を下げることを知らず、いたずらに気位《きぐらい》ばかり高くなってしまう。このようであれば、人材が余ってしまう現象もむしろ当然のことではないだろうか。

いまさら寺子屋時代の教育を例にひいて論ずるわけではないが、人材育成という点では不完全ながらも昔の方がうまくいっていた。今に比較すれば教育の方法などはきわめて簡単なもので、教科書も、レベルが高いものでも四書五経《ししょごきょう》や『唐宋八大家文《とうそうはちたいかぶん》』(37)くらいがせいぜいだった。ところがそれによって育成された人材は、けっして似たりよったりではなかったのだ。それはもちろん、教育の方針がまったく異なっていたからだし、学生はおのおのの得意とするところに向かって進むので、十人十色《じゅうにんといろ》の人材に育っていったのだ。

たとえば、秀才はどんどん上達してレベルの高い仕事に向かったが、頭の良くない者は無理な望みを抱かず一般の仕事に携わるといった気風があった。だから人材を使いこなす

(37) 唐から宋代に活躍した八人の名文を編んだもので、正しくは『唐宋八大家文読本《とうそうはちたいかぶんとくほん》』という。八人とは唐の韓愈《かんゆ》、柳宗元《りゅうそうげん》、宋の欧陽修《おうようしゅう》、蘇洵《そじゅん》、蘇軾《そしょく》、蘇轍《そてつ》、曾鞏《そうきょう》、王安石《おうあんせき》。

のに困るという心配は少なかったのだ。

これに対して今日では、教育の方法は素晴らしいのだが、その精神をはきちがえてしまった。そのため学生は自分の才能の有無や、適不適もわきまえずに、

「あいつも俺も、同じ人間じゃないか。あいつと同じ教育を受けた以上、あいつがやれることくらい俺にもできるさ」

という自負心を持って、下積みのような仕事をあえてしようと考える者が少なくなってしまった。このような傾向は、昔の教育が百人のなかから一人の秀才を出そうとしたのに対し、今日は九十九人の平均的人材をつくる教育法の、長所と言えなくもない。しかしその精神を誤ってしまったので、ついに現在のように並以上の人材があり余ってしまうという結果をもたらしたのだ。

しかし同じ教育方針をとっている欧米の先進国の状況を見てみると、教育によってこのような弊害を生ずることが少ないように思われるのだ。とくにイギリスはわが日本の教育の現状とはまったく違い、常識が十分に育つようにし、人格のある人物をつくることに注意をはらっているように見える。

もちろんこれは、教育について詳しいとはいえない、わたしのような人間が簡単に口出しできる問題ではないのだが、大枠から見ていくと、今日のような結果を生んでしまう教育はあまり完全なものではないと思っている。

・日々、自分の知らないところを知り、月々、自分のできたところを忘れないようにするなら、学び好きと言ってよいだろう。（日にその亡き所を知り、月にその能くする所を忘るることなきは、学を好むと謂うべきなり）『論語』孔子の弟子・子夏の言葉

・学んでいる時間がないという者は、学ぶ時間ができても学べないものだ。（学ぶに暇《いとま》あらずと謂う者は、暇ありと雖もまた学ぶこと能わず）『淮南子《えなんじ》』

第十章　成敗と運命

良心と思いやりだけだ

「仕事は地道に努力していくほど精通していくが、気を緩《ゆる》めると荒れてしまう(1)」と一般に言われるが、何事においてもこれは当てはまる。もし大いなる興味や楽しさをもって事業に携わっていくなら、いかに忙しく、いかにわずらわしくとも、飽きてしまったり嫌になってしまうような苦痛を感じる理由はない。

ところがこれとは反対に、まったく興味を感じず、イヤイヤながら仕事をするという場合だとどうだろう。必ずまず退屈を感じるようになり、続いて不満を覚えて、最後には自分がその職を放り出す羽目になるのが自然のなりゆきではないだろうか。

前者では、精神が潑剌《はつらつ》として、愉快な気持ちから興味を発見し、この興味から尽きない楽しさを引き出して、事業を進める原動力とすることができる。そんな事業の成長は、社会に公益をもたらすものなのだ。

後者だと、精神が縮《ちぢ》こまり、不愉快で鬱々《うつうつ》として、退屈が極度の疲労を産み、極度の疲労はやがてその身の滅亡を意味することになる。いま試しに、「もし前者と後者とを比べたとしたら、そのどちらを執りますか」と、みなさんに尋ねたなら、「前者を執るのが最も賢い選択、後者を執るのは最も愚かな選択」と明快に答えられることだろう。

また、よく世間の人々は口癖のように、運の良し悪しについて語っている。そもそも人生の運は、その十分の一や二くらいなら初めから定まっているのかもしれない。しかし、たとえ事前に定まっていたとしても、自分で努力してその運を開拓していかないと、けっしてそれをつかむことはできないのだ。愉快に仕事をする人がいる一方で、大きな災厄《さいやく》を招いてしまう人がいるのは、その最初が単に大きくかけ離れていた、というだけの話ではないのだ。みなさんも、ぜひ前者をとって後者を捨てたいと熱望されるであろう。

そうであるならば、みなさんそれぞれが、自分の仕事のなかに大いなる興味と楽しさを持つようにするべきなのだ。そして同時に、仕事内容の充実もはかっていかなければならない。ましてやこれが救済事業であれば、その性質からいって注意のうえにも注意を払って、その内容を充実させるように努力しなければならない。

（1）「進学解《しんがくかい》（学問を積んでいくことに対する疑問を解く）」韓愈《かんゆ》　業は勤むるに精《くわ》しく、嬉《たの》しむに荒《すさ》む。

しかしそうは言っても内容ばかりに力を注いで、形式的な面をおろそかにしてしまうのもよろしくないことだ。およそどんな事業でも、内面と外面のバランスを欠いてはならない。外面をとりつくろうために形式に走るというのは、この意味で最も避けなければならないのである。

さらにみなさんはすでにご存じのことと思うが、この東京市養育院には大正四（一九一五）年一月の時点で二千五、六百人の生活に困った方が収容されている。なかには例外として、善意の動機だったのに悪い結果を生んで困窮したり、旅先で病人になってしまったような人もいる。しかしその多くは、いわゆる自業自得の人々なのだ。しかし自業自得だからといって、同情をもって接しないのは、とてもよくないことだ。

われわれが一瞬たりとも離れてはならない「人道」とは、何より良心と思いやりの心を基盤にしている。仕事に対しては忠実であり、かつ深い愛情の気持ちがなければならない。わたしは別に彼らをひたすら優遇せよと言っているのではない。彼らに対して、あわれみの情を忘れてはならないと言っているのだ。みなさんにはぜひこの道理を身につけ、現場で実際に行ってもらいたい。

また医療に従事されているみなさんも、収容されている患者の方々を自分の研究材料にしようなどと努めているなら、それはまったく許せない話になってしまう。研究というのも程度問題なので、絶対に悪いとは言わないが、医療関係のみなさんは患者を治療するのが当面の義務だと考え、努力することを望むのである。

さらに看護婦の人々もまったく同じであって、患者をどうか心から親切に扱ってほしい。彼らは精神に変調をきたしている場合も多いが、社会から落伍《らくご》して、落ちぶれてしまった者に対して同情するのが、先ほど述べた良心と思いやりの心なのだ。この良心と思いやりの心こそ人の歩むべき道であり、社会で生きていくための基礎。つまり、その人が幸運をつかむもとになるのだ。

解説

養育院

徳川幕府の瓦解《がかい》によって、明治維新の直後、東京は大変な混乱状況に陥りました。江戸時代には百万都市だった東京は、集まっていた各藩の人々が国元に帰ったこともあり、人口は五十万と半減。生活の基盤を失った浮浪者たちが街にあふれました。

明治四（一八七一）年、ロシア皇太子の来日が決まり、浮浪者や孤児がたくさんいては見栄えが悪いということで設立されたのが東京府養育院だったのです。

栄一が大蔵省を退官した翌年（一八七四）から、彼はこの養育院に関わり、亡くなるまで院長を務めました。この間なんと六十年弱、栄一が関わった最も長い事業でした。

養育院では、身寄りのない子供や老人、病気で生活の手段を失った人々を収容していましたが、徐々に人数が増え、経費も膨らんでいきます。

そんななか、東京府の議員のあいだで、次のような養育院廃止の議論が起こるのです。

「このような慈善事業は、自然となまけた人間を作るようになるから、むしろ害があって利益のないものである。このような事業に多額の経費を投ずることはとてもよろしくない。ぜひ廃止してその経費をほかの有用な方面に利用すべきである」(2)

こんな批判に対して、栄一は反論し、存続を訴えますが、その努力もむなしく養育院は東京府の管轄から外れます。怒った渋沢栄一は東京府知事に対して、

「府議会がそれほどまでに無情であるならば、万やむを得ないから今後は養育院を独立させて、経営する方針を取らなければならない」(3)

と啖呵《たんか》を切りました。そして同志を募り、富裕層からの寄付金を集めて、有志の団体として養育院を存続していきます。

やがて、明治二十二(一八八九)年に「市制・町村制」が敷かれ、東京市ができると、東京市が養育院を引き取るという話になり、栄一は引き続き東京市養育院の院長を務めました。

彼が八十九歳のときに、養育院の職員へ訓示した内容をご紹介したいと思います。

「私は長い間養育院の事業に関係しています。ここには親のない子や、身寄りのない子ばかりですが、実際私はこれらの子供を自分の子供のように思っています。

『肉親の親がなくとも嘆かなくてもよい、及ばずながらこの渋沢が親になっていく』

と申して、すべてに情愛を持つようにしていますし、とにかく社会事業には情愛がなければならないとも話し合ってきました。古いことを思い出して話すようですが、明治五年にこの養育院が創設されまして、私は明治七年にときの東京府知事の頼みをうけて養育院長となりました。そのとき私は三十五歳でありました。以来今日まで五十六年間常に子供に対しての感情は変わりませんし、したがってみなわが子のように思っています」(4)

現在、東京都の飛鳥山にあった渋沢邸の跡地には、渋沢史料館があります。海外からの研究者たちがそこを見学すると、まず彼らが驚くことは、渋沢栄一が実業と社会事業との関与を、同時並行で行っていたことなのです。たとえばアメリカのカーネギーやロックフェラーなどといった大成功した実業家たちは、引退後に社会貢献事業に関わっていきました。

この意味で、栄一にとっての実業と社会事業とは、別カテゴリーにあるものではなく、ともに人や社会を豊かにし、幸せにしていくために必須の存在であり、区別などなかっ

（2）『青淵回顧録』青淵回顧録刊行会、引用者訳。
（3）『青淵回顧録』青淵回顧録刊行会、引用者訳。
（4）『渋沢栄一伝記資料』第三〇巻「東京市養育院月報」第三三六号「常に情愛の心を持て」引用者訳。

たのです。

ちなみに渋沢栄一の晩年、政治家や実業家に対するテロが日本を覆いました。安田善次郎（安田財閥の創始者）や団琢磨（三井合名会社理事長）といった実業家が命を落とす中で、実業界の象徴ともいえる渋沢栄一は標的になりませんでした。一身をかえりみず国や社会を健やかに育もうとした彼の姿に感謝する人はいても、刃を向けられる人などいなかったのです。

失敗のような成功

中国で聖人や賢人といえば、堯や舜がまずはじまりで、それから禹王、湯王、文王、武王、周公、孔子となるのだが、このうち堯や舜とか、禹王、湯王とか文王、武王、周公とかいう人たちは、同じ聖人や賢人のなかでも、いずれもみな今の言葉でいう成功者だった。生前において、すでに早くから見るに足る政治の業績をあげ、世の人々の尊敬や崇拝を受けて死んだ人々である。

これに反して、孔子は今の言葉でいう成功者ではない。生前は、無実の罪によって陳《ちん》の国と、蔡《さい》の国の間で軍隊に囲まれたりするなど、ずいぶん苦労を経験された。これという見るべき功績が社会に対してあったわけでもない。

しかし、長い年月がたち、今日になってみると、生前に政治の実績をあげた成功者である堯や舜、禹王、湯王、文王、武王、周公などよりも、一見その全生涯が失敗や不遇のように思われた孔子を崇拝する者の方がかえって多い。同じ聖人や賢人のなかでも、孔子が最も多く尊敬され、崇拝されている。

中国という国の民族気質には、ちょっと妙なところがあって、英雄や豪傑のお墓などはぞんざいにしておいて、まったく気にせず平然としている傾向がある。しかし私の友人で、中国の事情に精通する白岩竜平《しらいわりゅうへい》君(5)に面会して直接聞いた内容、および、その白石君が雑誌「心の花」(6)に寄稿した紀行文を読んでも明らかにわかるように、中国の曲阜《きょくふ》にある孔子廟《こうしびょう》(7)ばかりは、さすがの中国人もとても丁重にこれを保存している。立派で美しく、荘厳をきわめ、孔子の子孫たちも今なおそこに居て、一般の人々からたいへんな尊敬を受けているとのことである。

ということは、孔子が生前において、堯、舜、禹王、湯王、文王、武王、周公のように

(5)　一八七〇～一九四二　明治から昭和にかけて活躍した実業家。大東《だいとう》汽船や湖南《こなん》汽船、日清汽船などを創設した。雑誌『心の花』に、孔子廟のある曲阜を訪ねた紀行文を載せている。
(6)　歌人・佐佐木信綱《のぶつな》が主宰していた短歌結社「竹柏会《ちくはくかい》」が発行している雑誌。
(7)　中国の山東省曲阜にある孔子を祀る廟（お墓）。孔子の旧宅があった場所で、今でも子孫たちが暮らしている。

政治上の見るべき功績をあげて、高い地位につくまでには至らず、巨大な富を手にすることもできず、今の言葉でいう成功しなかったことは、けっして失敗ではないのである。かえって、これが本当の成功というべきものなのだ。

目の前にあらわれた事柄だけを根拠として、成功とか失敗とかを論ずるなら、湊川《みなとがわ》の戦いで、万策尽き果てて戦死した楠木正成は失敗者で、逆にその戦いに勝ち、征夷大将軍《せいいたいしょうぐん》(武家政権の最高権力者)の位にのぼって、その威光が国中にとどろいた足利尊氏は、確かに成功者である。しかし今日において尊氏を崇拝する者はいないが、正成を心から崇拝する者は天下に絶えない。そうであるなら、生前の成功者である尊氏はかえって永遠の失敗者で、生前の失敗者であった正成はかえって永遠の成功者である。

菅原道真と藤原時平とについて見ても、時平は当時の成功者で、辺境の大宰府《だざいふ》(今の福岡県太宰府市)で、罪なくして左遷先の月を眺めなければならなかった道真は、当時の失敗者であったに違いない(時平が政略で道真を追い落として、左遷させた)。しかし今日では一人として時平をあがめる者はなく、道真公は天満大自在天《てんまんだいじざいてん》という名の神として、全国津々浦々《つつうらうら》に至るまで祀られている。道真公の失敗はけっして失敗ではない。これはかえって本当の成功者である。

これらの事実から考えると、世の中のいわゆる成功は必ずしも成功ではなく、世の中のいわゆる失敗は必ずしも失敗ではないということが、とても明瞭になる。もちろん会社の事業や、その他一般の営利事業のような、モノの豊かさを目的とするものであれば、もし失敗すると、出資者やその他多くの人に迷惑を及ぼし、多大な損害をかけることがある。だから、何が何でも成功するように努めなければならないものである。

しかし精神の豊かさに関わる事業であれば、目の前の成功を収めようとするような浅い考えでは、世の中から厳しい指摘を受けるような弊害におちいってしまう。人の世の道徳と心の向上に、少しも貢献することができず、永遠の失敗に終わってしまうものなのだ。

たとえば新聞や雑誌のようなものを発行して、その時代の人々の意識を目覚めさせようとしたとしよう。この目的を達するために時流に逆らって反抗すれば、時には、あるいは思いも寄らぬ災難にあって、世間の言う失敗に終わり、苦い経験をしなければならなくなったりする。しかし、それはけっして失敗ではない。たとえ一時は失敗のように見えても、長い時間のうちには、努力した功績は無駄にはならない。社会はこれによって利益をこうむり、結果としてその人も、千年もの時を待たずとも、十年二十年、あるいは数十年を経過すれば、必ずその功績を認められるようになる。

文筆や言論、その他すべての精神の豊かさに関わる事業に従事する者が、今のいわゆる成功を生前に収めようとしてもがけば、かえって時流にこびて、効果を急ぐために、社会に利益を与えないようなことになる。だからといって、いかに精神を豊かにする事業でも、いたずらに大言壮語して、生活や経済といった人生の根本に触れることのできない大きな目論見《もくろみ》ばかり立てて、少しも努力するところがないようでは、今から百年たって、たとえ濁りきった黄河の水が澄むようなあり得ないことが起こったとしても、しょせん失敗に終わり、最後の成功を収められるようなものではない。

渾身《こんしん》の努力さえきちんとすれば、精神の豊かさに関わる事業の失敗は、けっして失敗ではない。まるで孔子の遺された偉大な業績が、今日において世界のおびただしい数の人に安心立命《あんしんりつめい》（天命を知って心安らかになる境地）の基礎を与えつつあるように、子孫たちに利益を与え、人心の向上に貢献することになり得るものである。

人事を尽くして天命を待て

「天」とはどのようなものか――これについては、わたしが関係している「帰一《きいつ》協会」などの会合でも、しばしば議論となるテーマだ。

ある一部の宗教家は「天」を、スピリチュアルな生き物かのように解釈している。「天」は人格の備わったスピリットであり、まるで人間が手足を動かすように、人に幸福や不幸を与えていくというのだ。それだけでなく、祈禱《きとう》したりお祈りしたりすれば、「天」はその是非を判断されて、それなりに運命を操っていくかのように考えている。

しかし「天」というのは、これらの宗教家たちの考えているように、人格や身体を持っていたり、祈禱によって幸福や不幸を人の運命に加えるようなものではないのだ。天から下される運命は、本人が知りもせず悟りもしない間に、自然と行われていくものなのだ。「天」とは、手品師のように不可思議《ふかしぎ》な奇蹟などを行うものではもちろんない。「これが天命（天からくだされた運命）なのか」「いやこちらが天命だ」といった認識は、つまるところ人間がそれぞれ自分勝手に決めてしまうもので、天自身にとってはまったくあずかり知らぬ話なのだ。

天命には本当に素晴らしい面がある。それは人が天命を畏れて、人の力ではどうしようもない、ある偉大な力の存在を認めるようになることだ。すると、「人が力を尽くしさえすれば、無理なことや不自然なことでも、何でも必ずやり通せる」などと思うこともなく、「恭（礼儀正しくする）」「敬（うやまう）」「信（信頼する）」という心がけで天に相対するようになる。さらに、明治天皇によって下された教育勅語《きょういくちょくご》に「（教育勅語の道徳は）今も昔も誤りはないし、内外に広めても間違いはない[8]」とあるような真理に通ずる大道だけを心静かに歩んで、自分の力にうぬぼれて無理をしたり、不自然な行いをすることを慎んだりもする。

ただし、そんな天や神や仏を、人格や身体を持つものとし、感情に左右されてしまうも

（8）原文「古今に通じて謬《あやま》らず、之を中外に施して悖《もと》らず」。

のであるかのように解釈するのは、はなはだ間違った考えであろうかと思うのである。

天命とは、人間がこれを意識しようがしまいが、四季が自然にめぐっていくようにすべての物事に降り注いでいることを、まず人は悟らなければならない。そのうえで、この運命に対して、「恭」「敬」「信」という三つの態度で臨むべきなのだ。そう信じてさえいれば「人事尽くして天命を待つ（自分ができることをすべてしたうえで、天からくだされる運命を待つ）」という言葉に含まれる本当の意義が、はじめて完全に理解されるようになると思う。

そうだとするならば、実際に世の中を渡っていくうえで、どのように「天」を理解しておけばよいのだろうか。わたしは次のような、孔子の理解にもとづいた理解をしていればよいと思う。

つまり、「天」を人格のあるスピリチュアルな生き物だとは考えず、かといって天地と社会との間に起こる因果応報《いんがおうほう》の原則を、「偶然に過ぎない」などとも考えない。これらをすべて天からくだされた運命だと考えて、「恭」「敬」「信」の気持ちをもって臨んでいく――こう考えるのが、最も穏当ではないかと思う。

湖畔《こはん》の感慨

大正三（一九一四）年の春、中国旅行の途中で、上海に着いたのは五月六日であった。

その翌日は鉄道で杭州《こうしゅう》に行った。杭州には西湖《せいこ》という有名な景色の美しい湖があり、そのほとりに岳飛《がくひ》(9)の石碑がある。

その石碑から七、八メートルほど離れた処に、当時、権力を持っていた宰相・秦檜《しんかい》(10)の鉄製の像があって相対している。岳飛は宋末の名将で、当時、宋と金《きん》との間にはしばしば戦いがあって、金によって宋は燕京《えんけい》（今の北京）を奪い取られてしまった。宋王朝は南に逃げて、南宋と名前を変えて(11)、中国の南部だけを支配した。

岳飛は、朝廷からの命令を受けて出陣し、金の大軍を破って、燕京を奪い返そうとした。ところが、邪な心をもった家臣だった秦檜は、金から賄賂を受け取って、岳飛を戦場から呼び戻した。岳飛はその悪巧みを知って、

「わたしが十年かけて積み上げた功績を、一日にしてダメにされた。わたしが任務をまっとうできなかったのではない、秦檜が君主を誤らせたのだ」

と言ったが、彼は結局、讒言《ざんげん》によって殺された。このように忠誠を尽くした岳飛の像と、邪悪な秦檜の像とが今、数歩の距離を隔てて相対している。いかにも皮肉ではあるが、そ

(9)　一一〇三〜一一四一　中国南宋の武将。金との抗戦を主張したが、和平派の秦檜の謀略によって投獄され、死亡した。
(10)　一〇九〇〜一一五五　中国南宋の政治家。宰相などを務め、金と和議を結んだ。
(11)　王朝名自体は「宋」で同じだが、歴史的に南遷《なんせん》前を「宋（北宋）」、以後を「南宋」と呼び分けている。

の対比はとてもうまく出来ている。

今日、岳飛の石碑を見に行った人々は、ほとんど慣例のように、岳飛の石碑に対しては涙を流すと同時に、秦檜の像に対しては放尿して帰るとのことである。死後において、誰が忠誠を尽くし、誰が邪悪だったのかが明瞭になるのは、とても痛快なことだ。

今日、中国人の中にも岳飛のような人もいるだろう。また、秦檜に似ている人がいないとも言えないだろう。しかし、岳飛の石碑を拝《おが》んで、秦檜の像に放尿するというのは、これは孟子の言った「性善説」に該当するものではないだろうか。天の神さまにも届くような真心は、深く人の心に滲《し》み込んで、千年たってもなお、その徳を人々が慕うのである。

こうしてみると、人の成敗《せいはい》（成功と失敗）というものは、棺桶《かんおけ》のふたが閉じられた後になってみないと知ることができない。わが国における楠正成と足利尊氏も、菅原道真と藤原時平も、みな同じというべきである。この石碑を見るに及んで、とても深い感慨を覚えた。

順境と逆境、二つの境地はどこから来るのか

ここに二人の人間がいるとしよう。一人は地位もなければ財産もなく、彼を引き立ててくれる先輩などもちろんいない。つまり、社会に出るにあたって出世できる要素がきわめて少ないとする。

しかし、世の中を渡っていくうえで、ひと通りの学問はきちんと済ませている。さらに、その人には非凡な能力があって、身体も健康、とても努力家で、やることが的を得ていて、何事をやらせても先輩が安心できるような仕上げを見せたとする。加えて、よい意味で期待を常に裏切る結果を出し続けるなら、必ず多くの人はその行いを賞賛するに違いない。そんな人であれば、官にいようが民間にいようが関係なく、必ず言ったことを実行し、仕事では成果をあげるだろうから、ついには地位も財産も手に入れられるようになる。

この場合、この人の身分や地位を半面からしか見ない世間は、一も二もなく彼を順境の人だと思うだろう。しかし、実は順境でも逆境でもなく、その人が自分の力でそうした境遇を作り出しただけに過ぎないのだ。

もう一人の方は、生まれつきの怠け者で、学校時代でも落第ばかりしていたのを、お情けでやっと卒業できたとしよう。社会に出るからには、今まで学んだ学問で世間を渡っていかなければならない。しかし、もともとのろまで頭もよくなく、不勉強なので、職を得たとしても上司の命令を思うようにこなせない。心のなかは不満だらけになって、仕事にも一所懸命になれず、上司の評価も低くてついにクビになってしまう。家に帰れば、両親や兄弟から嫌な顔をされる。家族からの信用がないので、郷里《きょうり》でも信用が得られない。こうなっては不満がますます膨らみ、自暴自棄《じぼうじき》になってしまう。そんな境遇につけこんで悪い友達が誘惑すると、思わず悪の道に走ってしまう。そして、もう堅気《かたぎ》にはもどれなくなり、先のない人生をさまよわなければならなくなる。

世間ではこれを見て「逆境の人だ」と言い、確かに、いかにも逆境のように見えてしまうものだ。しかし実はそうではない、自分で招いた境遇に過ぎないのだ。

唐代中期の詩人・韓退之《かんたいし》(12)が自分の子を励ますために著した『符読書城南(符、書を城南に読む)』のなかにもこんな一節がある。

「木はものさしを当てられて、人に役立つものとなる。物差しをあてるのは大工だ。人が人であるのは、腹の中に『詩経』や『書経』といった知識がつまっているからだ。こうした知識を努力して学べば腹は満たされるが、努力しなければ腹の中はからっぽだ。

学問の力を知りたければ、こう考えればよい。賢者も愚者も、生まれたては同じようなもの。しかし、学問をしないことによってたどり着く先が異なってしまう。

二つの家に、おのおの子供ができた。赤ん坊の頃の能力はお互いに似たようなもの。少し大きくなって、同輩で一緒に遊んでも、魚の群れのようにみな一緒。十二、三歳くらいになって、ようやく少し違ってくる。

二十になると少しずつ差が大きくなり、淀んだ水たまりの横で、清らかに流れる水が映えるような状況になる。三十になると体つきも固まり、竜のようになる者もいれば、野ブタのようになる者もいる。

優れた馬が疾駆《しっく》するとき、小さな虫けらのことなど気にもかけない。ある者は馬の前を歩く一兵卒となり、背中を鞭《むち》で打たれてウジがわく。ある者は位をきわめて、政府の主としてほしいまま。

なぜ、こうなってしまうのか。学ぶと学ばないのと、その差にあるのだ」

これは主として学問をすることについて述べたものだが、同時に、順境と逆境の二つに物事が分かれてしまう理由がよくわかる教えになっている。要するに、悪い人間はいくら教えても聞いてくれないものなのだ。一方、善い人間は教えなくても自分でどうすればよいのかわかっていて、自然に運命をつくりだしていく。だから厳正な意味で論ずるなら、この世のなかには順境も逆境もないということになる。

もしその人に優れた知能があって、そのうえで欠けるところのない努力をしていくなら、決して逆境などにいるはずがない。逆境がなければ順境などという言葉も消滅する。自分から積極的に逆境という結果をつくってしまう人がいるので、それに対して順境といった言葉もできてくるわけだ。

たとえば、こんなたとえを考えてみよう。身体の弱い人は、気候に責任をおしつけて「寒いから風邪をひいた」とか「暑さにあたって腹痛がする」といって、自分のもともと

(12) 七六八～八二四　名は愈《ゆ》、字が退之《たいし》。唐代中期に活躍した文人、詩人。『符読書城南』の符は息子の名。

の体質が弱いことに口をつぐんでしまうことがある。しかし、風邪や腹痛といった結果になる前に、身体さえ強くしておけば、何も気候によって病魔に襲われることなどないはずである。普段からの注意を怠るから、自分で病気を招いてしまうのだ。それなのに病気になったからといって、自分の責任を認めず、かえって気候を恨んだりするのは、自分がつくった逆境の罪を、お天道さまのせいにするのと同じ論法になってしまう。

孟子が、梁《りょう》の恵《けい》王に、

「王が、飢餓で人々が苦しむのを凶作のせいにしなければ、天下の人々は王を慕って集まってくるでしょう(13)」

と言ったのもやはり同じ意味だ。王の誤りは、自分の政治が悪いことは言わず、凶作に原因を押しつけようとしたことにある。もし民に帰服を望むなら、豊作とか飢饉などは関係ないと見なし、もっぱら治める側の徳がどうなのかに目を向けなければならない。ところが、民が服従しないからといって、その罪を凶作になすりつけて、自分の徳が不足していることを忘れているのは、まるで自分で逆境を作りながら、その罪を天になすりつけようとするのと同じ考え方である。

とかく世の中の人の多くは、自分の知能や勤勉さを例外にして、逆境が来たかのように言う悪弊がある。それはとても愚かなことで、ふさわしい知能を持ち、それに加えて努力をするなら、世の中のいわゆる逆境などは、決して来ないものであると信ずるのである。

以上、述べたことからすれば、わたしは逆境はないものだと絶対に言い切りたいのだが、そうまで極端に言いきれない場合が一つある。それは知識や能力、実践の面で何一つ問題がなく、勤勉で努力家、人から師匠として仰がれるような人物でも、政治や実業の世界で順当に志がかなっていく者と、その反対に何事も自分の意のままにならず、行きづまってしまう者とがいることだ。

わたしは後者のような人物に対してだけ、本当の意味での逆境という言葉を使いたいのである。

細心にして大胆であれ

社会の進歩とともに、秩序が整ってくるのは当然のことであるが、それとともに新しい活動を始めるのが多少不便ともなり、自然と保守に傾くようにもなる。もちろん軽はずみで浮ついた行動は、どんな場合でも慎むべきだが、あまりにリスクばかり気にすると決断がつかなくなり、いわゆる硬直しきって、弱気一辺倒に流れがちになる。その結果、進歩や発展を邪魔する傾向が生まれてしまう。個人においても、国家の前途に関しても、これ

（13）『孟子』梁恵王章句上3。

はとても憂うべきことと言わなければならない。

世界の情勢はめまぐるしく動き、競争も激しくなり、あらゆる物事は日進月歩《にっしんげっぽ》のありさまだ。しかしわが国は、不幸にして長い間鎖国の状態にあり、世界の流れに乗り損ねた。このため開国以来、他の国々が驚くような急速な進歩をとげたとはいえ、すべてにおいていまだ遅れをとっていることは紛れもない事実だ。つまり、後進国の状態にいる、ということなのだ。

だからこそ、先進諸国と競争し、角《つの》を突き合わせ、追い越して行こうとするためには、彼らの何倍もの努力を重ねて進んでいかなければならない。少しでも個人の向上を助けたり、国家を勢いに乗せるためには、全力を尽くして新しいことに取り組む勇ましい心が必要なのだ。

このため、今までの事業を後生大事に守り抜こうとしたり、あるいは間違いや失敗を怖がってためらうような気力のなさでは、結局、国の勢いを衰えさせてしまう。ぜひともこの点を深く考えて、大いに計画し、成長をとげ、真に価値ある一等国にならなければならない。溌剌《はつらつ》としたチャレンジ精神を養うことはもちろん、それを発揮する必要性を痛切に感じることが、現時点ではとくに必要なのだ。

溌剌としたチャレンジ精神を養い、それを発揮するためには、本当の意味での自立した人とならなくてはならない。人に頼ってばかりだと、自分の実力を著しく錆《さ》びつかせ、最も大切な「自信」が育ちにくくなってしまう。その結果、ためらったりウジウジした性格になったりする。だから、自分に厳しくムチ打って、弱気になるのを防がなくてはならない。

また、あまりに堅苦しく物事にこだわってしまい、細かいことに入れ込んでしまうと、溌剌とした気持ちが自然に擦り減り、チャレンジ精神がくじけてしまう。だから、この点も深く注意しなければならない。もちろん細心で周到な努力は必要だ。しかし一方で、大胆な気力も発揮しなければならない。つまり、細心さと大胆さの両面を兼ね備え、溌剌とした活動を行うことで、初めて大事業は成し遂げることができるのだ。この意味で、保守に傾きがちな最近の傾向は、大いに警戒しなくてはならない。

しかし最近では、青年の間に新しい活気がみなぎり、青年らしさを発揮しようという傾向も生まれてきている。これは祝うべきことだ。しかし同時に、中高年の間に活気が見られないという傾向が依然として続いている。これは憂うべき状況と言わなければならない。

自立して何ものにも頼らずやっていきたいのなら、今日のように政府万能の状態で、民間の事業が政府の保護に恋々とするような風潮を一掃しなければならない。民間の力をひたすら伸ばし、政府の助けを借りずに事業を成長させていく覚悟が必要なのだ。

また、細かいことにこだわり、一部分のことだけに没頭してしまうと、法律や規則のたぐいばかり増やすようになる。その結果、作った決まりに触れないように汲々としたり、あるいはその決まりに乗っ取っていることに満足し、齷齪《あくせく》しているようでは、とても新しいものを生み出す事業を経営して、溌剌とした意欲をわきたたせ、世界の大勢に乗っていくことなどおぼつかないのだ。

成功と失敗は、自分の身体に残ったカス

世の中には、悪運が強くて成功したように見える人がいないでもない。しかし、人を見るときに、単に成功したとか、失敗したとかを基準にするのは、根本的な誤りではないだろうか。

人は、人としてなすべきことを基準として、自分の人生の道筋を決めていかなければならない。だから、失敗とか成功とかいったものは問題外なのだ。かりに悪運に助けられて成功した人がいようが、善人なのに運が悪くて失敗した人がいようが、それを見て失望したり、悲観したりしなくてもいいのではないかと思う。成功や失敗というのは、結局、心をこめて努力した人の身体に残るカスのようなものなのだ。

現代の人の多くは、ただ成功とか失敗とかいうことだけを眼中に置いて、それよりももっと大切な「天地の間の道理」を見ていない。かれらは物事の本質を拠り所とせず、カスのような金銭や財宝を最も大切なものとしている。人は、ただ人としてなすべきことの達

成を心がけ、自分の責任を果たして、それに満足していかなければならない。

広い世界には、成功するはずなのに失敗したという例がいくらでもある。「知恵ある者は、自分の運命を作る」と言われるように、運命のみが人生を支配するものではない。そこに知恵が加わって、初めて運命を開いていくことができるのだ。いかに善良な人間でも、肝心の知恵があまりなく、イザというときにチャンスを逃していたら成功はおぼつかない。徳川家康と豊臣秀吉とは、よくこの事実を証明している。

かりに秀吉が八十歳の天寿をまっとうし（実際は六十二歳）、逆に家康が六十歳で死んでいたら（実際は七十五歳）、どうなっていただろう。天下は徳川のものにならず、豊臣が長く栄えていたかもしれない。しかし、変転する運命は、徳川氏を助けて豊臣氏にわざわいした。ただ単に、秀吉の死期が早かったことだけではなく、徳川氏の方には名将や知恵のある家臣が、雲のように集まってきた。一方で豊臣氏には淀君《よどぎみ》(14)という寵愛された側室がいて、権勢をほしいままにした。幼い秀頼《ひでより》（秀吉の子）を託すのにふさわしい人柄で、誠実そのものだった片桐且元《かたぎりかつもと》(15)は淀君から排除され、逆に大野治長《おおのはるなが》(16)、治徳《はるのり》の父子が、ひいきにさ

(14)　一五六七～一六一五　豊臣秀吉の側室として秀頼を産み、権勢をふるった。
(15)　一五五六～一六一五　徳川秀頼に仕えていたが、その行動が淀君の疑惑を招いて大坂城から退去させられた。
(16)　?～一六一五　豊臣家の家臣として、片桐且元の大坂城退去後に中心人物となった。

れるあり様だったのだ。それればかりでなく、石田三成《いしだみつなり》(17)が徳川家康を討とうと起こした関東征伐は、豊臣氏の自滅を早める好い機会になってしまった。

では、豊臣氏は愚かで、徳川氏は賢いと言えるのだろうか。わたしは徳川氏が三百年続く平和な江戸幕府を築けた理由というのは、結局は、運命のなせるわざだったと判断する。しかし、この運命をつかまえるのが難しいのだ。普通の人は往々にして、めぐりあった運命に乗っていくだけの智力に欠けている。しかし家康は、その智力でめぐってきた運命を見事つかまえたのである。

とにかく人は、誠実にひたすら努力し、自分の運命を開いていくのがよい。もしそれで失敗したら、「自分の智力が及ばなかったため」とあきらめることだ。逆に成功したなら「知恵がうまく活かせた」と思えばよい。成功したにしろ、失敗したにしろ、天命にまかせていればよいのだ。こうして、たとえ失敗してもあくまで努力を続けていけば、いつかはまた、幸運にめぐまれるときがくる。

人生の道筋はさまざまで、時には善人が悪人に負けてしまったようにも見えることがある。しかし、長い目で見れば、善悪の差ははっきりと結果になってあらわれてくるものだ。だから、成功や失敗の良し悪しを議論するよりも、まず誠実に努力することだ。そうすれば公平無私なお天道さまは、必ずその人に幸福を授け、運命を開いていくよう仕向けてくれるのである。

道理（正しい行為の道筋）は、天にある日や月のように、いつでも輝いていて少しも陰ることがない。だから、道理に沿って物事を行う者は必ず栄えるし、それに逆らって物事を企てる者は必ず滅んでしまうと思う。一時の成功や失敗は、長い人生や、価値の多い生涯における、泡のようなものなのだ。ところがこの泡に憧れて、目の前の成功や失敗しか論ぜられない者が多いようでは、国家の発達や進歩が思いやられる。なるべくそのような浅はかな考えは一掃して、社会を生きる上で中身のある生活をするのがよい。

成功や失敗といった価値観から抜け出して、超然と自立し、道理にそって行動し続けるなら、成功や失敗などとはレベルの違う、価値ある生涯を送ることができる。成功など、人としてなすべきことを果たした結果生まれるカスに過ぎない以上、気にする必要などまったくないのである。

解説

人間の価値

渋沢栄一はこの節の最後で、

「成功など、人としてなすべきことを果たした結果生まれるカスに過ぎない以上、気に

(17)　一五六〇～一六〇〇　秀吉の側近で、家康に対抗した武将。関ヶ原の戦いで徳川家康に敗れ、処刑された。

する必要などまったくないのである」

と言い切っています。

一方で、「失敗のような成功」の節では、次のように述べています。

「会社の事業や、その他一般の営利事業のような、モノの豊かさを目的とするものであれば、もし失敗すると、出資者やその他多くの人に迷惑を及ぼし、多大な損害をかけることがある。だから、何が何でも成功するように努めなければならないものである」

この二つ、矛盾しているようにも見えますが、この食い違いは、栄一が準拠した『論語』にも見えます。孔子には、まずこんな言葉があります。

「斉《せい》の君主であった景公は、四頭立ての馬車を千台も持っていた。しかし、亡くなった時に、その徳を誉める民衆はいなかった。一方、伯夷《はくい》、叔斉《しゅくせい》は首陽山のふもとで飢え死にしたが、民衆は、今に至るまでその徳を褒め称えている(18)」

つまり、人の価値はどれだけ財産を積み上げたかではなく、どう生きたかで測られるべきだと述べているのです。この教えは、栄一の「成功はカスにすぎない」という指摘と同内容です。

一方で孔子は、古代の名政治家であった管仲について、弟子が「仁とは言えない人物ではないでしょうか」と尋ねたとき、こんな答え方をしています。

「管仲は桓公を補佐して諸侯の盟主にし、その力で天下の秩序を回復させた。彼の恩恵は今日にまで及んでいる。もし彼の働きがなかったら、われわれは異民族の支配下に陥って、彼らの風俗を強要されていたに違いない(19)」

管仲という政治家は、少々行いに問題があったとしても、きちんと結果を出している、それが何より素晴らしいのではないかと言うのです。

つまり、政治家にしろ経営者にしろ、大きな社会的責任を伴う者である以上、きちんと結果を出してもらわないと困る、と孔子も栄一も考えていました。確かに、頑張ったけれど国を滅ぼしました、とか、良い人だけど会社潰しましたでは、どうしようもないわけです。

一方で、個人としての生き方に焦点を当てるならば、結果は最後についてくるもの、問題は「人としてやるべきことをやったか否か」だ、と考えているのです。

これは96頁で言及されている大立志に紐づけてみると、わかりやすくなります。たとえば世界平和を実現するという大きな志を立てたとします。しかしそれを自分の手で、生きているうちに達成するのは、現実的にまず不可能でしょう。では、未達成だから失

(18)『論語』季氏篇12　斉の景公、馬千駟《し》あり。死するの日、民徳として称することなし。伯夷叔斉、首陽の下に餓《う》う。民今に到るまでこれを称す。

(19)『論語』憲問篇18　管仲、桓公を相《たす》けて、諸侯に覇たらしめ、天下を一匡《いっきょう》す。民、今に至るまでその賜《し》を受く。管仲微《な》かりせば、吾それ髪を被《こうむ》り衽《じん》を左にせん。

敗なのか、といえば、もちろんそうとは言えません。ほんの一部でも世界平和を進展させたり、自分の努力する姿が後輩たちの手本や道しるべ、礎になるならば、それは貴重な貢献に他なりません。栄一も、高崎城襲撃計画[20]を立てたとき、まさしくこのような思いで実行しようとしていました。

ましてや人の寿命は、自分では決められないもの。であるならば、人として何を成し遂げたかではなく、人としてどう生きたのかが重要――こんな風に孔子も栄一も考えていたのです。

(20) 文久三(一八六三)年、徳川幕府打倒のため、渋沢栄一とその仲間たちが高崎城を襲撃して武器を奪い、その上で横浜を焼き払おうとした計画。実行寸前で中止された。

五つの格言

・天地や神霊の道とは、みな満ち足りることを憎む。謙虚で空っぽであるなら、害から免れることができる。（天地鬼神の道、皆満盈《まんえい》を悪《にく》む。謙虚冲損《けんきょちゅうそん》、以て害を免かるべし）『顔氏家訓《がんしかくん》』

・天の道は、春が先に、秋が後に来る。そして一年となる。政治においては、命令を先に、刑罰を後にする。そして統治していく。（天道は春を先にし秋を後にし、以て歳《とし》を成す。政を為すに令を先にし誅を後にせば、以て治を為す）『揚子《ようし》』

・農業を論じれば、次のようになる。額に汗し、足は泥まみれ、髪はぼさぼさ、体中の力を振り絞って、田野のことに従事する。（農を論じて曰く、体を霑《うるお》し足を塗《どろぬ》り、その髪膚《はっぷ》を暴《さら》し、その四肢の力を尽し、以て田野に従事す）『国語』

・（経済活動という意味では）農民は職人にかなわない。職人は商人にかなわない。刺繍された布を、市場の門で売るのが最上なのだ。（農は工に如かず、工は商に如かず、繡文《しゅうぶん》を刺《ぬ》うは、市門に倚《よ》るに如かず）『史記』貨殖列伝

・農業をないがしろにするのは、飢饉のもとだ。（布を織る）女工をないがしろにするのは、寒さにこごえるもとなのだ。（農事傷《そこな》わるるは則ち饑の本なり。女工害《そこな》わるるは則ち寒の源なり）劉勰《りゅうきょう》『新論』

渋沢栄一（しぶさわ・えいいち）
1840（天保11）〜1931（昭和6）年。実業家。子爵。号は青淵。武蔵国榛沢郡血洗島（埼玉県深谷市）出身。尊王攘夷運動に参加。1869（明治2）年新政府に登用され、金融・財政制度の制定・改正に尽力。のち実業界に転じ、第一国立銀行、東京瓦斯、抄紙会社、日本鉄道、帝国ホテルなど、約480社もの企業の創立・発展に貢献。また経済団体を組織し、商業学校を創設するなど実業界の社会的向上につとめ、社会・教育・慈善事業にも力を尽くした。

守屋 淳（もりや・あつし）
1965年東京都生まれ。早稲田大学第一文学部卒業。中国古典の研究者として多くの著作を発表するとともに、渋沢栄一や明治の実業家にかんする著作・翻訳を数多く手掛ける。主な著訳書に『現代語訳 論語と算盤』『『論語』がわかれば日本がわかる』（ちくま新書）、『勝負師の条件』『最高の戦略教科書 孫子』（日経BP）、『渋沢栄一「論語と算盤」の思想入門』（NHK出版新書）など。

詳解全訳《しょうかいぜんやく》
論語《ろんご》と算盤《そろばん》

2024年6月30日　初版第1刷発行
2024年8月20日　初版第2刷発行

渋沢栄一……著者
守屋 淳……訳・注解
増田健史……発行者
株式会社 筑摩書房……発行所
東京都台東区蔵前2-5-3　〒111-8755
電話番号03-5687-2601（代表）
水戸部 功……装幀者
株式会社 精興社……印刷
加藤製本 株式会社……製本

ISBN978-4-480-84331-9　C0012

乱丁・落丁本の場合は、送料小社負担でお取り替えいたします。